A REVOLUÇÃO CRISTÃ

DAVID
BENTLEY
HART

A
REVOLUÇÃO
CRISTÃ

Tradução de
Márvio dos Anjos

1ª edição

EDITORA RECORD
RIO DE JANEIRO • SÃO PAULO
2023

CIP-BRASIL. CATALOGAÇÃO NA PUBLICAÇÃO
SINDICATO NACIONAL DOS EDITORES DE LIVROS, RJ

H262r   Hart, David Bentley
           A revolução cristã: o que ela nos deixou e por que isso ainda importa? / David Bentley Hart; tradução Márvio dos Anjos. – 1. ed. – Rio de Janeiro: Record, 2023.

           Tradução de: Atheist delusions: the christian revolution and its fashionable enemies.
           Inclui índice
           ISBN 978-65-5587-557-7

           1. Cristianismo - História. 2. Igreja - História. I. Anjos, Márvio dos. II. Título.

22-78652   CDD: 909.09821
                               CDU: 27-9

Gabriela Faray Ferreira Lopes – Bibliotecária – CRB-7/6643

Copyright © David Bentley Hart, 2009

Título original em inglês: Atheist delusions: the christian revolution and its fashionable enemies

Todos os direitos reservados. Proibida a reprodução, armazenamento ou transmissão de partes deste livro, através de quaisquer meios, sem prévia autorização por escrito.

Texto revisado segundo o Acordo Ortográfico da Língua Portuguesa de 1990.

Direitos exclusivos de publicação em língua portuguesa para o Brasil adquiridos pela
EDITORA RECORD LTDA.
Rua Argentina, 171 – 20921-380 – Rio de Janeiro, RJ – Tel.: (21) 2585-2000, que se reserva a propriedade literária desta tradução.

Impresso no Brasil

ISBN 978-65-5587-557-7

Seja um leitor preferencial Record.
Cadastre-se em www.record.com.br
e receba informações sobre nossos
lançamentos e nossas promoções.

Atendimento e venda direta ao leitor:
sac@record.com.br

Para Solwyn

Sumário

Introdução   **9**

PARTE 1. Fé, razão e liberdade: uma visão do presente   17
1. O evangelho da descrença   19
2. A era da liberdade   37

PARTE 2. A mitologia da era secular: a modernidade
reescreve o passado cristão   47
3. Fé e razão   49
4. A noite da razão   57
5. A destruição do passado   73
6. A morte e o renascimento da ciência   81
7. Intolerância e perseguição   103
8. Intolerância e guerra   117
9. Uma era de trevas   131

PARTE 3. Revolução: a invenção cristã do humano   143
10. A grande rebelião   145
11. Uma gloriosa tristeza   165
12. Uma mensagem libertadora   185
13. O rosto dos invisíveis   209
14. A morte e o nascimento dos mundos   229
15. Humanidade divina   247

PARTE 4. Reação e retirada: a modernidade e o eclipse
do humano   267

    16. O secularismo e suas vítimas   269

    17. Feiticeiros e santos   281

Posfácio: A ralé de Cristo   297

Notas   307

Índice onomástico   317

Introdução

Este livro não é de modo algum uma obra imparcial de História. O distanciamento perfeito é impossível até para o mais sóbrio dos historiadores, uma vez que a escrita histórica necessariamente exige algum tipo de narrativa de causas e efeitos, sendo portanto um ato necessariamente interpretativo, algo que, por sua natureza, nunca pode ser livre de preconceitos. Mas, de todo modo, nem eu realmente sou historiador, nem mesmo aspiro a um distanciamento. Nas páginas que se seguem, meus preconceitos são transparentes e sem reservas, e meu argumento será, em alguns aspectos, propositadamente extremo (ou assim talvez pareça). Creio que será prudente admitir tudo isso desde o início, nem que seja apenas para evitar acusações posteriores de que tive qualquer pretensão de perfeita objetividade, ou de neutralidade, de modo a acomodar o leitor num estado de credulidade maleável. O que escrevi é, no máximo, um "ensaio histórico", em momento nenhum livre de viés, planejado principalmente como apologia de uma compreensão particular do efeito do cristianismo sobre o desenvolvimento da civilização ocidental.

Apresso-me a esclarecer que não significa que vou abdicar de afirmar verdades objetivas: reconhecer que os julgamentos históricos de alguém nunca são puros nem livres de convicções pessoais dificilmente seria uma rendição ao relativismo completo. Talvez seja impossível apresentar evidências perfeitamente irrefutáveis das conclusões de alguém, mas é certamente possível acumular evidências suficientes, a fim de confirmar tais conclusões além da dúvida plausível, ao mesmo tempo que é possível discernir quando uma linha particular de interpretação extrapolou — ou

INTRODUÇÃO

contradisse completamente — as evidências apresentadas, revelando-se pouco mais do que um veículo para preferências, interesses ou fidelidades do próprio autor. Posso ainda garantir a honestidade do meu argumento: não distorci conscientemente nenhum aspecto da história que discuto, nem me esforcei em ocultar qualquer um dos seus elementos mais deprimentes. Tal honestidade, convém destacar, me custa pouco. A defesa que pretendo apresentar *não* é a de que o evangelho cristão transforma sociedades inteiras de forma mágica e instantânea, nem a de que inspira caridade nas profundezas de todas as almas, nem a de que extirpa inteiramente a crueldade e a violência da natureza humana, nem a de que retira homens e mulheres de seus contextos históricos; não sinto qualquer necessidade de omitir ou desculpar os inúmeros fracassos de muitos cristãos ao longo dos tempos, nas suas tentativas de viver em caridade e paz. Quando eu fizer a defesa do cristianismo histórico, será apenas para levantar objeções a certas mentiras populares a respeito da Igreja, ou para contestar acusações que considero desonestas ou fúteis contra a crença e a história cristãs, ou para chamar atenção para as realizações e virtudes que escritores de devota inclinação anticristã tendem a ignorar, dissimular ou rejeitar.

Fora isso, minhas ambições são pequenas; não tento aqui converter ninguém a nada. De fato, a questão da minha crença ou descrença pessoal é bastante irrelevante — e, surpreendentemente, em nada contribuiria — para o meu argumento. Algumas das primeiras partes deste livro, por exemplo, se referem à Igreja católica romana; mas tudo que eu venha a dizer em sua defesa não deve ser interpretado como advocacia da instituição propriamente dita (à qual não me filio), mas apenas como propósito histórico. Para ser sincero, meu nível de apreço pelo cristianismo institucional como um todo raramente ultrapassa o morno; e há numerosas formas de crença e prática cristãs sobre as quais eu teria dificuldade de reunir palavras de gentileza, e cuja rejeição por parte de ateus e céticos me soa perfeitamente louvável. Além disso, num sentido mais amplo, nada do que discuto aqui — mesmo que meu argumento seja totalmente aceito — implica que a visão cristã sobre a realidade seja a verdadeira. Mas, ainda assim, a defesa que desejo fazer tende a soar provocativa, e seus momentos mais apologéticos

INTRODUÇÃO

se destinam a abrir caminho para um conjunto de afirmações muito mais fortes e, talvez, até um pouco imponderadas.

Este livro aborda principalmente — ou, pelo menos, de forma central — a história da Igreja dos primórdios, cerca de quatro ou cinco séculos, e como a cristandade emergiu em meio à cultura da Antiguidade tardia. Minha principal ambição no que escrevo é chamar atenção para a natureza peculiar e radical da nova fé ante aquele cenário: as enormes transformações de pensamento, da sensibilidade, da cultura, da moral e da imaginação espiritual que constituíam o cristianismo na era da Roma pagã; a libertação oferecida ante o fatalismo, o desespero cósmico e o terror de entidades ocultas; a imensa dignidade conferida à pessoa humana; a subversão dos aspectos mais cruéis da sociedade pagã; a desmistificação (apenas parcial, é verdade) do poder político; a habilidade de criar uma comunidade moral onde nunca havia existido; e a exaltação da prática da caridade acima de todas as virtudes. Antes de mais nada, exposto em sua forma mais elementar e mais vigorosamente positiva, meu argumento é que, de todas as enormes transições que marcaram a evolução da civilização ocidental, sejam elas repentinas ou graduais, políticas ou filosóficas, sociais ou científicas, materiais ou espirituais, houve apenas uma — o triunfo do cristianismo — que pode ser chamada, no sentido mais completo, de "revolução": uma revisão gigantesca e histórica da ideia de realidade que predominava na humanidade, tão profunda em sua influência e tão vasta em suas consequências que realmente criou uma nova concepção do mundo, da história, da natureza humana, do tempo e do bem moral. Na minha óptica, devo acrescentar, foi um evento imensuravelmente mais impressionante em sua criatividade cultural e mais enobrecedor em sua força moral do que qualquer outro movimento de espírito, vontade, imaginação, aspiração ou realização da história do Ocidente. E estou convencido de que, quando se considera a discrepância radical entre o cristianismo e a cultura que ele substituiu lenta e implacavelmente, sua vitória final foi tão improvável que chega a esgarçar os limites de nossa compreensão de causalidade histórica.

Contudo, também há um aspecto negativo do meu argumento. Suponho que devo chamá-lo de minha rejeição à modernidade — ou melhor, minha

INTRODUÇÃO

rejeição à ideologia do "moderno" e minha rejeição, em especial, do mito do "Iluminismo". Por modernidade, devo explicar, certamente não me refiro à medicina moderna, a viagens aéreas, à exploração espacial ou a qualquer um dos aspectos da vida atual genuinamente úteis e estimáveis; nem mesmo me refiro ao método filosófico moderno, ou à moderna ideologia social, ou ao pensamento político moderno. Antes, falo da pomposa narrativa que a era moderna fez de si mesma: sua história do triunfo da razão crítica sobre a fé irracional, do progresso da moralidade social rumo a uma justiça e uma liberdade superiores, de uma "tolerância" do Estado laico e de primados éticos tanto do individualismo quanto do coletivismo (conforme o caso). Na verdade, quero em parte demonstrar que aquilo que muitos de nós ainda chamam habitualmente de "era da razão" foi, sob diversos aspectos significativos, o começo do eclipse da autoridade da razão como um valor cultural; que a era moderna é marcada, em larga medida, pelo triunfo do dogmatismo inflexível e impensado em cada esfera do esforço humano (incluindo-se aqui as ciências) e por um voo que sai da racionalidade e aterrissa em um conjunto de fundamentalismos anestesiantes, tanto religiosos quanto seculares; que a ideologia do Iluminismo de modernidade *como tal* sequer merece um crédito específico pelo avanço da ciência moderna; que a capacidade do moderno Estado laico para a barbárie excede qualquer um dos males pelos quais a cristandade pode ser justamente acusada, não apenas em virtude da tecnologia superior à disposição, mas por sua própria natureza; que, entre as principais realizações da cultura moderna, está um espantoso retorno à superstição e à gestação de formas especialmente cruéis de niilismo; e que, em comparação com a revolução cristã que a precedeu, a modernidade é pouco mais do que um efeito colateral, ou mesmo uma contrarrevolução — um voo reacionário rumo a uma servidão (moral e mental) à natureza elementar, tão confortável quanto desumanizante. De fato, aqui é onde minha história começa e termina. O tema central a seguir são os primeiros séculos da Igreja, mas eu os revisito sobretudo a partir de uma perspectiva do presente, e retorno deles somente para considerar qual deveria ser a verdadeira natureza de uma cultura pós-cristã. Desnecessário dizer que talvez meus prognósticos tendam a desanimar.

INTRODUÇÃO

Resumir é sempre arriscado. Sei que — reduzido assim aos seus elementos nus e crus — o argumento que proponho carece de certo refinamento. Deixarei que, uma vez preenchidos os detalhes, os leitores julguem se realmente atingi algum grau maior de sutileza. Contudo, aquilo que anima este projeto é uma poderosa sensação de como o esquecimento histórico e a alienação cultural ampliam a distância que nos separa dos primeiros séculos da era cristã, e como nossa familiaridade com o cristianismo tal como o conhecemos hoje nos torna muitas vezes insensíveis à originalidade e à estranheza que o evangelho tinha quando foi proclamado pela primeira vez — ou mesmo quando foi recebido por sucessivas gerações de cristãos antigos e medievais. E isso é mais do que um mero infortúnio. Nossa sensação habitual de continuidade histórica, embora acomode rupturas e reviravoltas de certa magnitude, ainda dificulta nossa compreensão da absoluta imensidão daquilo que quero chamar de "interrupção cristã" na tradição ocidental. Mas é isso que precisamos compreender, se quisermos entender quem nós fomos e o que nos tornamos, ou se quisermos entender tanto o feliz acidente quanto a fragilidade tocante de muitas das "verdades" morais sobre as quais repousa nossa concepção de humanidade, ou mesmo se quisermos entender quais defesas temos contra a morte definitiva dessas verdades. E, no fim, dada a enorme força com que a interrupção cristã moldou a realidade que todos habitamos, nossa obrigação com nosso próprio passado é, no mínimo, tentar alcançar sua verdadeira natureza.

Chamo este livro de ensaio, e é preciso ter em mente essa descrição ao longo de toda a leitura. O que se segue não é História de modo algum, se por História se entende uma crônica sequencial e exaustivamente detalhada de eventos políticos, sociais e econômicos. Em grande parte, isso ocorre porque simplesmente me faltam as habilidades especiais dos historiadores genuinamente gabaritados, e estou profundamente consciente de como meus esforços nesse sentido padeceriam, se fossem comparados com as obras deles. O que escrevi foi uma extensa meditação sobre fatos históricos, e nada mais. A organização aqui é muito mais temática do que cronológica e não finge abordar a maior parte dos mais acirrados debates acadêmicos modernos a respeito da história da Igreja primitiva (exceto quando necessário). Dessa forma, minha narrativa caminhará no passo ditado pelo meu argumento. Já que se trata de um ensaio, eu preferiria ter seguido sem o completo aparato acadêmico, de modo a torná-lo tão conciso e fluido quanto possível; mas percebi que não poderia dispensar inteiramente as notas e, portanto, tive de me satisfazer com limitá-las à maior parcimônia possível, conforme o bom senso e minha consciência permitiram. A organização do meu argumento é simples e compreende quatro "movimentos": começo, na parte 1, pelo estado atual da polêmica antirreligiosa e anticristã, tentando identificar algumas das premissas em que esse debate geralmente se baseia; na parte 2, considero, de maneira um tanto quanto aleatória, a visão cristã que a ideologia da modernidade nos ensinou a abraçar; na parte 3, o coração do livro, tento iluminar (tematicamente, conforme já disse) o que ocorreu durante os primeiros séculos da Igreja e a lenta conversão do Império Romano à nova fé; enfim, na parte 4, volto ao presente para considerar as consequências do declínio da cristandade.

O que tento descrever neste livro, devo por fim ressaltar, é uma visão muito pessoal da história cristã, e reconheço que ela talvez seja ligeiramente excêntrica em algumas de suas ênfases, em sua forma e, por vezes, até no seu tom. Não significa que se trata apenas de uma coleção de impressões subjetivas; estou ansioso por marcar o maior número de pontos que puder contra falsificações históricas e historiadores desonestos ou incompetentes, e isso requer alguma quantidade de evidências substanciais. Porém, penso ser preciso conceder que, para comunicar uma visão pessoal, se deve fazer mais do que provar ou refutar certas afirmações a respeito de fatos; é preciso convidar os outros a olharem para o que essa visão vê, tentando conduzi-los ao mundo que ela diz avistar. Num momento particular da história, creio eu, aconteceu algo com a civilização ocidental que a alterou nos mais profundos níveis de consciência e nos mais altos níveis da cultura. Foi algo de uma vastidão tão estranha e radiante que é quase inexplicável que a memória desse evento tenha desaparecido tanto de nossa mente, reduzida a uns poucos e velhos hábitos de pensamento e

INTRODUÇÃO

desejo cujas origens não mais conhecemos, ou substituída completamente por novos hábitos de pensamento e desejo que nos tornaram alheios àquilo que há muito abandonamos. Mas talvez o véu que o tempo estende entre nós e o passado distante nos tenha protegido, de algum modo, do fardo da memória excessiva. Frequentemente se comprova como é deteriorante habitar de corpo e alma à sombra das épocas extintas, e nossa capacidade de esquecimento (conforme observado por Friedrich Nietzsche) é, em grande parte, a nossa capacidade de viver no presente. Dito isso, toda força natural pode se tornar também uma fraqueza inata; viver inteiramente no presente, sem nenhuma sabedoria provida por uma ampla perspectiva do passado, é viver uma vida de estupidez, distração enfadonha e ingratidão. Com o tempo, nossa capacidade de esquecimento pode fazer com que tudo venha a parecer ordinário e previsível, até mesmo as coisas que são muito excepcionais e implausíveis. A mais importante função da reflexão histórica é nos despertar de um esquecimento demasiado complacente e nos lembrar do conhecimento das coisas que nunca deveriam se perder da memória. E a mais importante função da história cristã não é só nos lembrar de como nos tornamos homens e mulheres modernos e de como a civilização ocidental se moldou, mas também das coisas de fascínio incalculável e beleza inexprimível, cujo conhecimento ainda pode nos assombrar, deleitar, atormentar e transfigurar.

PARTE 1

Fé, razão e liberdade: uma visão do presente

1. O evangelho da descrença

É de se pensar que esta época trouxe enorme euforia para os mais ardentes antagonistas da religião; raras vezes eles tiveram diante de si um momento tão inebriantemente promissor. Basta um simples olhar sobre as tendências recentes do mercado editorial de massas para fazer o apaixonado coração secularista bater com a doce e intrépida esperança de que entramos numa era de ouro dos ataques corajosos à arcaica servidão da humanidade ao "dogma irracional" e aos "credos tribais". As condições no mundo dos livros nunca foram tão propícias para tiradas presunçosas contra as religiões, ou (mais estritamente) o monoteísmo, ou (mais especificamente) o cristianismo, ou (mais precisamente) o catolicismo romano. Nunca antes a imprensa fora tão receptiva a jornalistas, biólogos, filósofos menores, moralistas amadores que ostentam seus bacharelados orgulhosamente, romancistas e (os sempre indispensáveis) atores de cinema ávidos por denunciar a selvageria da fé, ecoando avisos desesperados contra a iminência de uma nova "teocracia" e louvando as virtudes do desencanto espiritual para todos os que têm a sabedoria de se manter alertas. Enquanto este livro era escrito, a última tentativa de Daniel Dennett de afastar a humanidade crédula de sua dependência das absurdas fantasias da religião, *Quebrando o encanto*, chegou em meio ao som dos gemidos indignados dos fiéis e do brado exultante dos ateus. *Deus, um delírio*, um enérgico ataque a todas as crenças religiosas, foi lançado por Richard Dawkins, o zoólogo e panfletário incansável, que — a despeito de sua embaraçosa inaptidão para o raciocínio filosófico — nunca perde a chance de arrebatar seus leitores sempre ansiosos por sua imprudência retórica. Ao mesmo tempo, o jornalista Christopher Hitchens, cujo talento para a caricatura intelectual supera por um triz sua perícia em lógica consequencial, lançou *Deus não é grande*, um livro que quase eleva um *non sequitur* brutal ao status de método dialético. Nos últimos anos, o ataque absurdamente ingênuo de Sam Harris, *A morte da fé*, celebrou vendas robustas e sinceros elogios da crítica simpatizante.[1] Tempos atrás, *Fronteiras do universo*, a trilogia de fantasia infantil evangelicamente ateia escrita por Philip Pullman (bastante superestimada, diga-se), não só vendeu milhões de exemplares como foi generosamente aclamada por inúmeros críticos, adaptada para os palcos e parcialmente transformada em filme; seu terceiro volume, de longe o mais fraco da série, ainda conquistou o (antes) respeitável Prêmio Whitbread. E nem é preciso mencionar as extraordinárias vendas obtidas pelo *Código da Vinci*, de Dan Brown, que se tornou um longa de sucesso e é, com certeza, o mais lucrativo romance escrito por um analfabeto funcional. Eu poderia continuar.

É provável que já se note um tom áspero no meu discurso, e eu provavelmente deveria me esforçar em contê-lo. Contudo, ele não é inspirado por qualquer preconceito contra a descrença propriamente dita; sinceramente, posso dizer que há muitas formas de ateísmo que julgo muito mais admiráveis do que muitas formas de cristianismo ou de religião em geral. Mas esse ateísmo que consiste em argumentos vazios boiando em oceanos de ignorância histórica, agitando-se nas tempestades do moralismo estridente, é tão desprezível quanto qualquer forma tenebrosa de fundamentalismo. E, francamente, às vezes é difícil ser imaculadamente generoso quando se responde ao tipo de ataque que caiu no gosto corrente dos devotamente incrédulos, ou ao tipo de equívoco histórico que isso costuma envolver. Tome por exemplo Peter Watson, autor de um divertido livreto sobre a história da invenção. Quando o *New York Times* lhe perguntou qual foi a pior invenção da humanidade, ele tranquilamente respondeu: "Sem dúvida alguma, o monoteísmo ético...* isso é a causa da maior parte das guerras e

---

* Considera-se "monoteísmo ético", em oposição ao monoteísmo intelectual, a forma de devoção em que, conforme suas necessidades, o indivíduo elege determinado deus e lhe atribui um lugar de divindade única e verdadeira. No monoteísmo intelectual, por sua vez, um Deus único surge como conclusão lógica, a partir de indagações sobre a origem do universo e da vida. [N. do T.]

O EVANGELHO DA DESCRENÇA

da intolerância ao longo da História."[2] Agora, como um exemplar do tipo de discurso antirreligioso considerado chique atualmente, esse na verdade foi até bastante suave; embora também seja um completo absurdo. Não que faça muito sentido defender o "monoteísmo" de forma abstrata (por ser um termo terrivelmente impreciso); e devotos do "único Deus verdadeiro" decerto tiveram sua parcela de sangue nas mãos. Mas a vasta maioria das guerras da História foi empreendida a serviço de muitos deuses; muitas foram travadas sob a égide, a bênção ou o comando de um deus entre muitos; ou foram declaradas na busca por lucros, conquistas ou poder; ou foram disputas por território, supremacia tribal, imperialismo ou um "bem maior"; ou, na realidade, foram promovidas em obediência a ideologias que não veem serventia nos deuses (essas, convém ressaltar, foram as guerras mais mortíferas de todas). Com razão, o retórico pagão Libânio gabava-se de que os deuses do Império Romano empreendiam inúmeras guerras.[3] Em contraste, o total de guerras que realmente explodiram em nome de qualquer coisa que se possa chamar de "monoteísmo ético" é tão residual e pequeno que tais guerras certamente se candidatam a exceções da regra histórica. Além disso, intolerância e perseguição religiosa podem ser tudo, menos exclusividades das culturas monoteístas, como qualquer pessoa com um respeitável conhecimento de humanidades, cultura e história deveria saber. Mesmo assim, absurda como ela é, a observação de Watson é do tipo que faz muitas cabeças assentirem solenemente, reconhecendo o que parece ser uma verdade inegável. Sentimentos assim se integraram de tal forma a uma gramática convencional do ceticismo "iluminista" que dificilmente são submetidos a um escrutínio sério.

Minha própria impaciência com tais opiniões, devo confessar, seria bem menor se eu não sofresse de uma melancólica percepção de que, quando se analisam os mais ardentes detratores do cristianismo, os últimos anos foram de considerável decadência. Nos primeiros séculos, a Igreja foi alvo da hostilidade de críticos genuinamente imaginativos e civilizados, como Celso e Porfírio, adeptos da amável crença de que é preciso algum empenho anterior para se familiarizar com o objeto que se pretende criticar. E, ao fim dos séculos da Europa cristã, a Igreja podia de fato ostentar antagonistas de verdadeira estatura. No século XVIII, David Hume era inigualável em sua capacidade de semear dúvidas onde antes floresciam certezas. Enquanto as diatribes de Voltaire, Denis Diderot e outros filósofos do Iluminismo eram, como um todo, vazias de substância, ao menos eles tinham a marca de uma elegância feroz e, vez por outra, uma aguda percepção moral. Já Edward Gibbon, por mais que seu relato da ascensão do cristianismo se ressinta do paroquialismo de sua época e de suas frequentes imprecisões, era de todo modo um escritor e um acadêmico de talento inegavelmente titânico, cujas opiniões imponentemente enunciadas eram fruto de imensos esforços de estudo e reflexão. E o extraordinário fermento científico, filosófico e político do século XIX presenteou o cristianismo com inimigos de paixão sem paralelo e intensidade visionária. O maior de todos eles, Friedrich Nietzsche, pode ter tido um limitado entendimento da história do pensamento cristão, mas era de fato um homem de enorme cultura, que apreciava a magnitude da coisa contra a qual seu espírito se voltara e que tinha suficiente noção do passado para entender a crise cultural que sucederia o declínio da fé cristã. Ademais, Nietzsche teve os bons modos de desprezar o cristianismo em grande parte pelo que ele realmente era — uma devoção ética à compaixão, acima de tudo — em vez de se deixar levar pela fantasia moralista de que a história do cristianismo não passa de um desfile interminável de violência, tirania e neurose sexual. O filósofo alemão pode ter odiado muitos cristãos por conta da hipocrisia deles, mas odiava o cristianismo propriamente dito principalmente pelo zelo compassivo pelos fracos, marginalizados, debilitados e doentes; e, como tinha consciência da contingência histórica de todos os valores culturais, Nietzsche nunca se iludiu de que a humanidade poderia se livrar da fé cristã simplesmente conservando a moral cristã em versões diluídas, tais como consciência social ou compaixão humana inata. Ele sabia que o desaparecimento de valores culturais do cristianismo levaria, gradual e inevitavelmente, a um novo conjunto de valores, cuja natureza ainda estaria por ser decidida. Comparados com todos esses homens, os críticos irritantes de hoje parecem muito mais preguiçosos, menos perspicazes, menos sutis, menos refinados, mais sentimentalistas, mais eticamente complacentes

O EVANGELHO DA DESCRENÇA

e muito mais interessados em simplificações baratas da História do que em investigações sóbrias e criteriosas daquilo que o cristianismo foi ou é.

Dois dos livros que mencionei anteriormente — *Quebrando o encanto* e *A morte da fé* — oferecem talvez os melhores exemplos do que quero dizer, embora em registros radicalmente diferentes. No primeiro, Daniel Dennett — um professor de filosofia da Tufts University e codiretor do Centro de Estudos Cognitivos daquela instituição — avança naquilo que acredita ser uma tese provocativa sobre religião como um fenômeno inteiramente natural. Ele afirma que essa tese pode ser investigada por métodos próprios das ciências empíricas. Na verdade, lá pelo meio do livro, depois de espalhar suas conjecturas sobre a evolução da religião, um confiante Dennett declara que guiou seus leitores de forma bem-sucedida numa "caminhada casual e sem milagres", indo do maquinário cego da natureza até a fidelidade apaixonada da humanidade às ideias mais exaltadas. Como se nota, a hipótese até então levantada por ele não é factual, mas puramente intuitiva, pendurada em tênues fios de pressuposição, totalmente inadequados como explanação da cultura religiosa e quase absurdamente dependente do conceito ilógico de "memes" de Richard Dawkins (cuja definição pode ser consultada nas mais recentes edições do *Oxford English Dictionary*). Em suma, o argumento de Dennett consiste em pouco mais do que persistir numa aplicação incorreta de termos quantitativos e empíricos a realidades intrinsecamente inquantificáveis e não empíricas, sustentando isso com classificações inteiramente arbitrárias, fortificadas por argumentos que qualquer leitor atento percebe que são totalmente circulares. A "ciência da religião" que Dennett descreve nada mais é do que uma série de deduções indistintas, extraídas de comportamentos que poderiam ser interpretados de diversas maneiras, numa variedade quase ilimitada; o resultado disso nunca seria mais significativo do que uma coleção de metáforas biológicas para defender (ou, na verdade, simplesmente ilustrar) um materialismo filosófico essencialmente não verificável.

Tudo isso, porém, está ligeiramente fora de questão. Julgado apenas enquanto proposta científica, o livro de Dennett é totalmente irrelevante — na verdade, é até um pouco constrangedor —, mas suas deficiências metodológicas não são minha real preocupação aqui (embora eu tenha escrito sobre elas em outro lugar).[4] Na verdade, mesmo que houvesse mais substância do que vemos em seu projeto, e mesmo que, por pura sorte, sua história da evolução da religião estivesse correta em cada detalhe, no fim das contas ainda seria um projeto banal. Porque, caso alguém julgue a história de Dennett convincente ou não — ou seja, caso alguém acredite que ele conseguiu construir a ponte sobre o abismo que separa a ameba da *Paixão segundo São Mateus* —, o fato é que sua narrativa não oferece qualquer desafio à fé, sendo inclusive perfeitamente compatível com o que a maioria das crenças desenvolvidas já ensina a respeito da religião. É claro que a religião é um fenômeno natural. Quem seria estúpido a ponto de negar isso? Ela é ubíqua na cultura humana, representando obviamente um elemento essencial na evolução da sociedade, e claramente evoluiu em si mesma. Talvez Dennett acredite que há milhões de almas sinceras por aí profundamente comprometidas com a ideia de que a religião, de forma abstrata, é uma realidade sobrenatural, mas tais almas não existem. No fim das contas, não é lógico que, simplesmente por ser natural, a religião não teria como se tornar um veículo da verdade divina, ou que não poderia de alguma maneira se orientar rumo a uma realidade suprema (como, segundo a tradição cristã, todas as coisas da natureza se orientam).

Aliás — e pode-se concluir que Dennett terá percebido isso —, não existe religião de forma abstrata, e quase ninguém (fora alguns políticos) professaria vínculos a isso. Em vez disso, há um grande número de sistemas de crenças e práticas que, por conveniência, chamamos de "religiões", embora sejam muito diferentes entre si, e pouquíssimos dependem de alguma noção fabulosa de que a religião propriamente dita é uma exceção miraculosa às leis da natureza. Cristãos, por exemplo, não acreditam propriamente em religião; em vez disso, acreditam que Jesus de Nazaré, crucificado sob Pôncio Pilatos, se levantou dos mortos e, pelo poder do Espírito Santo, se apresenta agora à sua Igreja como seu Senhor. Essa é uma afirmação ao mesmo tempo histórica e espiritual, que inspirou uma diversidade incalculável de expressões naturais: morais, artísticas, filosóficas, sociais, legais e religiosas. Sobre "religião" em si, porém, o pensamento cristão em geral

O EVANGELHO DA DESCRENÇA

reconhece que se trata de um impulso comum a todas as sociedades, que muitas de suas manifestações são violentas, supersticiosas, amorais, degradantes e falsas. O máximo que se pode dizer a partir de uma perspectiva cristã sobre religiões humanas é que ela expressa ambiguamente aquilo que a tradição cristã chama de "desejo natural por Deus" e, como tal, representa um tipo de abertura natural à verdade espiritual, à revelação ou à graça, tanto quanto a possibilidade para delírios, crueldades e tiranias. Portanto, quando Dennett questiona solenemente (como ele realmente faz) se a religião é digna de nossa lealdade, trata-se de uma pergunta sem sentido. Para os cristãos, a questão pertinente é se Cristo é digno de lealdade, algo completamente diferente. Já a fascinante descoberta de Dennett — de que o "desejo natural por Deus" é, na verdade, um desejo por Deus que é natural — não equivale a uma revolução de pensamento, mas de sintaxe.

O significado real de *Quebrando o encanto* (pelo menos para mim) fica visível quando é posto ao lado de *A morte da fé*, de Sam Harris. Esse também é um livro que, em essência, não deveria ocupar ninguém por muito tempo. É pouco mais do que uma concatenação de afirmações estridentes e petulantes; algumas delas verdadeiras, mas nenhuma que indique graus elevados de sofisticação histórica ou filosófica. Em suas considerações sobre a fé cristã, Harris demonstra uma ignorância abissal sobre todos os tópicos que aborda — a visão cristã sobre a alma, suas doutrinas morais, suas tradições místicas, sua compreensão das Escrituras e assim por diante. Às vezes, parece que sua principal queixa é contra os fundamentalistas do século XX, mas mesmo nesse tema ele se equivoca (em determinado ponto, por exemplo, ele os acusa absurda e obscenamente de acreditar que a segunda vinda de Cristo será o sinal da destruição final dos judeus). Ele declara que todos os dogmas são perniciosos, exceto sua adesão completamente dogmática ao misticismo contemplativo não dualístico, do tipo que imagina erroneamente ter descoberto numa escola de budismo tibetano, a qual ele (naturalmente) caracteriza como puramente racional e científica. Ele fornece uma longa passagem atribuída ao sábio tântrico (e essencialmente mítico) Padmasambhava e sofregamente informa seus leitores de que não há nada tão remotamente profundo nos textos religiosos do Ocidente — embora, na realidade, a passagem seja pouco mais do que uma série de platitudes formulaicas, do tipo que se acha no repertório contemplativo de qualquer religião, descrevendo o tipo de êxtase oceânico que a tradição mística cristã tende a tratar como um dos estágios infantis da vida contemplativa. Harris faz a peregrinação inevitável aos calabouços da Inquisição espanhola, ainda que sem parar para se informar sobre a história real da Inquisição nem ler qualquer trabalho acadêmico recente a respeito disso. Ele declara, de forma mais ou menos explícita, que cada episódio de violência da história cristã é uma consequência natural dos pilares básicos do cristianismo (o que é obviamente falso), e que os primeiros vinte séculos do cristianismo e seus incomparáveis triunfos morais — seu cuidado com viúvas, suas casas de caridade, hospitais, orfanatos, abrigos, organizações solidárias, distribuição de sopas, missões médicas, sociedades de caridade e tantos outros — são simplesmente expressões da habitual gentileza humana, sem nenhuma relação necessariamente com a convicção cristã (o que é ainda mais obviamente falso). Desnecessário dizer que ele basicamente inverte a equação quando fala do budismo e, com o fervor de um verdadeiro fiel, defende a pureza de seu credo escolhido contra distorções históricas. Na realidade, ele não discute a desagradável história da guerra religiosa, do feudalismo monástico, do despotismo teocrático e da negligência social; mas, sim, prestativamente explica que a maioria dos budistas não entende bem o budismo (ao menos não tão bem quanto ele). E, num capítulo desastroso, que faz lembrar uma redação descuidadamente ambiciosa de um universitário, ele tenta descrever uma "ciência do bem e do mal", que revelaria a base racional do autossacrifício, independente das filiações religiosas: um raciocínio composto quase que totalmente de lacunas lógicas. Em suma, *A morte da fé* não é um livro sério — é meramente presunçoso — e merece apenas comentários superficiais.

Se o argumento de Harris gera algum interesse real aqui, é por ser uma epítome — tendendo à paródia não intencional — da retórica antirreligiosa contemporânea em sua versão mais apaixonada e beata. Como tal, isso dá expressão especialmente vívida e pura a dois preconceitos populares que também se encontram na obra de Dennett (bem como nas de Dawkins e

O EVANGELHO DA DESCRENÇA

muitos outros), mas nunca de forma tão vigorosamente simplista. Esses preconceitos são, em primeiro lugar, os de que toda crença religiosa é essencialmente desprovida de fundamento; e, em segundo lugar, que a religião é, acima de tudo, causadora de violência, divisão e opressão e, por isso, deveria ser abandonada em nome da paz e da tolerância. A primeira premissa — a pura e simples estupidez passiva da fé — é presumida com uma confiança tão inabalável pelos que a defendem que dificilmente algum deles se arrisca a debater o assunto com algum cuidado sistemático. Naturalmente, eles jamais consideram que possa existir algo como a experiência religiosa (diferente, é claro, de estados de delírio, que acometem os estúpidos ou os emocionalmente desequilibrados), uma vez que, evidentemente, não há nada a ser experimentado. Dawkins, por exemplo, afirma com frequência (e sem fazer qualquer pausa para pensar a sério no tema) que os fiéis não têm nenhuma razão para seguir na fé. O capítulo mais constrangedor de *Quebrando o encanto* consiste basicamente na tentativa de Dennett de convencer os crentes — usando um tom insuportavelmente condescendente — de que eles não acreditam realmente no que pensam acreditar, nem mesmo compreendem o que dizem acreditar, enquanto procura escandalizá-los com a revelação de que, às vezes, a teologia acadêmica resvala em um jargão técnico repleto de termos gregos obscuros, como "apofático" e "ôntico". E Harris atinge o máximo de sua indignação teatral quando lembra aos leitores que os cristãos acreditam na ressurreição de Cristo só porque alguém lhes disse que é verdade.

É sempre arriscado tentar explicar a outra pessoa aquilo em que ela acredita e as razões pelas quais ela acredita; é especialmente insensato deduzir (como Dennett está particularmente inclinado a fazer) que os crentes não avaliam e reavaliam suas crenças constantemente. Qualquer um que conviva com pessoas de fé sabe que tal conclusão é simplesmente falsa. Obviamente, porém, não faz sentido exigir dos crentes que apresentem os critérios para suas crenças, a menos que alguém esteja disposto a conformar suas expectativas com o tipo de afirmação que será feita. Afinal, embora seja indiscutível que, no geral, não é possível apresentar provas perfeitamente neutras em favor da fé, tampouco estamos tratando aqui de uma forma neutra de conhecimento. É mera tolice a crença de Dennett de que não se deve levar a sério uma afirmação não comprovada por métodos científicos. Por esse princípio, eu não precisaria acreditar que a batalha de Salamina de fato ocorreu,* ou que meu vizinho viúvo ama os filhos que sustenta incansavelmente, ou que é sensato confiar num velho amigo, mesmo que ele me conte algo que não me diz respeito. Harris está bastante correto quando afirma, por exemplo, que a ressurreição de Cristo — como qualquer outro evento histórico — só é conhecida através do testemunho de terceiros. Realmente, o cristianismo é a única grande fé construída inteiramente em torno de uma única afirmação histórica. Porém, trata-se de uma afirmação muito diferente de qualquer outra antes feita, como qualquer historiador perspicaz e escrupuloso reconheceria. Ela certamente não guarda semelhança com as fantasias vagas de entusiastas simplórios, ou com as maquinações ardilosas de charlatães oportunistas. É o relato de homens e mulheres que sofreram a devastadora perda de seu mestre, mas que, em poucos dias, passaram a proclamar a experiência imediata de sua presença viva além do túmulo, e que estavam, ao que parece, dispostos a sofrer privações, aprisionamentos, tortura e morte em vez de negar essa experiência. É também o relato de um homem que não conheceu Jesus antes da crucificação, que perseguia os discípulos dele, mas que igualmente acreditou ter sido tocado pelo Cristo ressuscitado, com um poder tão devastador que também preferiu a morte à apostasia. E é o relato de inúmeros outros que acreditaram que eles também — de forma irredutivelmente pessoal — conheceram o Cristo ressuscitado.

É inegável que os cristãos, em sua maior parte, têm fé na Páscoa porque pertencem a comunidades que acreditam nela, que sua fé é um complexo amálgama de confissão compartilhada, experiência pessoal, prática espiritual, ética e confiança em terceiros, e que são inevitavelmente obrigados a fazer julgamentos sobre a confiabilidade daqueles cuja palavra

---

* Considerada a primeira grande batalha naval de que se tem registro, foi travada entre os persas e os gregos, em 480 a.C., entre a ilha de Salamina e o porto ateniense do Pireu, com vitória das embarcações helênicas, lideradas por Temístocles. [N. do T.]

O EVANGELHO DA DESCRENÇA

aceitaram. Alguns também optam por se aventurar nos vastos mares das tradições filosóficas ou místicas do cristianismo; e muitos se inspiram em milagres, ou em sonhos, ou na aparente ação da graça em suas vidas, ou em momentos de êxtase estético, ou em arrebatamentos inesperados, ou intuições da presença do Espírito Santo, e assim por diante. Nada disso impressiona o cético engajado, nem parece uma base adequada para a fé, mas isso não significa que a fé é essencialmente voluntarista ou irracional. Para ser mais exato, é bizarro acreditar ser possível julgar, de um ponto de vista externo, a natureza ou a credibilidade das experiências de alguém. Se Dennett realmente quisesse empreender uma investigação "científica" da fé, deveria abandonar de imediato seus esforços em descrever a religião (o que, repito, não existe de fato) e em vez disso tentar adentrar o mundo da crença como ele é, de forma a medir esse fenômeno de dentro. Como primeiro passo, ele certamente — a bem do método científico sólido e do rigor empírico — deveria começar a rezar, e então continuar essa prática com alguma perseverança. Essa é uma prescrição drástica e implausível, sem dúvida; mas é a única maneira pela qual ele poderia começar a adquirir algum conhecimento sobre o que uma crença é ou não é.

No entanto, em vez de cortejar o absurdo, vamos graciosamente supor que, sim, há de fato uma espécie de convicção religiosa irracional, tal como existe uma enorme porção de materialismo irreligioso irracional. Suponhamos também, de forma ainda mais magnânima, que seja verdade o segundo veredicto que emiti sobre os escritores mencionados: que religião é violência e que, de fato, religião mata. Por fim, suponhamos que isso seja tão verdadeiramente exato, e tão intelectualmente significante, quanto as proposições "política mata" e "cor avermelha as coisas". Pois muitas coisas são verdadeiras num sentido geral, mesmo quando são falsas na maioria dos casos específicos. Religião violenta mata, assim como a política violenta, e o vermelho avermelha as coisas; mas a religião pacífica e a política pacífica não matam, mesmo quando adotadas como pretexto para matar, da mesma forma que o verde não avermelha uma tela, ainda que o daltonismo crie a impressão de que ela se avermelhou. Portanto, o anseio "religioso" não é nem isso nem aquilo, nem admirável nem terrível, mas é, ao mesmo tempo, criativo e destrutivo, consolador e assassino, suave e brutal.

Presumo que isso ocorra porque "religião" é algo "natural" para seres humanos (como Dennett assinala de forma tão premente) e, como tal, reflete a natureza humana. Porque a verdade mais ampla, mais elementar e ainda mais pertinente é que os homens matam (mulheres também, mas elas historicamente tiveram menos oportunidades). Alguns matam porque sua fé lhes ordena explicitamente; alguns matam ainda que sua fé os proíba explicitamente; e outros matam porque não têm fé alguma e, portanto, creem que tudo lhes é permitido. Politeístas, monoteístas e ateus matam — de fato, esta última classe é especialmente prolífica em homicídios, se contarmos com as evidências do século XX. Humanos matam por seus deuses, ou por seu Deus, ou porque não há Deus e o destino da humanidade precisa ser moldado por gigantescos esforços da vontade humana. Matam na busca por verdades universais e por fidelidade a juramentos tribais; por fé, sangue e solo, por império, pela grandeza da nação, pela "utopia socialista", pelo capitalismo e pela "democratização". Humanos sempre vão procurar deuses em cujos nomes poderão executar grandes façanhas ou cometer atrocidades indizíveis, mesmo que tais deuses não sejam deuses, mas sim "honra tribal" ou "imperativos genéticos" ou "ideais sociais" ou "destino humano" ou "democracia liberal". Além disso, humanos também matam por dinheiro, terra, amor, orgulho, ódio, inveja ou ambição. Mata-se por convicção ou por falta de convicção. A certa altura, Harris cita, com aprovação, um clichê de Will Durant no sentido de que a violência decorre da convicção religiosa — o que, de novo, como a maioria das generalizações, é uma verdade vazia. Acontece que, com a mesma frequência, humanos são violentos apenas por conveniência, porque não acreditam numa lei maior que as exigências do momento, enquanto apenas certos tipos de convicção religiosa têm o poder de amenizar pragmatismos assassinos com um idealismo compassivo, ou para frear essas vontades com o pavor da justiça divina, ou para libertá-las dos terrores do presente incerto e, em consequência disso, da tentação de agir injustamente. Caifás e Pilatos, segundo relatam as Escrituras, são exemplos perfeitos de

O EVANGELHO DA DESCRENÇA

estadistas obsequiosos e funcionais com graves responsabilidades a ponderar; Cristo, por outro lado, estava certo de um Reino fora deste mundo e ordenava a seus discípulos que amassem seus inimigos. A convicção religiosa fornece uma razão poderosa para matar? É inegável que, com frequência, sim. Mas ela também oferece a única razão convincente para a recusa de matar, ou para a misericórdia, ou para a busca da paz; apenas a mais profunda ignorância histórica pode impedir alguém de reconhecer isso. Pois a verdade é que religião e irreligião são variáveis culturais, mas matar é uma constante humana.

Devo ressaltar que não duvido da sinceridade de nenhum desses escritores. Apenas repito que falar do mal da religião ou desejar seu desaparecimento é tão simplista quanto condenar e querer a extinção da política. Em diversas passagens de *Quebrando o encanto*, por exemplo, Dennett proclama sua devoção à democracia, uma devoção que, como se pode ver, se mantém inalterada ante o conhecimento de que governos democráticos — muitas vezes em nome da proteção ou da promoção da democracia — travaram guerras injustas, incineraram aldeias e cidades repletas de não combatentes, reduziram liberdades civis, toleraram corrupção e desigualdade racial, mentiram aos cidadãos, apoiaram regimes de déspotas estrangeiros, ou deram o poder a homens maus (Hitler não parece um exemplo insignificante deste último). Da mesma forma, é possível manter-se totalmente inabalável na devoção ao cristianismo mesmo sabendo que homens e mulheres cometeram muitos atos perversos em nome de Cristo. Se a analogia em algum sentido falha, é apenas porque o cristianismo proíbe expressamente os variados males cometidos por cristãos, enquanto a democracia, a princípio, nada proíbe (exceto, é claro, a derrota da vontade da maioria). Além disso, estou plenamente certo de que Dennett não teria um intelecto tão frágil a ponto de abandonar sua fé nas instituições democráticas simplesmente porque alguém desprovido de qualquer filosofia política emerge de uma floresta e lhe diz, em tom assombrosamente pomposo, que a política é desagregadora e violenta e, portanto, deveria ser esquecida em nome da harmonia humana. De maneira semelhante, o insípido lugar-comum de que "religião é violência" nem chega a ser moralmente atraente. Como ninguém tem qualquer interesse pessoal em "religião" propriamente dita, é perfeitamente racional que alguém simultaneamente recite o Credo Niceno e deplore o sacrifício humano dos astecas (ou mesmo a Inquisição espanhola) sem sofrer das dores de uma consciência pesada nem sentir qualquer tensão entre ambas as posições.

O que considero mais esotérico nos argumentos dos autores que mencionei, e de outros como eles, é o estranho pressuposto de que uma sociedade verdadeiramente laica seria, por natureza, mais tolerante e menos inclinada à violência do que todas as outras sociedades moldadas por algum tipo de fé. Uma vez que a era moderna dos governos seculares trouxe o período da violência mais selvagem e sublime da história humana, em nível (ou contagem de corpos) de magnitude incalculável, é difícil identificar as bases para essa segurança. (Certamente, a grotesca alegação de que tais formas de governos seculares são pouco mais do que "religiões políticas" e, portanto, só comprovam o malefício da religião, deve ser simplesmente ridicularizada como a evasiva ordinária que de fato é.) Nem é especialmente clara a razão pela qual esses autores imaginam que um mundo inteiramente purgado da fé escolheria ser guiado por preconcepções morais remotamente semelhantes às deles mesmos; e esse mistério se torna especialmente impenetrável para mim no caso daqueles que creem que um materialismo integral baseado na biologia darwinista realmente pode nos ajudar a abandonar nosso "tribalismo" e nossa irracionalidade, levando-nos a preferir uma vida de tolerante concórdia universal. No fim das contas, as únicas facções ideológicas ou políticas que fizeram alguma tentativa rumo a uma ética consistente com a ciência darwinista foram o movimento socialista de eugenia do início do século XX e o nazismo, derivado de tal movimento. Obviamente, a estupidez e o mal de certos movimentos sociais ou políticos não deveriam ditar nossas opiniões sobre descobertas científicas. Mas não se impugnam os gênios extraordinários de Charles Darwin e Alfred Russel Wallace quando notamos que a natureza — compreendida puramente como mero fenômeno bruto, material — não admite princípios morais e, portanto, não pode oferecer nenhum; o que ela pode oferecer é seu próprio exemplo "moral", que é tudo, menos

O EVANGELHO DA DESCRENÇA

brando. Dennett, que costuma demonstrar propensão a decretos morais de peremptoriedade quase pontifícia e a receituários sociais do tipo mais autoritário, não se ilude de que a teoria evolucionária é uma fonte de prescrições da moral positiva. Mas há algum delírio, entretanto, na sua certeza otimista de que os seres humanos vão desejar escolher valores altruístas sem invocar princípios transcendentes. Podem até desejar; mas eles também poderão desejar construir campos de concentração, e poderão muito bem escolher fazer isso em vez daquilo. Pois toda teoria ética desenvolvida ao largo de alguma verdade transcendente — ou seja, dos fundamentos espirituais ou metafísicos da realidade — é uma ficção frágil, crível apenas para aqueles suficientemente obstinados na suspensão voluntária de descrença. Porém, se alguém não quiser se convencer, basta um simples "eu discordo" ou "eu me recuso" para exaurir os recursos persuasivos de qualquer ética puramente mundana.

Não que seja necessária alguma teoria ética para ser uma pessoa correta. Dennett gosta de assinalar que não há evidências de que os crentes são mais cumpridores das leis nem que tenham mais princípios do que os descrentes, o que se pode presumir como verdadeiro. A maioria das pessoas obedece às leis e aos costumes morais de suas sociedades, independentemente de suas convicções primordiais sobre a natureza da realidade; e, com frequência, os mais perversos de todos são aqueles que — temendo por suas almas ou incapazes de corrigir suas próprias naturezas — recorrem à fé. Porém, devo acrescentar (admitindo que parto majoritariamente de observações pessoais) que, fora dos domínios da simples obediência civil aos valores sociais dominantes — ou seja, dentro daquele mundo de desesperança consumada, onde os mais indigentes, deficientes, desassistidos e esquecidos entre nós dependem da caridade contínua, concreta e heroica de almas abnegadas —, a presença de ateus tende a escassear de maneira notável. Provavelmente também é digno de nota que a quantidade de auxílio de caridade oferecida e sustentada atualmente por igrejas cristãs no mundo inteiro continua a ser vasta num nível quase inimaginável. Um mundo que banisse o evangelho seria certamente aquele em que muitos outros milhões de humanos ficariam sem alimento, sem atendimento médico, desabrigados e iletrados. (Mas talvez pudéssemos esperar que os governos do mundo se unissem para assumir essa missão.) Ainda assim, parece óbvio que tanto os religiosos quanto os irreligiosos são capazes de variados graus de tolerância ou intolerância, benevolência ou malícia, a depender de como compreendem as implicações morais de suas crenças.

Contudo, o que jamais podemos esquecer é de onde vêm aquelas noções maiores de bem moral, às quais até ateus podem sentir uma devoção; e isso não é um tema de pouca importância. Compaixão, piedade e caridade, tais como as entendemos e apreciamos, não são objetos que encontramos na natureza, como árvores, borboletas ou filósofos acadêmicos, mas são convenções historicamente circunstanciais de crença e prática, formadas por convicções culturais que poderiam jamais ter surgido. Muitas sociedades perduraram e, de fato, floresceram muito bem sem elas. É louvável que Dennett esteja disposto (como suponho) a odiar injustiças econômicas, civis ou penais e que creia que não devemos abandonar humanos como nós à pobreza, à tirania, à exploração e ao desespero. As boas maneiras, porém, deveriam fazê-lo (e outros de seus pares) reconhecer que também são beneficiários de uma consciência social cuja gramática ética teria sido muito diferente caso não tivesse sido moldada pelas premissas morais do cristianismo: os ideais de justiça para os oprimidos, que a Igreja tirou do judaísmo; o idioma especial da caridade, próprio do cristianismo; a doutrina do amor universal de Deus; sua exaltação do perdão sobre a punição; e assim por diante. E o bom senso deveria estimulá-los a reconhecer que, uma vez que as crenças cristãs tenham sido final e plenamente renunciadas, absolutamente nada garante que tais valores não se dissolvam lentamente, nem sejam substituídos por outros mais vulgares, mais frios, mais pragmáticos e mais desumanos. Quanto a esse aspecto, seria estupidez se sentir especialmente otimista; e há bons motivos para apreensão, como devo discutir na parte final deste livro. Essa é uma das razões pelas quais a perspectiva histórica e a honestidade intelectual de Nietzsche eram tão preciosas; a ausência delas na maior parte da polêmica antirreligiosa contemporânea resulta depressivamente enfadonha.

O EVANGELHO DA DESCRENÇA

É inútil, no entanto, debater o que a renúncia ao cristianismo realmente significaria para a cultura ocidental, a menos que se compreenda antes o que a adoção do cristianismo significou para a cultura ocidental; e não é possível fazê-lo se o indivíduo se contenta em permanecer obcecado por abstrações infrutíferas relativas à "religião", em vez de se debruçar sobre as reais particularidades da história e da crença cristãs. Decerto, esse gesto tampouco constitui algum tipo de retiro seguro para o cristão; o reino do particular é, por natureza, um lugar de ambiguidade, onde a sabedoria e a misericórdia contraem matrimônio indissolúvel com a ignorância e a brutalidade, em geral dentro da mesma instituição, ou dentro da mesma pessoa. Não é nenhuma novidade perceber que o maior triunfo histórico do cristianismo foi também sua derrota mais calamitosa: com a conversão do Império Romano, a fé que nasceu proclamando a derrubada dos poderes "desta época" se viu de vez aliada e subordinada a esses poderes, além de competir frequentemente com eles. Seria tolice negar ou lamentar as magníficas conquistas da cristandade, tanto morais quanto culturais. Mesmo assim, o evangelho, na melhor das hipóteses, cintilou ao longo da história do Ocidente, operando sobre naturezas duras e intratáveis — a franca brutalidade dos bárbaros, a crueldade refinada dos civilizados —, demonstrando prodígios de santidade e caridade em cada era, tanto institucionais quanto pessoais, e sofrendo incontáveis traições e perversões a cada geração.

Não deveria causar polêmica (embora provavelmente cause, dado o espírito destes tempos) afirmar que, se os ensinamentos do cristianismo tivessem genuinamente criado raízes nos corações humanos — se de fato todos acreditássemos que Deus é amor e que devemos amar nosso próximo como a nós mesmos —, cessaríamos de ter desejos de guerra, odiaríamos as injustiças mais do que a própria morte e julgaríamos impossível a indiferença para com o sofrimento alheio. Mas, na realidade, os seres humanos continuarão a fazer guerra e a massacrar inocentes e indefesos com animado desapego; continuarão a se distrair de si mesmos, de sua mortalidade e do tédio mórbido, matando e morrendo numa escala extraordinária, exultantes em seu poder de destruir uns aos outros. E a sociedade humana continuará, em diversos lugares e épocas, a degenerar em uma horda assassina, mesmo que se torne tão civilizada a ponto de delegar ao maquinário legal, político e militar do Estado a tarefa de assassinar em seu lugar. Num mundo como tal, cristãos não têm outra escolha senão a de continuar a acreditar no poder transformador do evangelho sobre a vontade humana, convertendo uma indústria de crueldade, melancolia e egoísmo num reservatório da graça divina, capaz de se unir a Deus e de amar seu próximo. Dos dois milênios da cristandade, muitos dos mais barulhentos críticos atuais do cristianismo não conhecem nada além de algumas imagens de cruzados sanguinários e inquisidores sádicos, alguns fatos condenáveis e um grande número de lendas ainda mais condenáveis; para tais críticos, obviamente, os cristãos não deveriam renunciar ao passado, mas aprofundar suas memórias coletivas sobre o que o evangelho representou na história humana. Talvez seja mais crucial ainda que eles não entreguem o futuro àqueles que conhecem tão pouco da natureza humana, a ponto de professarem que uma sociedade "libertada" de Cristo seria capaz de amar a justiça, a verdade, a beleza, a compaixão ou mesmo a vida. A visão cristã da natureza humana é sábia justamente por ser tão extrema: ao mesmo tempo que enxerga a humanidade como uma imagem do divino, feita para o amor infinito e a glória imperecível, tampouco deixa de vê-la como uma fonte quase inesgotável de cobiça, rancor e brutalidade. De fato, os cristãos têm a especial obrigação de lembrar como é grande e inesgotável a inclinação humana para a violência e quantas vítimas ela ceifou, pois veneram um Deus que não apenas tomou as dores dessas vítimas como foi ele mesmo uma delas, tendo sido assassinado pela combinação de autoridade e prudência moral dos poderes políticos, religiosos e legais da sociedade humana.

O que, a propósito, é a afirmação mais subversiva que já foi feita na história da humanidade.

2. A era da liberdade

No fim das contas, é provável que argumentos como os que foram esboçados no capítulo anterior sejam um pouco fúteis, já que estão mais ou menos confinados à superfície de um antagonismo que se desenvolve num nível muito mais profundo do que o alcançado pelo debate racional. Os tipos de objeções científicas, morais ou racionais à fé já descritos por mim não são realmente científicos, nem morais, nem racionais, a não ser num sentido meramente retórico. Não há ciência considerável na "ciência da religião"; e não há genuína cogitação moral nem reflexão rigorosa em nenhuma das acusações morais apresentadas por Dennett ou por seus colegas — os "novos ateus" — contra a religião. São apenas posições disfarçadas de ideias, compromissos emocionais fingindo ser honestidade intelectual. Por mais sinceros que os atuais evangelistas da descrença sejam, eles não fazem mais do que apresentar justificativas — lastreadas por uma coleção formidável de erros conceituais e históricos — para convicções baseadas não na razão, mas em uma vontade cultural maior, da qual seus argumentos são apenas reflexos. Isso já era de se esperar; todos nós habitamos mundos culturais e linguísticos que determinam em grande medida o que julgamos ser relevante, como encaramos a realidade, que premissas fundamentais adotaremos, e até o que desejamos mais profundamente. Não estamos inteiramente confinados a esses mundos — somos almas viventes, não meras máquinas —, mas é preciso um esforço considerável para ver além dos seus horizontes.

A razão pela qual os eruditos que desprezam a religião tendem a empregar argumentos extraordinariamente ruins para seus preconceitos — sem

38 FÉ, RAZÃO E LIBERDADE

nem se dar conta do quão ruins esses argumentos são — é que tais eruditos são orientados por impulsos pré-críticos e irracionais do mais puro fideísmo.* No nível mais profundo de seus pensamentos e desejos, eles obedecem a princípios e estímulos que repousam sobre nenhum fundamento além de si mesmos. Dennett acredita que toda a realidade consiste em matéria em movimento, não porque ele pode argumentar nesse sentido, ou por ser essa a sua experiência da realidade; mas porque tanto seu raciocínio quanto suas experiências se fixam nos limites de uma visão de mundo que, para ele, tem uma autoridade primordial. Realmente, não faria sentido sugerir, digamos, que ele corra para o monte Athos a fim de explorar (pela prática) a tradição hesicasta do cristianismo oriental; ou recomendar que ele reconsidere se os depoimentos sobre encontros com realidades sobrenaturais, feitos por tantas mentes disciplinadas através dos séculos, são de imediato desprezíveis pelo simples fato de não poderem ser examinados como um zigoto animal; ou sugerir que ele mergulhe — com disposição minimamente profunda — nos argumentos filosóficos clássicos das tradições religiosas (sobre esse aspecto, *Quebrando o encanto* demonstra que ele não possui qualquer conhecimento, apesar de sua formação filosófica). Seja como for, tais coisas seriam impossíveis para alguém de tal temperamento e visão básica das coisas; ele não poderia executá-las nem com boa vontade nem de mente aberta e, portanto, haveria poucas chances de gerar nele uma perturbação. E, num sentido bem mais amplo, todas as manifestações da última moda da descrença baseada em princípios só são compreensíveis dentro do contexto de um "projeto" maior: um desejo amplamente pré--consciente (ou, em qualquer nível, pré-racional) da humanidade ocidental em busca dos valores da modernidade e, mais especificamente, em busca do entendimento moderno da liberdade humana. Para compreender o que é isso que orienta alguns de nós não apenas à descrença, mas a um ódio intenso (e muitas vezes articulado) à fé em Deus e a uma dedicação evangelizadora à sua erradicação, é preciso entender qual é a crença dessas

---

* Escola de pensamento filosófico que professa que as verdades metafísicas não são alcançadas através da razão, mas somente pela fé. [N. do T.]

A ERA DA LIBERDADE

39

pessoas — e talvez a de todos nós, num sentido mais amplo — e por que essa crença exige de nós o fim daquela a qual se pretende substituir.

Todas essas alegações talvez sejam muito presunçosas, e minha única desculpa para fazê-las é que, por acaso, creio que são verdadeiras. Dito isso, vou me aventurar numa afirmação ainda mais presunçosa e intencionalmente provocativa: ser inteiramente moderno (algo que pouquíssimos de nós somos) é não crer em nada. Não quer dizer que não se pode ter crenças: a pessoa moderna de verdade pode acreditar em praticamente qualquer coisa, ou talvez acredite em tudo, desde que todas essas crenças se apoiem numa fé mais fundamental e radical *no* nada — ou melhor, no Nada propriamente dito. O supremo ideal da modernidade — sua compreensão específica da autonomia individual — exige que nossa confiança seja depositada numa ausência original que permeia toda a realidade, um vácuo fértil em que todas as coisas são possíveis, do qual não surge nenhum obstáculo às nossas vontades, e em cujas bases podemos escolher, enfim, o que quisermos fazer de nossas vidas. Confiamos, por assim dizer, na inexistência de um critério substancial para avaliação das escolhas que seja superior ao valor incontestável da própria livre escolha. Portanto, confiamos que todo julgamento — tanto divino quanto humano — é, de certa forma, uma violação do nosso livre-arbítrio. Essa é a nossa ideologia primordial. Nos termos mais diretos possíveis, o *ethos* da modernidade — para ser bem preciso — é o niilismo.

Adianto-me em avisar que essa palavra — niilismo — não é um termo abusivo, nem a emprego de forma depreciativa ou desdenhosa. Há hoje em dia uma quantidade de filósofos de muita seriedade moral (em especial na Europa continental) que ficam plenamente satisfeitos quando identificados como niilistas, por entenderem que o niilismo nada mais é do que a rejeição de toda ideia oriunda de fontes supremas de verdade que transcendam o ser ou o mundo — ou seja, não se trata de uma rejeição das várias *verdades* objetivas que podem ser identificadas no mundo, mas da noção de que haveria alguma *Verdade* total ou eterna além deste mundo, governando a realidade e definindo o que é bom, verdadeiro ou belo para todos aqui embaixo. Dessa forma, pode-se concluir que o niilismo é potencialmente a condição intelectual mais pacífica e pluralista, exatamente por não presumir um sistema de crenças que se imporia sobre os outros, nem um único caminho obrigatório rumo à verdade. Ser um verdadeiro niilista, nesse sentido da palavra, é se libertar do jugo dos credos, ou da fantasia religiosa, ou de qualquer forma de absolutismo moral ou cultural e, portanto, ter renunciado a todo desejo de controlar seus semelhantes, de preferência.

Novamente, no entanto, quase ninguém é tão moderno assim, e muito poucos de nós são niilistas conscientes ou consistentes, mesmo na variedade benigna que acabei de descrever. Se as pesquisas estiverem certas, a maioria de nós até acredita em Deus. E mesmo a maioria dos ateus sabe que a natureza humana e a sociedade humana traçam limites não apenas necessários como também desejáveis para o exercício do livre-arbítrio. Todavia, vivemos numa era que elegeu como valor principal, num consenso esmagador, a inviolável liberdade da vontade pessoal, o direito de decidirmos no que acreditar, o que queremos, do que precisamos, o que possuímos e a quem servimos. Nós nos acostumamos a supor que o desejo é soberano, na medida em que ele não obedece a mais nada, e que ele é livre, na medida em que é realmente espontâneo e não sofre restrição de nada superior a si. Para muitos de nós, esse é o maior bem que se pode imaginar. E uma sociedade guiada por tais crenças é obrigada a abraçar (ao menos implicitamente) e a advogar sutilmente uma "metafísica moral" muito particular: a de que inexiste um bem transcendente com o poder (ou o direito) de guiar nossos desejos em direção a um fim superior. Antes de mais nada, somos consumidores heroicos e insaciáveis e não aceitamos que os fantasmas de uma lei transcendente ou de uma culpa pessoal nos deixem indecisos. Para nós, o bem primordial é a escolha propriamente dita, e não aquilo que escolhemos. Isso se aplica não apenas a essas questões, mas também àquilo que devemos comprar ou a como devemos viver. Até mesmo nos mais solenes debates éticos e políticos — sobre política econômica, aborto, eutanásia, suicídio assistido, censura, engenharia genética e assim por diante — o princípio da "escolha" não só é invocado com frequência, por um ou por outro lado, como na maioria das vezes parece exercer uma supremacia quase mística, acima de todas as outras preocupações.

Tudo isso, sem dúvida, deriva de um modelo de liberdade extremamente potente e persuasivo, que não teria alcançado tamanho predomínio em nossa cultura se não nos trouxesse sensações de independência da autoridade arbitrária, de ilimitadas possibilidades inerentes e de uma profunda dignidade pessoal. Não há nada de desprezível nisso, nem uma reprimenda simples, ou moralmente óbvia, a se fazer nesse caso. No entanto, como eu disse antes, trata-se de um modelo de liberdade que literalmente tem por horizonte final o nada. Além disso, se o desejo é determinado principalmente pelas escolhas que executa, logo, em algum nível muito profundo, ele também será vazio: trata-se apenas de um movimento puro de espontaneidade, motivo sem motivo, uma potencialidade absoluta que se dá à luz. Um Deus superior a nós ou uma natureza humana estável dentro de nós limitaria nossas decisões a certos percursos inevitáveis; assim, em algum nível em geral inconsciente — ou qualquer outra crença parecida —, apostamos nossas vidas inteiramente na ausência de ambos. Aqueles de nós que, nos mais recentes tempos da modernidade, se mostram mais fiéis à sabedoria e ao *ethos* de nossa época nos situam não a serviço de Deus, ou dos deuses, ou do Bem, mas diante de um abismo governado pelo poder vazio de nossas vontades isoladas, cujas decisões são seu próprio índice moral. É isso que significa transformar-se num perfeito consumidor: o nada primordial do desejo molda a si mesmo pelo uso que faz do nada que há no mundo — e assim somos livres.

De fato, como eu já disse, essa é uma formulação intencionalmente extrema da questão, e a vida é raramente vivida nos extremos. Para a maioria de nós, as forças da conformidade que nos cercam e nos seduzem — políticas, religiosas, patrióticas e populares — são abrigos necessários contra a tempestade das possibilidades infinitas. Uma ética perfeitamente consistente das escolhas apagaria em definitivo qualquer distinção significativa entre o bem e o mal, compaixão e crueldade, amor e ódio, reverência e transgressão, e poucos de nós aguentariam habitar o mundo nesses termos. Podemos acreditar, de forma mais ou menos irrefletida, que o desejo se torna progressivamente mais livre à medida que se liberta mais das restrições que sofre. Isso pode significar que, no decorrer do tempo, mesmo as tradições morais apreciadas poderão se tornar incômodos penosos aos nossos olhos, chocando-se com nossos direitos; mas poucos de nós seriam tão insanos, perversos ou incorrigivelmente adolescentes a ponto de escolher viver sem fronteiras invisíveis. Mesmo que tenhamos eliminado os preceitos morais e religiosos dos nossos ancestrais, muitos de nós tentam ser éticos e, em certos casos, até espiritualizados. Entretanto, dificilmente somos capazes de sistematizar, com alguma coerência, a soma um tanto quanto aleatória de princípios e práticas que nos levam a essas tentativas. Nossa ética tende a ser, acima de tudo, uma contínua improvisação ou bricolagem: reunimos fragmentos de tradições que recordamos pela metade, extraímos de forma quase casual algumas máximas éticas da cultura ao redor, tentamos encontrar um equilíbrio interno entre tolerância e convicção, e assim por diante, até que fundimos tudo isso num código adequado às nossas necessidades, aos temperamentos, capacidades e imaginações. Selecionamos as normas e os valores que julgamos interessantes num mercado de opções morais e então tentamos arrumá-los dentro de um certo sentido de harmonia agradável. Quanto à nossa religião, muito disso pode ser repetido: poucos de nós sentem realmente que os credos que abraçamos são mais importantes para dar forma às nossas predisposições éticas do que nossos próprios julgamentos. De todo modo, é certo que, quando hoje nos aproximamos do "mistério de Deus", não temos nada semelhante ao medo e ao tremor de nossos ancestrais. Quando nos cansamos de nossa devoção e nos afastamos dela, não esperamos ser perseguidos nem por fúrias nem pelos lobos da consciência.

Isso é especialmente óbvio nos tons pastel que tingiram as bordas da moderna religião ocidental, naqueles domínios *new age* em que os deuses de butique exercem influência incontestável. É onde se pode cultivar uma atmosfera privada de "espiritualidade", tão complacente e terapeuticamente reconfortante quanto queira, bastando encomendar um filtro de sonhos, alguns cristais bonitos, alguns livros sobre deusas, uma roda tibetana de oração, um volume de Joseph Campbell, Carl Jung ou Robert Graves, uma

A ERA DA LIBERDADE

estatueta Nataraja, um jogo artesanal de runas, uma coleção de estampas pré-rafaelitas encharcadas de crepúsculos celtas, uma flauta andina e assim por diante, até que esse crescente acúmulo de fios, quartzo banal, bastões de sândalo barato, argila cozida, kitsch, iconografia de segunda mão e academicismo fraudulento alcance aquele misterioso ponto de saturação em que a religião não se distingue da decoração de interiores. E aí tanto é possível trocar esses deuses por algo novo quanto ficar com eles por um tempo, sendo que, em ambos os casos, nunca se sente reverência, amor ou medo verdadeiros. Dificilmente poderia haver uma forma tão completamente *moderna* de religião do que essa. De fato, ela não guarda qualquer semelhança com as genuínas e honoráveis idolatrias do passado, ou com o tipo de ecletismo religioso voraz que caracterizava o final do Império Romano. Os povos da Antiguidade inicial e da tardia de fato acreditavam em seus deuses, adorando-os e temendo-os. Ninguém realmente crê nos deuses da *new age*; não são divindades de uma hierarquia celestial, mas de uma estante ornamental de canto. Seu único "ofício" divino é dar expressão simbólica aos aspectos mais sonhadores das almas de seus devotos. São deuses adquiridos, deuses em forma de acessórios; logo, são meras máscaras por meio das quais um único deus verdadeiro — o desejo — se esconde e se revela a um só tempo.

Não devemos esquecer que o conceito de liberdade que a maioria de nós entende como natural, e que é provavelmente a "ideia" central da modernidade, tem uma história. Na compreensão mais clássica do tema, seja pagã ou cristã, a verdadeira liberdade era entendida como algo indissociável da natureza do indivíduo: ser verdadeiramente livre era ser livre para reconhecer sua própria "essência" e assim florescer dentro de seu próprio ser. Para Platão e Aristóteles, ou para pensadores cristãos como Gregório de Nissa, Máximo, o Confessor, João Damasceno ou Tomás de Aquino, a verdadeira liberdade humana era a emancipação de tudo que nos impede de viver a vida da virtude racional, ou de experimentar a fruição completa de nossa natureza; e entre esses impeditivos estão nossas próprias paixões sem tutela, nossas rendições intencionais a impulsos momentâneos, nossas próprias *escolhas*, tolas ou perversas. Desse ponto de vista, somos livres quando alcançamos o objetivo rumo ao qual nossa natureza mais íntima se orientou desde o primeiro momento da existência, e tudo aquilo que nos afasta desse objetivo — mesmo que sejam nossas próprias vontades — são formas de escravidão. Ou seja, nós nos tornamos livres da mesma maneira que (conforme a imagem de Michelangelo) a forma é "libertada" do mármore pelo escultor. Isso significa que não somos livres apenas porque podemos escolher, mas somente quando escolhemos bem. Pois escolher mal, em razão de estupidez ou malícia, de maneira que frustre nossa natureza e distorça nossa própria forma, é se deixar escravizar pelo transitório, pelo irracional, pelo desnecessário, pelo (para ser exato) sub-humano. Para escolhermos bem, precisamos ver de maneira ainda mais clara o "sol do Bem" (para usar uma amável metáfora platônica); para ver com mais clareza, precisamos continuar a escolher bem; e quanto mais nos emancipamos da ilusão e do capricho, mais se aperfeiçoa a nossa visão, e menos há para escolher. Vemos e agimos num movimento unificado de nossa natureza em direção a Deus ou ao Bem e, conforme progredimos, notamos que o ato de se desviar da luz é um defeito da mente e do desejo, cada vez mais perceptível e cada vez mais difícil de cometer. Portanto, Santo Agostinho não definiu o mais alto estado da liberdade humana como "ser capaz de não pecar" (*posse non peccare*), mas como "ser incapaz de pecar" (*non posse peccare*): uma condição que reflete a infinita bondade de Deus, que, por não ter nada que possa inibi-lo de ter a perfeita compreensão de sua natureza, é "incapaz" do mal e, portanto, é infinitamente *livre*.

Isso, porém, se deu há muito tempo, e nossa jornada se distanciou muito desse ponto. Mesmo muitos teólogos, à medida que a Idade Média dava passagem ao início da era moderna (e daí para sempre), deixaram de pensar sobre Deus dessa maneira. A história que o mundo moderno conta agora sobre si mesmo é a história de como nós, os ocidentais, por fim aprendemos a ser livres, pela primeiríssima vez; assim, ela também é necessariamente a história da escravidão da qual escapamos. Afinal, a liberdade que temos no ocaso da cristandade nos concedeu (ou não concedeu?) tantas e tão prodigiosas maravilhas: a liberdade de pesquisa, que fez surgir todas as maravilhosas realizações da ciência moderna, da

A ERA DA LIBERDADE

tecnologia e da medicina, e que (segundo nos contaram) a Igreja chegou a desencorajar de forma violenta; todas as liberdades políticas que apenas uma constituição laica pode garantir, a qual (como todos sabemos) a Igreja sempre temeu e se empenhou em suprimir; a liberdade da violência sectária e das "guerras da religião", algo que só um regime rigorosamente secular pode preservar e que (obviamente) a sociedade cristã foi incapaz de prover; e a imensa riqueza produzida pelas economias modernas de mercado, que são nutridas pela incalculável diversidade de demandas e necessidades dos consumidores, e que (como todos concordam) jamais deveriam ser limitadas pela imposição de preocupações religiosas "privadas" sobre a sociedade como um todo. A modernidade é uma promessa estimulante e intoxicante, não apenas do tipo de autonomia pessoal que seria inconcebível nas épocas anteriores, mas também de paz, progresso e prosperidade. Como consequência disso, o antigo modelo de liberdade deve ser lembrado agora, se é que vale a pena lembrá-lo, apenas como uma forma de servidão.

Mas aí surge a questão: será que nos lembramos *mesmo* do modelo antigo? Sabemos de fato como foram os séculos cristãos? Liberdade e racionalidade são valores peculiares da era moderna, ou fomos meramente doutrinados a acreditar que só a modernidade é livre e racional? E quão livres somos? E do que fomos libertados? Afinal, a modernidade foi uma revolução cultural, não apenas o resultado de uma evolução natural de uma fase do desenvolvimento econômico e social para outra, mas um projeto ideológico positivo, a criação ativa de toda uma esfera secular que nunca existira antes e que (como ainda não tinha sido inventada) nunca havia procurado se libertar da escravidão da fé. E toda revolução precisa se justificar, contando e recontando por que foi necessária, até que sua história se encaixe; ou seja, toda revolução depende, a longo prazo, do escopo, da audácia e da capacidade de persuasão de sua propaganda.

PARTE 2

A mitologia da era secular: a modernidade reescreve o passado cristão

3. Fé e razão

A certa altura do magistral *A civilização do ocidente medieval*, Jacques Le Goff, um dos mais brilhantes medievalistas da segunda metade do século XX, faz esta observação:

> A atitude [da cristandade] em face dos marginalizados permaneceu ambígua. A Igreja parecia detestá-los e admirá-los simultaneamente; ela os temia, mas o medo se misturava com uma sensação de fascínio. Ela os mantinha à distância, mas fixava essa distância de modo a estar perto o suficiente para manter os excluídos a seu alcance. O que se chamava de caridade para com eles era como a atitude de um gato que brinca com um rato. Então, hospitais para leprosos eram situados "à distância de uma pedra arremessada da cidade", de forma que "a caridade fraterna" pudesse chegar até eles. A sociedade medieval precisava desses párias, que eram exilados por serem perigosos, mas que permaneciam visíveis, porque amenizavam a consciência dela por meio dos cuidados que ela lhes dedicava. O melhor de tudo é que aquela sociedade poderia magicamente projetar e fixar neles todos os males que bania de si mesma.[1]

De fato. Preciso dizer que é difícil não invejar a habilidade de olhar através dos séculos com precisão inabalável, de espiar dentro dos corações de pessoas mortas há eras, de vislumbrar motivos escondidos até para eles e de despir aqueles motivos com tanta penetração e perspicácia psicológica. No mínimo, eu invejaria tal capacidade se, de fato, ela existisse; mas não é o caso.

A MITOLOGIA DA ERA SECULAR

É preciso reconhecer que as condições dos leprosos na sociedade medieval do Ocidente — sociais e legais, sem falar nas médicas — eram tudo, menos felizes. Mas acadêmicos menos confiantes do que Le Goff em suas próprias perspicácias provavelmente fariam uma pausa, ao menos por um instante, para se encantar com a existência de hospitais de leprosos numa era em que o medo do contágio era tão grande, e talvez tenham atribuído a localização periférica desses hospitais a nada mais tenebroso do que as exigências da quarentena. Eles poderiam ter percebido a incrível disposição das cidades cristãs de tolerar a proximidade (à distância de "uma pedra arremessada") de pessoas que outras sociedades teriam banido totalmente da convivência humana, e a disposição de monges, freiras e até de leigos em cuidar das necessidades daquelas pessoas. Havia, enfim, uma ampla tradição de hospitais monásticos cristãos para os destituídos e os moribundos, desde os dias de Constantino, que se estendia do Oriente sírio e bizantino às franjas ocidentais da cristandade, uma tradição sem precedentes reais na sociedade pagã (a menos que consideremos, talvez, as *valetudinaria* usadas pelos militares a fim de recuperar soldados para o combate). Quando a cidade de Edessa foi atacada pela peste, Santo Efrém da Síria (c. 306-373) criou hospitais abertos a todos os afligidos. São Basílio, o Grande (329-379), fundou um hospital na Capadócia com uma ala separada para os leprosos, dos quais ele não se poupou de cuidar com as próprias mãos. São Bento de Núrsia (c. 480-c. 547) abriu uma enfermaria livre em Monte Cassino e fez do tratamento dos doentes um dever primordial de seus monges. Em Roma, Santa Fabíola (morte em c. 399), dama cristã e erudita, inaugurou o primeiro hospital público da Europa Ocidental e — a despeito de suas posses e posição — com frequência se arriscava pessoalmente pelas ruas à procura daqueles que precisavam de auxílio. São João Crisóstomo (347-407), enquanto foi patriarca de Constantinopla, usou sua influência para financiar muitas instituições semelhantes na cidade; e nos *diakoniai* de Constantinopla, por séculos, muitos membros ricos do laicado trabalharam para tratar dos pobres e dos enfermos, dar banho nos doentes, servir às suas necessidades e auxiliá-los com esmolas. Durante a Idade Média, só os beneditinos foram responsáveis por mais de 2 mil

FÉ E RAZÃO

hospitais na Europa Ocidental. O século XII foi particularmente notável a esse respeito, em especial onde quer que os Cavaleiros de São João — os hospitalários — fossem ativos. Em Montpellier, no ano de 1145, por exemplo, o grande Hospital do Espírito Santo foi fundado, tornando-se logo um centro de treinamento médico, e, em 1221, sede da Faculdade de Medicina de Montpellier. E, além dos cuidados médicos, esses hospitais forneciam comida aos famintos, assistência a órfãos e viúvas e distribuíam esmolas a todos os necessitados que chegassem. Eu poderia prosseguir assim; mas meu ponto é que, decerto, essa história deve ser minimamente relevante à nossa compreensão dos hospitais para leprosos descritos por Le Goff.[2]

Evidentemente, é muito mais divertido — e uma maneira muito melhor de dar uma demonstração da sutileza de um historiador — ignorar o explícito propósito declarado de tais hospitais e atribuir todo o fenômeno da assistência cristã aos leprosos ao fascínio ambíguo da "exclusão" e da "maldição", ou "expor" o que aparenta ser um trabalho social de caridade sincera como nada mais do que uma pomada para consciências escabrosas escondendo uma espécie de maldade particularmente insalubre e voyeurística. Contudo, mesmo admitindo todas as observações bastante legítimas que podem ser feitas sobre as injustiças da sociedade do fim da Idade Média, as observações de Le Goff aqui não têm qualquer valor. Nada contam sobre a sociedade medieval, mas apenas registram uma impressão pessoal sem qualquer base em evidências históricas. Outros historiadores, analisando o mesmo período, descobriram ser possível — sem se tornar alegres apologistas da cultura medieval — considerar o mundo da Idade Média um pouco a partir dos termos dela, ao menos num primeiro momento, para então descrever uma sociedade que, apesar de todas as suas brutalidades, era de alguma forma genuinamente construída em torno de uma ideia central de amor cristão.[3] Certamente Le Goff não tira notas nessa matéria por uma percepção superior; seu desejo de reduzir um extraordinário exemplo de compaixão imperfeita a um exemplo totalmente ordinário de perfeito desdém é, senão um mero reflexo do preconceito, no mínimo fantástico e cínico ("um gato que brinca com um rato", pelo amor de Deus). Contudo, por mais absurdas que sejam suas observações, elas provavelmente nos parecerão sóbrias e plausíveis, porque somos tão predispostos a acreditar não só que a moral social é algo que evolui de forma natural com o passar do tempo, na direção de expressões cada vez mais elevadas, como também cremos que hoje somos amplamente mais esclarecidos do que aqueles ignorantes, pobres, rudes e incultos que vagavam pelos pântanos do fanatismo medieval. Não que Le Goff fosse ele mesmo tão pouco sofisticado a ponto de abraçar, explícita ou acriticamente, as intolerâncias de sua era; mas aqui, certamente, sua incapacidade de penetrar de forma imaginativa numa outra época o leva a preferir um conjunto de abstrações vazias em vez de um sério engajamento com as complexidades de uma sociedade historicamente remota. E essas são as observações de um pesquisador que, conforme eu disse, é de fato brilhante.

Talvez isso não seja mais do que o esperado. Todas as épocas necessariamente reinterpretam — e reescrevem — o passado de acordo com seus próprios interesses, ideais e ilusões. A maioria das reconstruções puramente ideológicas do passado é grosseira demais para ser especialmente convincente — por exemplo, a redução marxista da história à dialética materialista e à guerra de classes. Mas a modernidade é uma ideologia propriamente dita, penetrante e enormemente poderosa, que a maioria de nós absorveu em níveis de pensamento e convicção muito mais profundos do que os mitos simplistas do marxismo são capazes de alcançar. Há séculos, o relato da humanidade que emergiu daquilo que Gibbon chamou de "a escuridão e a confusão da Idade Média"[4] rumo a uma nova e revolucionária época de Iluminismo e razão se tornou a narrativa histórica reinante que a maioria de nós recebeu da escola, da imprensa, do entretenimento popular e até mesmo das nossas igrejas — em suma, o tecido inteiro de nossa sociedade. E, com essa narrativa, vem em paralelo indispensável uma mitologia elaborada sobre o que era aquilo que foi superado quando a modernidade nasceu das turbulências dos séculos de declínio da "era da fé".

Enfim, o que é necessário para que uma sociedade inteira seja de fato "moderna"? Completamente moderna, isto é, em oposição a apenas possuir tecnologias modernas ou obedecer aos axiomas da economia moderna. Já ofereci uma resposta parcial a essa pergunta: muito disso tem a ver com

FÉ E RAZÃO

o sentido de liberdade dessa sociedade. Mas, num sentido mais puramente histórico, se nós considerarmos a palavra "modernidade" não apenas pelo significado de qualquer coisa que nos seja contemporânea, mas como a cultura do mundo ocidental conforme ela evoluiu nos últimos quatro ou cinco séculos, logo parece óbvio que uma sociedade seja realmente moderna na medida em que se torna pós-cristã. Isso não quer dizer, é claro, que a sociedade moderna seja predominantemente habitada por não cristãos ou ateus; significa apenas dizer que a modernidade é aquilo que vem "depois da cristandade", quando o cristianismo foi deslocado do centro de uma cultura, sendo explicitamente destituído de qualquer poder para moldar leis e costumes, não sendo mais considerado a fonte dos maiores valores de uma sociedade ou da legitimidade de um governo, e deixando também de exercer influência preponderante no imaginário coletivo de um povo. E ao termo "pós-cristão" deve-se conferir seu peso total aqui: modernidade não é simplesmente uma condição "pós-religiosa"; é o estado de uma sociedade que foi especificamente cristã, mas perdeu a fé. Os pressupostos intrínsecos à modernidade, por exemplo, são fragmentos esmaecidos e ecos sombrios da teologia moral cristã. Até os secularistas mais ardentes entre nós se apegam a noções de direitos humanos, justiça econômica e social, providências para os indigentes, igualdade legal ou de dignidade humana básica que a cultura ocidental pré-cristã teria achado tão tola quanto incompreensível. Simplesmente, a questão é que nós, filhos distantes dos pagãos, não seríamos capazes de acreditar em nenhuma dessas coisas — elas nunca nos teriam ocorrido — se nossos ancestrais não tivessem num belo dia acreditado que Deus é amor, que a caridade é a base de todas as virtudes, que todos nós somos iguais perante os olhos de Deus, que deixar de alimentar os famintos ou de cuidar dos que sofrem é pecar contra Cristo, e que Cristo deu sua vida pelo menor de seus irmãos. Dito isso, é inegável que — por mais que muitos pressupostos morais cristãos possam continuar a exercer sua influência residual sobre nós — a história da modernidade é a história da secularização, do recolhimento da crença cristã à esfera privada; e isso, para muitos de nós, é nada menos do que a própria história da liberdade humana, a grande aventura da maioridade da raça (retardada por tanto tempo devido ao clericalismo, à superstição e à intolerância), a grande revolução que libertou a sociedade e o indivíduo do peso esmagador de tradições e doutrinas.

Daí surge a primeira grande tentativa da modernidade de definir a si mesma: uma "idade da razão" que emerge da derrubada de uma "idade da fé". Por trás dessa definição reside uma fábula simples, mas profundamente encantadora. Muito tempo atrás, dizia-se, a humanidade era a pupila mimada e nada curiosa da Madre Igreja; durante a era da fé, a cultura estagnou, a ciência entrou em declínio, guerras religiosas eram travadas rotineiramente, inquisidores queimavam bruxas, e a humanidade ocidental labutava em submissão brutal aos dogmas, à superstição e à aliança espúria entre Igreja e Estado. Havia tempos que explosões sarcásticas de fanatismo e fideísmo tinham incinerado os últimos resquícios dos estudos clássicos; os vestígios literários da Antiguidade clássica já tinham sido consignados às chamas da fé, e mesmo as grandes conquistas da "ciência grega" foram esquecidas até que a civilização islâmica as restaurou para o Ocidente. Tudo era escuridão. Então, na esteira das "guerras da religião" que dilaceraram a cristandade, veio o florescimento completo do Iluminismo e, com ele, o reinado da razão e do progresso, as riquezas da realização científica, da liberdade política e um novo e revolucionário senso de dignidade humana. O Estado nação secular surgiu, reduziu a religião a uma instituição do Estado ou, no decorrer do tempo, a algo completamente separado dele, salvando assim a humanidade ocidental da sangrenta intolerância da religião. Agora, pelo menos, a humanidade ocidental saiu de sua meninice e atingiu sua maioridade em ciência, política e ética. A história dos trabalhos de Galileu ocupam quase invariavelmente um lugar de honra nessa narrativa, como um exemplar da relação natural entre "fé" e "razão", e como uma primorosa epítome do poderoso embate da razão científica durante o início do período moderno a fim de se libertar da tirania da religião. Isto é, como eu disse, um conto simples e encantador, facilmente compreensível e totalmente cativante em seu arranjo explanatório; ocorre que seu único defeito é ser falso em cada detalhe identificável.

Para ser justo, historiadores sérios em geral não falam nesses termos. Esse conto do nascimento do mundo moderno praticamente desapareceu da literatura acadêmica respeitável, sobrevivendo agora principalmente

FÉ E RAZÃO

no nível do folclore, do "jornalismo intelectual" e da lenda vulgar. Continuamos a ver, claro, a totalidade do período medieval sendo vagamente descrita vez por outra como a "Idade das Trevas", na história popular; mas acadêmicos em geral relutam em usar essa expressão mesmo em relação à era a que ela "adequadamente" se refere: o período entre a queda final do Império Romano do Ocidente, em 476 d.C., e a ascensão do Sacro Império Romano, em 800 d.C. (ou, de modo mais amplo, entre os séculos V e XI); e eles abandonaram tal expressão não apenas por soar pejorativa. A ideia de um período anormalmente prolongado de escuridão geral após a queda do Império Romano Ocidental nasceu entre os humanistas do Renascimento italiano, que gostavam de caracterizar os "novos estudos" que advogavam como um despertar da sabedoria antiga de um milênio de sonolência inglória. Contudo, a maioria dos bons historiadores sabe que a revolução intelectual e cultural do Renascimento foi o desabrochar de grandes e inúmeros desenvolvimentos medievais, fecundados por uma infusão tardia na Itália de conhecimentos e textos clássicos gregos oriundos do agonizante Império Bizantino do Oriente cristão.

É preciso admitir que o início da Idade Média foi um período extremamente difícil na história da Europa Ocidental. À medida que o mundo romano ocidental gradualmente se dissolvia — como resultado do declínio comercial, militar, cultural e demográfico, conforme as migrações sucessivas e invasões bárbaras ocasionais continuavam a alterar os moldes da sociedade europeia ocidental, enquanto as economias agrárias substituíam as urbanas paulatinamente, ao passo que a fome e sucessivas epidemias cobravam seus quinhões —, houve um prolongado período em que muitas das realizações da Antiguidade clássica foram praticamente perdidas no Ocidente cristão (mas não no Oriente cristão), e os mosteiros se tornaram os únicos repositórios do que sobrou dos conhecimentos antigos. Mas a Idade Média como um todo, especialmente nos tempos do Renascimento Carolíngio, entre o fim do século VII e o início do século VIII, foi marcada por um dinamismo considerável nas artes, no conhecimento, na engenharia, na agronomia, na arquitetura, nas leis, na filosofia e na ciência natural, a despeito de um tipo de adversidade material e econômica difícil até de imaginar hoje em dia. Talvez o mais importante seja que poucos historiadores das ciências endossam hoje em dia um relato "catastrofista" da ciência moderna que nascia — mesmo entre aqueles que acreditam em uma grande alteração de paradigma científico na aurora da modernidade — e, em vez disso, tendem a reconhecer a continuidade da pesquisa científica desde a Alta Idade Média até o período moderno, os avanços tecnológicos alcançados pela sociedade medieval, tanto no seu início quanto no seu fim, e os primeiros ensaios de um método científico genuinamente empírico no pensamento escolástico do final da era medieval (falaremos mais sobre isso a seguir).

Infelizmente, porém, não são os historiadores sérios que formam a maior parte da consciência histórica de seus tempos. Quem tende a determinar como a maioria de nós vê o passado são, de modo geral, os populares e ruins, com os boatos históricos que repetem ou inventam, os mitos que perpetuam e as simplificações que promovem. Por mais assíduo que seja o esforço diligente do operário acadêmico cuidadosamente preciso, quando trabalha em seus tomos meticulosamente pesquisados e exaustivamente documentados, nada que ele ou ela venha a produzir vai desfrutar de uma fração das somas obtidas por qualquer uma das paródias casualmente escritas (embora às vezes ricamente ilustradas) que se amontoam nas mesas frontais das cadeias de livrarias ou que se penduram nos degraus intermediários das listas de mais vendidos. Para cada pessoa cuja imagem da Idade Média é moldada por livros secos, exatos e silenciosamente iluminados produzidos pelos pedantes pálidos e diligentes que desperdiçam os anos dourados de suas vidas vagando pelas sombras de pilhas de bibliotecas, ou forçando seus olhos ao se debruçar sobre páginas carolíngias com minúsculas que mal se leem, outras centenas serão convencidas pelo que leram, por exemplo, em *Fogo sobre a terra*, livro terrivelmente vulgar e quase sistematicamente incorreto de William Manchester.[5] No fim, poucos têm tempo ou necessidade de peneirar revistas acadêmicas, monografias e dissertações tediosas sobre tópicos obscuros a fim de separar o ouro da escória. Assim, é natural que a imagem simplista prevaleça, tanto entre os amplamente educados quanto entre os amplamente deseducados, ainda que isso varie em tonalidades e intensidades de cores, como ocorre com qualquer imagem reproduzida com frequência e baixo custo. A imagem simplista, nesse caso, é a história que a sociedade ocidental tem contado sobre si mesma há séculos.

4. A noite da razão

Parte dessa "narrativa do mundo moderno", em uma de suas mais veneráveis variantes, afirma que a "fé" que a "razão" moderna anulou era *unicamente* irracional, com uma hostilidade sem precedentes aos apelos da racionalidade; que, de fato, essa fé removeu da cultura ocidental, de forma bárbara, as grandes realizações do mundo clássico — queimou seus livros, abandonou sua ciência, renunciou ao seu "pluralismo" — e mergulhou o Ocidente num milênio de miséria mental. O cristianismo, segundo a narrativa, provocou a assim chamada Idade das Trevas ao destruir efetivamente as conquistas da cultura romana. Aqui, a luz sinistra de mil lendas absurdas arde com uma incandescência quase inextinguível.

Tome-se, por exemplo, este trecho de um livro recente de Jonathan Kirsch, intitulado *God against the Gods* (*Deus contra os deuses*, em tradução livre):

> Em 390 (...) uma multidão de cristãos fanáticos atacou a antiga biblioteca de Alexandria, um lugar onde se colecionavam obras de maior raridade e antiguidade. Lá eram preservados os mais antigos manuscritos da Bíblia e outras escrituras de origens judaica e cristã, muito mais velhas que os pergaminhos do mar Morto, além de textos pagãos que eram ainda mais antigos e bem mais abundantes, em torno de 700 mil volumes e pergaminhos ao todo. A coleção inteira de rolos e papiros foi incendiada, e a própria biblioteca, demolida, legando à civilização ocidental uma perda impossível de calcular e até de imaginar. (...) No ano seguinte, Teodósio I ordenou a destrui-

58 A MITOLOGIA DA ERA SECULAR

ção do Serapeu, um templo magnífico que serviu como principal santuário de Ísis e Serápis.[1]

Nem todo mundo, evidentemente, pode beber muito da fonte Piéria.* Kirsch não é um historiador e, portanto, talvez possa ser perdoado por confiar em fontes populares em vez das originais; obviamente, ele repete de boa-fé um conto que ouviu tantas vezes que já não pode distingui-lo de um fato. Mas tudo isso é totalmente absurdo.

Convém salientar que há uma história (pelo menos) a ser contada sobre a ruína do Serapeu, e ela não é particularmente atribuída aos cristãos ou aos cidadãos pagãos de Alexandria no final do quarto século. Mas a interpretação de Kirsch para essa história é inapelavelmente confusa. Em primeiro lugar, a menos que algum catálogo da biblioteca de Alexandria perdido há mais de um milênio tenha surgido numa loja de penhores do Cairo, a lista de obras que Kirsch alega como propriedade da biblioteca é pura fantasia. A única cópia da Bíblia hebraica que, com razoável segurança, pertencia à coleção era a tradução grega conhecida como Septuaginta; e, embora certamente fosse parte do propósito da Grande Biblioteca ser um repositório de outras traduções gregas de textos estrangeiros, não sabemos quantas conseguiram acumular. Mas o que é ainda pior é que Kirsch dividiu uma história em duas e demoliu duas bibliotecas como se fossem uma. A grande Biblioteca Real de Alexandria, que reunia, segundo alegam de forma bastante inconcebível alguns antigos historiadores, 700 mil pergaminhos (ou 500 mil, ou 400 mil, ou de fato algo em torno de 40 mil), foi inaugurada pelo faraó Ptolomeu II Filadelfo (304-246 a.C.) como parte de um grande museu que seu pai, Ptolomeu I Sóter (c. 367-c. 282 a.C.), ergueu no Brucheium, o bairro real no nordeste da cidade. Algumas fontes antigas afirmam que essa biblioteca foi de fato destruída num incêndio, mas, certamente, não por cristãos. Júlio César era geralmente considerado

---

* Referência direta a um dístico do poeta inglês Alexander Pope em seu *Ensaio sobre a crítica*, de 1711. Sagrada para as musas da mitologia grega, a fonte Piéria simboliza inspiração para as artes e o conhecimento. [*N. do T.*]

A NOITE DA RAZÃO

culpado; conta-se ao menos que, em 48 ou 47 a.C., quando sua guerra contra Pompeu o levou a Alexandria, César acidentalmente causou o fogo no bairro real — seja por queimar navios inimigos no porto, seja por outros meios — que destruiu a biblioteca, no todo ou em parte, ou no mínimo destruiu dezenas de milhares de pergaminhos guardados em silos perto das docas. O quanto se pode crer nesse relato ainda permanece objeto de debate acadêmico. Todavia, se a biblioteca sobreviveu ou foi restaurada, como alguns cogitam, muitos creem que tenha sido arruinada com o restante do museu em 272 d.C., durante as guerras que o imperador Aureliano (215-275 d.C.) travou a fim de unificar o império. De todo modo, porém, já naquele tempo a Grande Biblioteca original era, em grande parte, um pedaço de um passado distante (e de certo modo lendário). Seguramente, ela já não existia em 390 d.C.[2]

Existia, porém, uma biblioteca "irmã", talvez situada no terreno do Serapeu, provavelmente erguida por Ptolomeu III Evérgeta (fl. 236-221 a.C.), quando ele construiu o templo original ou, talvez, inaugurada quando o templo foi reconstruído, com muito mais resplendor, no fim do segundo século depois de Cristo. Pelo que parece, ao menos havia pilhas de papel entre as colunatas, talvez no entorno do complexo do templo; mas quantos e quão abundantemente armazenados, não se pode afirmar.[3] João Tzetzes, historiador bizantino do século XII, afirmou que Calímaco de Cirene (c. 305-c. 240 a.C.) catalogou 42 mil pergaminhos na biblioteca construída por Evérgeta no exterior do Brucheium, mas não se pode determinar se essa informação é confiável, nem se tal biblioteca era de fato no Serapeu. De qualquer maneira, essa é a biblioteca que *pode* ter sido destruída quando soldados romanos e cidadãos cristãos devastaram o Serapeu (como de fato ocorreu em 391). Não há, porém, nenhuma evidência disso. Nenhum dos relatos antigos da destruição do templo afirma qualquer coisa sobre a destruição de uma biblioteca, nem mesmo o de Eunápio de Sardes (c. 345-c. 420 d.C.), historiador, retórico e pagão ardoroso, que desprezava os cristãos e certamente não estava ansioso para desculpá-los por qualquer acusação de perfídia possível de ser lançada sobre eles e que, por ser um homem de enorme conhecimento, deve ter se enfurecido pela destruição em massa

A MITOLOGIA DA ERA SECULAR

de textos preciosos. Além disso, a demolição era, ao que parece, uma operação militar em vez de uma orgia espontânea de destruição gratuita, mesmo que uma multidão de cristãos tenha se juntado a ela. Não se pode também afirmar que qualquer outra coisa tenha sido demolida além do próprio santuário da divindade — que era o edifício interior do templo.

O relato de Edward Gibbon sobre o incidente, porém, fala com enorme confiança que a biblioteca foi "pilhada ou destruída" e acrescenta que "a visão das prateleiras vazias inspirava o remorso e a indignação de cada espectador cuja mente não estivesse completamente obscurecida pelo preconceito religioso". Mas a única fonte que ele cita para corroborar sua afirmação é uma observação superficial do historiador cristão Paulo Orósio (que se tornou conhecido entre 414 e 417), que, ao recontar a história do fogo de César, afirma *en passant* que ele mesmo viu "urnas para livros" em templos que foram "esvaziados" pelos "nossos próprios homens" quando foram saqueados: uma admissão na qual, conforme Gibbon corretamente descreve, "Orósio parece enrubescer". Mas, ao escrever "nossos homens", Orósio poderia apenas querer dizer "homens do nosso tempo", porque depois, em contraste, começa a louvar os homens das gerações anteriores que, "da maneira mais honorável", colecionaram tais livros em primeiro lugar, emulando os acadêmicos de outrora em Alexandria. Em todo caso, e embora possa parecer vergonhoso que templos sejam destituídos de suas riquezas, incluindo seus livros, seja por cristãos ou outros povos da época, a narrativa sensacionalista, trágica e escandalosa que incessante-mente se repete — a de que hordas cristãs tomaram 700 mil pergaminhos da Grande Biblioteca de Alexandria e, inebriados por seu ódio fanático e animalesco aos conhecimentos profanos e à ciência herética, queimaram--nos em grandes fogueiras nas ruas, retardando o avanço da civilização ocidental em séculos no processo — é pura ficção. Aliás, antes da gênese moderna dessa lenda, eram os invasores árabes de 642 d.C., comandados pelo general Amr ibn al-As, que costumavam levar a culpa pela destruição "final" da biblioteca alexandrina, sob as ordens do próprio califa Omar. Gibbon desconsidera esse relato, como a maioria dos historiadores de hoje, com base no surgimento tardio dessa narrativa nas literaturas árabes e

A NOITE DA RAZÃO

cristãs. Ao fazer isso, porém, ele inadvertidamente oferece um poderoso argumento contra suas próprias suposições a respeito da pilhagem cristã na biblioteca do Serapeu: ele nota — como evidência de que a biblioteca não existia mais à época da conquista árabe — que o historiador pagão Amiano Marcelino (c. 330-395 d.C.), ao descrever o Serapeu poucos anos antes de sua destruição, fala de sua biblioteca no "tempo *pretérito*", com palavras "notavelmente fortes". Contudo, o significado total desse fato parece ter escapado à atenção de Gibbon.[4]

De certa maneira, tudo isso é de relevância muito pequena. Mesmo que a sórdida fábula da destruição da Grande Biblioteca por uma multidão de cristãos fosse verdadeira (o que definitivamente não é o caso), ou mesmo que uma coleção substancial de livros no Serapeu tivesse de fato existido e sido destruída por soldados e seus cúmplices cristãos em 391 (e o silêncio de Eunápio, para não falar nos pretéritos de Amiano, é prova suficiente do contrário), tudo isso não nos explicaria nada sobre a visão cristã a respeito do conhecimento pagão e da cultura clássica. Seja como for, motins isolados raramente nos contam muito mais do que aquilo que já sabemos sobre as características mais indecorosas do comportamento das multidões. Mitos coloridos à parte, a Igreja primitiva não destruía sistematicamente a literatura da Antiguidade pagã nem havia um preconceito universal dos cristãos contra conhecimentos profanos (como fica óbvio nas anotações de Orósio). Alexandria era a cidade mais violenta do território mais violento do império, numa era de extrema violência, e ela muitas vezes não era apenas perturbada, mas realmente governada por turbas amotinadas de pagãos, judeus e cristãos. Era também um lugar de imensa aprendizagem e lar para muitos dos maiores estudiosos e filósofos — pagãos, judeus e cristãos — daquele tempo. Foi lá, por exemplo, que a Escola de Alexandria, a primeira instituição cristã de estudos superiores no império, se estabeleceu em meados do segundo século pelo filósofo Panteno (morte anterior a 200 d.C.), um estoico que se converteu, e logo surgiram sucessivamente Clemente de Alexandria (c. 150-c. 213 d.C.) e Orígenes (c. 185-c. 254 d.C.), dois homens de vasta erudição que faziam uso livre de métodos gregos de interpretação de texto e de filosofia pagã. O próprio Orígenes assistiu a palestras de Amônio Sacas, o "Sócrates do neoplatonismo", e pedia a seus estudantes que não considerassem proibido nenhum caminho para a sabedoria, e que se dedicassem também ao estudo de geometria, astronomia e de todos os textos filosóficos e religiosos da cultura pagã. Não é exceção que, no meio do terceiro século, um dos mais consumados estudiosos de Aristóteles fosse o retórico e matemático Anatólio. No século IV, aquela que talvez fosse a melhor coleção particular de textos de Alexandria, tanto cristãos quanto pagãos — sobre teologia, filosofia, história e retórica — pertencia ao patriarca cristão (ariano) Jorge da Capadócia. Realmente, sua biblioteca impressionava tanto que, quando Jorge foi assassinado, em 361, por um bando de alexandrinos, o imperador Juliano, "o Apóstata" (331-363 d.C.), convertido do cristianismo ao paganismo, exigiu que o acervo lhe fosse enviado (mesmo expressando seu pesar por não poder ordenar a queima dos livros cristãos, temendo que os soldados encarregados da tarefa se provassem incapazes de separar de forma correta o joio do trigo).

Realmente, se alguém de fato deseja fazer da Alexandria dos primeiros quatro séculos seu índice para a compreensão de como as culturas cristãs e pagãs interagiam e proceder à tarefa sem preconceito excessivo, o que se vai notar é que pagãos e cristãos tinham seus acadêmicos e filósofos, que com frequência estudavam sob orientação uns dos outros, independentemente da confissão religiosa; que ambos os grupos tinham superstições cruéis, plebes violentas; e que os sacerdotes de ambas as tradições costumavam assistir às aulas uns dos outros. Será possível perceber também que, nos mais elevados níveis de discurso filosófico, ambas as tradições aceitavam debates sobre em que grau a força da razão natural era suficiente para chegar à verdade divina, e em que grau era preciso depender da revelação divina; e que uma tendência a um monoteísmo "puro" e contemplativo, seguida de um desdém ou indiferença às seitas populares, era pronunciada por muitos pagãos de corte mais filosófico. Também se perceberá, nos níveis mais baixos da sociedade, que cristãos e pagãos eram tribos distintas que viviam às vezes em concórdia harmoniosa — e inclusive exógama — e que às vezes guerreavam uns contra os outros. Obviamente, teria sido maravilhoso e um testamento esplêndido sobre o poder dos ideais elevados

A NOITE DA RAZÃO

se a prudência grega ou a caridade cristã tivessem governado cada pessoa daquela época e penetrado em cada estrato da sociedade. Teria sido especialmente maravilhoso se todos os cristãos batizados daquela era, cujos ideais eram de longe os mais nobres e elevados, jamais tivessem cedido tão ardorosamente ao ódio às seitas de seus antigos perseguidores, como às vezes cederam. Porém, os seres humanos muitas vezes decepcionam.

Quanto à destruição verdadeira do Serapeu, ela ocorreu no fim de um período de intensa perseguição religiosa e violência, que começou um século e meio antes, sob o imperador pagão Décio (c. 201-251). Nos anos que antecederam esse curto reinado (249-251), a perseguição aos cristãos tendia a ser restrita e intermitente; mas, em janeiro de 250, Décio anunciou um édito exigindo que cada cidadão fizesse uma oferenda simbólica num altar pagão diante de uma testemunha oficial. Muitos cristãos que se recusaram foram presos, alguns bispos proeminentes foram executados e, por um ano, a perseguição persistiu. Mas o projeto se provou um tanto fracassado, a perseguição sistemática cessou antes mesmo da morte de Décio, em junho de 251, e seu sucessor, Galo (morte em 253), aparentemente se contentou com a interrupção. Após a morte de Galo, porém, Valeriano (morte em 260) retomou a perseguição em 257, com novo vigor. Entre os que perderam a vida estava o grande bispo de Cartago, Cipriano (200-258) e o bispo de Roma, o papa Sisto II (morte em 258). A última perseguição aos cristãos em todo o império, e também a mais terrível, começou em 303, sob o reinado de Diocleciano (245-316), um defensor particularmente crédulo dos deuses antigos, que parece ter culpado a nova religião pela incapacidade de seus adivinhos de antecipar o futuro com alguma precisão. Seu feroz lugar-tenente, o general Galério (morte em 311), cujo ódio aos cristãos era absoluto, impulsionou a perseguição com entusiasmo singular. Crentes foram presos, torturados, mutilados, desfigurados e mortos; tumbas de mártires foram profanadas, igrejas foram destruídas e livros cristãos foram confiscados e queimados. Quando Diocleciano abdicou por razões de saúde, em 305, Galério se tornou o Augusto da metade oriental do império e ungiu seu sobrinho, o igualmente brutal Maximino Daia (morte em 313) como César (ou seja, um imperador subordinado). Juntos, eles continuaram a perseguição por outra meia dúzia de anos; mas quando Galério foi acometido por uma doença particularmente dolorosa (e, no fim das contas, fatal), suspeitou que sua aflição se abatera sobre ele por ordem do Deus cristão, e logo proferiu um édito que liberou os cristãos de fazerem sacrifícios aos deuses de Roma, cessando a perseguição, em sua maior parte, no inverno de 312.

No ano seguinte, o novo Augusto do Império Ocidental e (quase) recém-convertido ao cristianismo, Constantino (c. 280-337), promulgou o édito de Milão ao lado do imperador oriental, Licínio (que morreu em 325), garantindo aos cristãos tolerância completa para a fé e a totalidade dos direitos legais. Depois de 324, Constantino se tornou imperador do Ocidente e do Oriente e, durante seu reinado, demonstrou sua lealdade à nova fé principalmente por transferir o patrocínio estatal dos velhos cultos para a Igreja e, posteriormente, por fazer tentativas um tanto esporádicas de desencorajar e suprimir devoções pagãs e a consagração de ídolos; seu filho Constâncio II (317-361), enquanto permaneceu cristão (se não no caráter, ao menos nominalmente), fez vista grossa aos rituais da aristocracia pagã de Roma. Porém, Juliano, sobrinho de Constantino, numa tentativa desesperada de restaurar a antiga religião e eliminar a atual, gastou muito de seu governo extremamente breve (de novembro de 361 a junho de 363) tomando medidas contra os "galileus" que rapidamente oscilaram do meramente prejudicial ao positivamente cruel. Juliano era um homem inteligente, corajoso e formidável, com uma série de virtudes elogiáveis e um entusiasmo por filosofia inversamente proporcional à sua capacidade para tal. Juliano era também um tanto histérico, vingativo e profundamente supersticioso, dotado de uma energia sem limites e possuído por um insaciável apetite por magia, mistério e sacrifícios de animais. Trata-se do único imperador romano desse período, pagão ou cristão, que poderíamos chamar, sem qualquer ressalva, de fanático religioso; e ao mesmo tempo que oficialmente proibia o uso de violência contra cristãos, estava disposto, vez por outra, a tolerá-la extraoficialmente (mas de forma explícita). Entre suas políticas, havia uma lei proibindo os cristãos de ensinar retórica clássica, literatura e filosofia — medida que até seu biógrafo, Amiano Marcelino,

A NOITE DA RAZÃO

em geral simpático aos seus feitos, considerou infame (e uma lei que seria obviamente desnecessária caso os cristãos daquela época fossem universalmente hostis à cultura e ao conhecimento clássicos).

Quando o templo de Serápis foi arrasado, porém, Teodósio I (347-395) era o imperador e, com ele, o pêndulo da opressão religiosa havia se voltado quase que inteiramente ao extremo oposto. Ele não era simplesmente um déspota brutal como Galério, nem um monomaníaco irritadiço como Juliano; mas definitivamente se encarregou — por razões políticas e religiosas — de extinguir as chamas dos cultos antigos e de purgar o império dos credos estrangeiros e das formas "deturpadas" de cristianismo. Na maior parte do seu reinado, Teodósio I tolerou pagãos e não os excluiu dos altos escalões (o que Juliano fez com os cristãos), mas em 381 e 382 ele editou ou reinstituiu leis que proibiam sacrifícios, tornando ilegal a própria entrada em templos pagãos para fins de adoração. A partir daí, no Oriente (e em especial, como era de se esperar, no Egito), bandos de "monges" — na verdade, pouco mais do que salteadores trajados de hábitos pretos que se apropriaram das novas leis como licença para suas atrocidades — começaram a demolir templos rurais, roubando suas relíquias, abusando e achacando camponeses que viviam em propriedades onde os templos foram fundados, empanturrando-se da carne do gado e de grãos que furtavam, aparentemente até matando aqueles que lhes ofereciam resistência.[5] Um resultado mais direto das proscrições do imperador, contudo, foi a frequente conversão dos templos abandonados — muitos dos quais já estavam efetivamente reduzidos a curiosidades históricas mesmo antes da ascensão de Teodósio ao poder — em igrejas. Em Alexandria, onde nada era feito pela metade e nenhuma diferença jamais se resolvera pacificamente, o implacável patriarca Teófilo estava aparentemente muito ávido por adaptar os santuários vazios para usos sagrados; e essa avidez parece ter começado a reação em cadeia que resultou na destruição do Serapeu. Os relatos do ocorrido variam, como sempre acontece, e o máximo que se pode assegurar é que houve episódios de violência coletiva instigados ora por uma facção, ora por outra.

A mais antiga versão cristã do ocorrido é de Rufino (c. 345-c. 411), que pode ter sido testemunha. Segundo ele, o problema começou quando o bispo de Alexandria obteve permissão para renovar um velho templo (possivelmente de Mitra) caído em desuso e em considerável ruína havia tempos, um que pode ter sido usado por cristãos arianos antes dele. Quando, ao longo dos trabalhos, cavernas escondidas foram expostas, e crânios humanos, exumados, os pagãos começaram um tumulto. Multidões de cristãos revidaram, e os "dois povos" logo começaram a travar verdadeiras batalhas pelas ruas, que continuaram até que alguns pagãos, conforme a maré dos acontecimentos começava a se voltar contra eles, recuaram até um santuário fortificado do Serapeu, levando consigo um grupo de cristãos como reféns. Ao adentrar o edifício, os pagãos forçaram os prisioneiros a fazer sacrifícios nos altares da divindade, ou os torturaram demoradamente e então os mataram, ou os aleijaram com golpes esmagadores nas canelas e os arremessaram para dentro das cavernas onde o sangue e as vísceras dos animais sacrificiais eram descartados. Quando as notícias chegaram a Teodósio, ele deu ordens para que os agitadores pagãos não fossem punidos, a fim de que a glória dos cristãos martirizados durante as arruaças não fosse contestada, mas exigiu a destruição da causa dos distúrbios; e assim o templo foi demolido. O relato fornecido mais tarde pelo historiador cristão Sócrates de Constantinopla (c. 380-c. 450) é mais vago. Não diz nada muito claro sobre o que levou à destruição do templo, mas apenas conta que, quando Teodósio fez uma exposição pública das "superstições", dos "mistérios sanguinários" e das imagens grotescas ligadas à adoração de Serápis, Mitra e Príapo, bandos de pagãos, a um sinal pré-combinado, se lançaram contra os cristãos e mataram tantos quanto puderam; por fim, porém, os agressores foram repelidos e muitos fugiram da cidade. Sócrates chega a mencionar que dois dos arruaceiros pagãos eram gramáticos com quem tivera lições em Constantinopla, e um deles se gabaria anos depois de ter matado nove cristãos durante os distúrbios de 391. Depois dos tumultos, diz Sócrates, templos heréticos foram arrasados e, sob as ordens do imperador, seus ídolos foram derretidos e remodelados como vasos e utensílios a ser distribuídos para alívio dos pobres. Há também outros relatos sobre o conflito, nenhum deles muito agradável.

Essas pessoas dificilmente nos agradariam. Não quero relativizar, mas essa era uma época muito diferente, em que sangue escorria sem parar pelas ruas e quase todo mundo acreditava que forças sobrenaturais operavam constantemente na natureza e além dela. Quanto ao fracasso de muitos cristãos daquele tempo em transcender essas circunstâncias, basta observar que é mais fácil batizar uma cultura do que alterá-la, e a cultura geral daquele tempo e a cultura específica do Egito eram habitualmente brutais, às vezes num nível difícil de compreender. Ainda assim, por mais que houvesse perseguições de ambos os lados, os dois povos — na maior parte dos quatro séculos ao longo do império — em geral viviam juntos, faziam negócios entre si, estudavam juntos e até compareciam às mesmas comemorações, deixando intactos santuários, basílicas e templos uns dos outros. As histórias chocantes e aterrorizantes são muitas, é claro, e tendem a se fixar na memória. Nos dias de Juliano, por exemplo, certas virgens cristãs de Heliópolis, por terem se recusado a tomar parte de uma noite de prostituição sagrada antes de suas núpcias, foram publicamente despidas, ridicularizadas e abusadas; depois, foram evisceradas e, por fim — depois de adicionada forragem suína às suas entranhas —, deixadas para serem devoradas por porcos. O bispo Marcos de Aretusa, também durante o reinado de Juliano, foi brutalmente espancado por uma turba pagã — teve sua barba arrancada, as orelhas decepadas, a pele perfurada diversas vezes por estiletes dos estudantes — e depois besuntado com uma mistura de mel e suspenso num cesto ao sol, a fim de ser devorado por moscas e vespas.[6] Hipátia (c. 355-415), a pagã que lecionava Matemática e Filosofia, foi cruelmente assassinada e desmembrada pelos *parabalani* de Alexandria (originalmente uma fraternidade cristã *beneficente* devotada aos empobrecidos por doenças) — porque se suspeitava que ela tinha evitado uma aproximação entre o patriarca Cirilo e o prefeito imperial, Orestes, um cristão.[7] Mas, durante os mais prolongados períodos de mudanças, a lenta transformação do império do paganismo ao cristianismo ocorreu sem muita violência e até sem grandes perturbações no ritmo da vida. E, ao mesmo tempo que é correto deplorar os cristãos cujos comportamentos traíram a moral da fé que professavam, também é digno de nota que não se pode fazer o mesmo com os devotos pagãos em relação ao que era cultuado em seus templos, uma vez que suas religiões, na prática, não tinham uma moral a ser traída.

Também vale recordar que os cristãos dos primeiros séculos ganharam sua reputação principalmente por características como sobriedade, serenidade, generosidade, lealdade a seus cônjuges, atenção com os pobres e doentes e uma capacidade de exibir, independentemente da posição social, as virtudes com frequência exaltadas por filósofos pagãos — comedimento, castidade, tolerância, coragem —, mas raramente praticadas com fidelidade comparável. E esses cristãos levaram algumas novidades para o mundo antigo: uma visão de bondade sem precedentes na sociedade pagã; um credo que prescrevia o serviço de assistência aos outros como uma obrigação *religiosa*; uma narrativa sobre um Deus de um amor que jorra em abundância. Num longo retrospecto, o espantoso dessa nova nação dentro do império não é que tantos de seus cidadãos não conseguiam viver segundo os ideais de sua fé, nem simplesmente que tantos tenham conseguido, mas sim que alguém pudesse mesmo imaginar tais ideais, para começo de conversa. Até o imperador Juliano, bastante consciente das hipocrisias de que os cristãos eram frequentemente capazes, foi obrigado a lamentar, numa carta a um sacerdote pagão: "É uma desgraça que esses ímpios galileus se importem não apenas com seus próprios pobres, mas também com os nossos."[8]

O que seguramente não cabe é a ideia de que o confronto entre paganismo e cristianismo representava, de um lado, uma tradição de "pluralismo" e pesquisa racional e, do outro, um movimento de fideísmo "irracional". É uma regra quase infalível que, sempre que uma narrativa histórica popular se refere ao assassinato de Hipátia — o qual acabei de mencionar —, repete-se o charmoso mito de que ela foi morta por zelotes cristãos em razão de seu paganismo ou de seu sexo (o qual os cristãos supostamente tomavam como desqualificante para a carreira pública dela). É preciso reconhecer que mais bobagens tendem a ser escritas sobre Hipátia do que sobre qualquer outra figura do início ou do fim da Antiguidade, e essa imagem dela em

A NOITE DA RAZÃO

particular — martirizada pela misoginia e pela intolerância religiosa — é apenas o mais recorrente dos muitos romances idiotas que brotaram por aí nos últimos anos. Até as mais recentes edições da *Encyclopaedia Britannica*, um pouco atrás da moda nesse caso, sugerem solenemente que ela morreu porque "simbolizava o estudo e a ciência que, naquela quadra da história ocidental, se identificavam principalmente com o paganismo". Isso é estapafúrdio. Em primeiro lugar, não havia qualquer preconceito particularmente pronunciado contra mulheres eruditas naquela época, muito menos no Império Oriental, nem entre cristãos, nem entre pagãos. Tais mulheres podiam ser encontradas em ambas as comunidades, especialmente em Alexandria. E "estudo e ciência" eram simplesmente associados às classes educadas, tanto para cristãos quanto para pagãos; tanto é que o maior cientista teórico e filósofo da natureza em Alexandria antes da conquista muçulmana foi o cristão João Filopono, do século VI. Parece evidente, além disso, que Hipátia tinha ótimas relações com os intelectuais cristãos de Alexandria, não sendo nem uma pagã particularmente doutrinária, pelo que se sabe, nem uma *habituée* dos cultos locais (e talvez nem fosse muito mais simpática ao politeísmo pagão do que os próprios cristãos), podendo inclusive citar um grande número de cristãos entre seus estudantes e colegas. Um de seus amigos mais devotos, sem dúvida, foi Sinésio de Cirene (morte em c. 414), um neoplatônico convertido (ou semiconvertido) ao cristianismo que se tornou bispo de Ptolemaida (Líbia) em 409; e um dos perfis mais afetuosos que conhecemos dela, bem como o relato mais franco sobre seu assassinato, pode ser encontrado na obra de um cristão, o historiador eclesiástico Sócrates. Hipátia morreu, segundo se sabe, porque foi acidentalmente envolvida num dos conflitos que sempre eclodiam no nível mais vulgar da sociedade alexandrina, entre aquelas tribos beligerantes que faziam da vida na cidade uma aventura perene.[9] Mas, no mundo social e intelectual a que ela pertencia, todas as realizações da cultura clássica eram propriedade comum a todas as filosofias que faziam uso delas, incluindo a "filosofia" cristã. E, mesmo na sociedade em geral, a coexistência tranquila era necessariamente o estado de coisas habitual. Como Ramsay MacMullen de maneira correta afirma:

A MITOLOGIA DA ERA SECULAR

As elites iam juntas para a universidade, independentemente de religião, isto é, assistiam juntas às aulas de Direito em Beirute e em todo lugar, ou às conferências de Hipátia sobre Filosofia em Alexandria, ou às aulas de Retórica dadas por Libânio em Antioquia. De vez em quando, pagãos buscavam os mestres da eloquência nas próprias igrejas, a fim de ouvir suas performances brilhantes. E eruditos ou incultos, ricos ou pobres, as duas populações juntas, de alguma forma, se encontravam, casavam-se e criavam seus filhos sob qualquer crença que julgassem mais natural ou proveitosa.[10]

Porém, quando um dos lados investia contra as observâncias religiosas do outro, normalmente a prática era acusar o rival de superstição grosseira. O imperador Juliano, por exemplo, tachou os "galileus" de exigirem fé sem um raciocínio filosófico, ainda que sua própria "filosofia" tivesse emergido de uma enorme corrente de paganismo erudito de seu tempo: a iniciação em cultos místicos que afirmavam ter acesso especial a segredos divinos, invocações mágicas de deuses por meio de estátuas ou médiuns humanos, sacrifícios de sangue, adivinhação e fé infantil nas "revelações divinas" contidas nos *Oráculos caldeus* (um pântano fascinante, mas labiríntico, de religiões helênicas e asiáticas, misticismo, hermetismo e filosofia). Talvez o ataque mais devastador na queda do Serapeu tenha sido desferido quando um soldado particularmente "intrépido" — conforme diz Gibbon — que se aproximou de um ídolo gigantesco (cujos braços tocavam as muralhas do templo de lado a lado) subiu uma escada e, de posse de um machado, "acertou um golpe vigoroso no rosto de Serápis": pois se acreditava que "se alguma mão ímpia ousasse violar a majestade do deus, os céus e a terra voltariam instantaneamente ao caos original". Mas "o rosto caiu ao chão; o trovão permaneceu em silêncio, e céus e terra continuaram em sua ordem e tranquilidade costumeiras".[11] E quando a estátua foi destruída e milhares de ratos começaram a sair das tocas que haviam roído no interior apodrecido, muitas das testemunhas pagãs aparentemente até se convenceram a mudar de lado.[12] Para muitos dos cristãos daquela época, a subserviência pagã à magia e aos demônios era a superstição grosseira

A NOITE DA RAZÃO

que havia sido desalojada pela fé imensuravelmente mais razoável num Deus transcendente, criador de um universo racionalmente organizado. É verdade que alguns cristãos podiam ser perversamente cáusticos em relação às conquistas da cultura clássica; duas figuras do segundo século, Taciano (120-173) e Tertuliano (c. 155-depois de 220), são especialmente notáveis a esse respeito (embora se deva ressaltar que ambos eram de um temperamento religioso tão "entusiasmado" que terminaram por abandonar o rebanho católico). Além disso, é certo que, durante os primeiros dois séculos da Igreja, os cristãos suspeitavam com frequência da cultura pagã, fosse alta ou baixa. E não era estranho que pessoas de mentalidade mais contemplativa, pagãs ou cristãs, falassem com menosprezo sobre filosofia natural ou qualquer fascínio maior a respeito do mundo material. O sábio estoico Epicteto (55-c. 135), por exemplo, achava que as ciências naturais eram um desperdício de esforço mental, e que distraíam do verdadeiro conhecimento do bem e do mal. Mas essa era simplesmente uma parte da retórica "espiritual" estabelecida naquela época e não influenciava muito o nível em que tais pessoas empregavam os recursos de uma cultura superior (como demonstrado, por exemplo, pelo uso livre que Tertuliano fez da metafísica estoica e da retórica clássica em sua teologia).

5. A destruição do passado

Um pouco depois de suas observações sobre o Serapeu, Kirsch prossegue:

> A civilização islâmica que chegou ao poder depois da morte de Maomé estava disposta a poupar os escritos pagãos que a civilização cristã da Europa medieval se apressou a queimar. Por exemplo, os escritos científicos de Aristóteles foram preservados em árabe muito tempo depois de os originais gregos terem sido destruídos. Os cruzados tiveram acesso aos resquícios clássicos da Grécia e de Roma mantidos pelo islã e retornaram à Europa como portadores de uma civilização perdida. Do exato momento em que o Ocidente se reconectou com as tradições do paganismo clássico, a assim chamada Idade das Trevas — uma era de obscurantismo, estagnação e terror a serviço da crença verdadeira — lentamente começou a se dissipar.[1]

Outra vez surge essa anedota falsificada: neste caso, a alegação de que as obras científicas de Aristóteles foram preservadas apenas em árabe, tendo os originais gregos perecido nas mãos dos censores cristãos. Na verdade, possuímos hoje textos gregos em geral intactos de todas as obras existentes de Aristóteles, principalmente graças aos eruditos cristãos do Oriente bizantino; muitos de seus escritos, inclusive todos os seus diálogos, não estão mais em nossas mãos, mas eles já se haviam perdido muito antes do período cristão do império.

É verdade que, durante os últimos dias do império, poucas traduções dos textos mais vitais em grego eram feitas para o latim. Portanto, com o declínio da ordem imperial do Ocidente, o avanço dos reinos bárbaros e a evaporação de quase todo o conhecimento de grego no Ocidente (à exceção de algumas partes da Itália), o mundo europeu ocidental estava progressivamente se fechando para o mundo cristão do Oriente, e acadêmicos se viram forçados a se basear apenas em algumas versões isoladas, fragmentos e em umas poucas compilações de grandes obras da Antiguidade grega, pagã ou cristã. Já no século VI, contra a ruína do Ocidente, o filósofo cristão Boécio (c. 475-524) se incumbiu de tais fragmentos ao traduzir tudo de Platão e Aristóteles, escrevendo comentários sobre eles e preparando manuais de Música, Matemática, Geometria e Astronomia. Ele teve êxito em verter parte do *corpus* de Lógica de Aristóteles, uma introdução clássica a essas obras de autoria do neoplatônico Porfírio (c. 234-c. 305) e talvez algumas outras obras importantes; escreveu ainda ao menos dois guias e alguns comentários. Mas esse projeto foi encurtado de maneira muito abrupta (ou muito rude) quando o rei Teodorico dos ostrogodos (morte em 526) mandou executá-lo sob suspeita de traição. Na Itália, do quinto ao sétimo século, traduziram-se as obras médicas de Hipócrates (c. 460-c. 377 a.C.), Galeno (129-c. 216 d.C.) e outros.[2] O acadêmico irlandês João Escoto Erígena (810-c. 877), nos dias do Renascimento carolíngio, produziu traduções de alguns dos maiores pensadores gregos cristãos do período patrístico — Gregório de Nissa (c. 335-c. 394), Pseudo-Dionísio (que despontou por volta de 500) e Máximo, o Confessor (c. 580-662). Mas, em geral, os tesouros literários da Antiguidade grega foram propriedade apenas dos cristãos do Oriente e, posteriormente, dos conquistadores muçulmanos.

Houve, de fato, uma introdução tardia no Ocidente dos clássicos gregos não traduzidos até então, em especial do século XII até o XV, e os eruditos árabes, tanto islâmicos quanto cristãos, tiveram participação enorme nisso. Antes da ascensão do islã, cristãos sírios levaram a sabedoria filosófica, médica e científica dos gregos ao Extremo Oriente e já tinham começado a traduzir textos gregos em língua semítica. As academias cristãs em Edessa e depois em Nísibis (ou Nusaybin) e Jundishapur (ou Bendosabora) se tornaram alguns dos principais veículos das migrações orientais do pensamento

A DESTRUIÇÃO DO PASSADO

grego depois do século V; as duas últimas instituições também podem ter sido centros de treinamento médico, pelo qual o cristianismo nestoriano na Pérsia tinha justo renome. Depois que os islâmicos conquistaram o Império Persa e os domínios bizantinos no Oriente Médio, os cristãos que falavam siríaco proveram uma linhagem inestimável de acadêmicos e médicos, e foi através deles que as realizações da Antiguidade greco--romana passaram à cultura islâmica. Depois que o califado se mudou para Bagdá, em 762, uma grande biblioteca e universidade chamada Casa da Sabedoria foi inaugurada e administrada principalmente por cristãos sírios. O que se seguiu foi uma era de ouro para a tradução de textos gregos clássicos para o árabe, fosse diretamente do grego, fosse por versões em siríaco. Talvez o maior de todos os tradutores tenha sido o médico-chefe do califado, o cristão nestoriano Hunayn ibn Ishaq (808-873), que, além de seus próprios tratados, produziu um número enorme de versões meticulosas em siríaco e árabe de textos gregos sobre filosofia e medicina. De Bagdá, um conjunto vasto de traduções se espalhou pelo mundo islâmico, incluindo partes da Espanha ocupadas pelos muçulmanos. No século X, Córdoba e Toledo se tornaram centros de estudos, a partir dos quais uma grande parte do patrimônio intelectual da Grécia Antiga finalmente se transformou — por meio dessa passagem tortuosa e gradual através das universidades sírio-cristãs e islâmicas — em traduções latinas, produzidas por cristãos moçárabes (ou seja, os cristãos espanhóis que falavam árabe), acadêmicos da Europa Ocidental e judeus espanhóis.

No entanto, talvez a Itália fosse um porto de entrada mais importante para textos gregos na Europa Ocidental. No sul, a corte normanda em Palermo, em fins do século XI, deu as boas-vindas a eruditos que falavam grego, latim e árabe; Veneza e Pisa estavam em contato constante — diplomático, comercial, teológico e acadêmico — com a corte cristã de Constantinopla. Portanto, do século XI em diante, a Itália era o principal canal através do qual textos passavam diretamente do grego para o latim. E, com as cruzadas, em especial a desastrosa Quarta Cruzada, que deixou Constantinopla em poder de conquistadores latinos de 1204 a 1261, as riquezas intelectuais do Oriente cristão se tornaram ainda mais pronta-

76　　　A MITOLOGIA DA ERA SECULAR

mente disponíveis à Europa Ocidental. Durante os séculos XIII e XIV, a velocidade com que se faziam versões latinas de textos gregos era impressionante. Entre as maiores proezas do período estão as interpretações de William de Moerbeke (c. 1215-c. 1286), admiravelmente fiéis e lúcidas, de muitas das principais obras de Aristóteles, bem como as de comentários antigos sobre Aristóteles, os *Elementos de teologia*, de Proclo (c. 410-485), o último grande neoplatônico pagão, as obras de Ptolomeu (c. 100-170 d.C.), e assim por diante. E, claro, à medida que o Império Bizantino entrou em seus estertores, o que culminou com a queda de Constantinopla em 1453 ante os turcos otomanos, acadêmicos e textos migraram para o Ocidente; o polímata bizantino Bessarion (1403-1472), por exemplo, doou sua imensa biblioteca particular ao Senado veneziano, uniu-se à Igreja romana e foi por fim elevado a cardeal pelo papa Eugênio IV. No século XI, a civilização bizantina desfrutou de uma última era de ouro antes de iniciar seu longo e agonizante período final de sítio constante e retração. O brilhante Miguel Psclo (1018-1078), entre muitas realizações, reformou o currículo da Universidade de Constantinopla e inspirou uma nova onda de platonismo; e, conforme o Império Bizantino fenecia, o movimento intelectual que ele ajudou a dar à luz no Oriente cristão (o qual aproveitou um último crescendo glorioso no século XIV) floresceu quatro séculos depois no Renascentismo italiano.

Muito mais deveria ser dito, de fato, se fôssemos descrever de maneira adequada a história extraordinariamente complexa do último movimento medieval de textos da Antiguidade grega rumo ao Ocidente cristão. O que é importante destacar aqui, contudo, é esse arremedo burlesco de história medieval, que fala de um milagroso recuo para uma Idade das Trevas cristã, feita de "obscurantismo, estagnação e terror", antes dos vendavais purificadores da civilização islâmica. A cristandade latina permaneceu por séculos privada da herança clássica preservada pela cristandade oriental e capturada pelo islã, mas não porque a rejeitou. Nem o califado de Bagdá foi o resgatador de uma "civilização perdida" que o mundo cristão tentou extinguir; o islã foi beneficiário da cristandade oriental, e a cristandade ocidental, por sua vez, se beneficiou de ambos. Falar que a civilização

A DESTRUIÇÃO DO PASSADO

cristã medieval "se apressou a queimar" os escritos dos pagãos antigos, além de tudo, equivale a uma confissão de ignorância quase total daquela civilização. Na verdade, os cristãos medievais não só não queimaram textos pagãos como os vestígios literários da Roma Antiga foram empilhados e guardados zelosamente em bibliotecas monásticas mesmo quando o mundo romano ocidental se desintegrava. No mosteiro de Vivarium, criado por Cassiodoro (490-585), perto da moderna cidade italiana de Squillace, monges foram postos para trabalhar copiando e preservando obras da Antiguidade romana e do pensamento grego cristão; e, por séculos, houve mosteiros por toda a Europa Ocidental, do Mediterrâneo à Grã-Bretanha, que guardaram coleções contendo os escritos de Virgílio, Ovídio, Cícero, Plínio, Horácio, Estácio, Pérsio, Lucano, Suetônio, Sêneca, Marcial, Apuleio, Juvenal, Terêncio e tantos outros, tanto como porções idênticas de Platão, Aristóteles e dos pais gregos da Igreja que estavam disponíveis em latim. E só em consequência de infortúnios históricos, não de rejeição intencional, que outros mais não sobreviveram.[3]

A história verdadeira, contudo, é sempre muito mais ordinária que a lenda. Aqui prossegue Kirsch, uma última vez: "A Roma dos imperadores cristãos partiu para a destruição de seu próprio e rico patrimônio. (...) Escribas eram proibidos de copiar os velhos textos pagãos sob pena de morte ou (...) amputação de sua mão escritora."[4] Isso é falso — embora talvez possa ser defendido caso lembremos que se trata de não mais do que uma paráfrase de uma observação vagamente enunciada por um classicista com frequência anticristão chamado Ramsay MacMullen (alguém que, devemos reconhecer, não faz grandes esforços para ser compreendido nesse ponto).[5] De fato, era possível perder uma mão sob ordens de vários imperadores em vários momentos da história do império cristão; na verdade, talvez o teólogo mais sutil, mais brilhante e mais filosoficamente inovador de toda a história da Igreja do Oriente — Máximo, o Confessor — tenha perdido sua mão e sua língua (e finalmente, como consequência, sua vida) para um imperador que reprovou sua cristologia. Mas certamente nunca houve um expurgo imperial sistemático contra a literatura da Antiguidade pagã. O imperador Justiniano I (483-565) usou várias formas de coerção legal,

78 A MITOLOGIA DA ERA SECULAR

como confisco de propriedade, a fim de desencorajar a reprodução de certos textos proscritos; esses, porém, não eram obras de literatura clássica ou filosófica, mas escritos cristãos "heréticos", polêmicas anticristãs e textos religiosos de seitas ilegais. E uma anedota relatada pelo historiador João Malalas (c. 491-c. 578), a respeito de pagãos presos por sua devoção sob as ordens de Justiniano, conta como os livros deles (os religiosos, obviamente) foram queimados ao lado de seus ídolos.

Mesmo depois de Justiniano ter expulsado os professores pagãos do que sobrara da antiga Academia de Atenas, em 529, porém, nem pagãos nem cristãos foram proibidos de estudar e escrever comentários sobre filósofos. Por séculos, o cristianismo atraiu filósofos treinados para suas fileiras — Justino, o Mártir (c. 100-c. 165), Panteno, Mário Vitorino (c. 300-depois de 362), Sinésio de Cirene — e, conforme o tempo passava, os herdeiros da filosofia antiga que fizeram o mais criativo uso dos princípios e métodos foram cristãos, como Orígenes, Gregório de Nissa, Agostinho, Pseudo-Dionísio e Máximo. E isso era exatamente o que se esperava. Tanto imperadores pagãos quanto cristãos vez por outra destruíram livros, isso é inegável — livros de adivinhação, magia e religiões proibidas, antes de tudo —, e ninguém era tão sentimental sobre preservação do conhecimento quanto somos hoje. Mas até MacMullen, desesperado por fornecer alguma prova de uma especial malícia cristã em relação à literatura antiga, não faz mais do que indicar a decisão do regente imperial cristão Flávio Estilicão (365-408) de destruir os Livros Sibilinos, um ato sobre o qual MacMullen estranhamente afirma: "Constantino estabeleceu o precedente, ao determinar a queima de tratados arianos em 333."[6] O precedente, a bem da verdade, foi criado por Augusto César, que, segundo Suetônio, destruiu milhares de livros proféticos rivais antes de vedar os próprios Livros Sibilinos ao escrutínio público no templo de Apolo no monte Palatino. Uma suspeita sobre literatura oracular se acentuara bastante na sociedade romana muito antes do período cristão. E certamente não se pode dizer que houve algum imperador romano que tenha demonstrado deleite maior que o de Diocleciano na combustão de livros que considerava detestáveis.

A DESTRUIÇÃO DO PASSADO

Nada disso, porém, justifica alegações fantasiosas sobre um expurgo dos vestígios literários da Antiguidade pagã. Ao longo do período cristão, bem como no pagão, inúmeros textos preciosos obviamente desapareceram devido a contratempos, desatenção, indiferença, convulsões políticas, rebeliões, guerras, invasões, pilhagens ou mero esquecimento. Além disso, as limitações da tecnologia da palavra escrita — a fragilidade dos papiros, o apagamento do papel velino, a evanescência da tinta, a porosidade de todas as defesas contra fogo, enchentes, contaminações, mofo e insetos — conspiraram para consignar muito da literatura do passado ao olvido total, sem conivência premeditada nem razão em particular. E, naturalmente, cristãos costumavam fazer enormes esforços para criar cópias de suas próprias antiguidades, uma circunstância que pode ter deixado o renome de muitos escritores pagãos sem qualquer defensor apaixonado. Mas tudo isso deve ser considerado resultado dos (para usar um clichê útil) "estragos do tempo".

De qualquer maneira, já me aloguei bastante nessas questões. Academicismo desleixado é um pecado, mas maus acadêmicos podem ser quase perdoados por acreditarem naquilo que sempre lhes foi dito: que o cristianismo rejeitou a civilização clássica, procurando até mesmo destruí-la de cima a baixo e que assim se inaugurou a Idade das Trevas. Na verdade, não há razão concebível que possa responsabilizar a ascensão do cristianismo pelo declínio da cultura romana, ou de algum suposto triunfo do dogma sobre a razão, ou do atraso das ciências. A rigor, o último florescimento da cultura literária clássica, no quarto século e no começo do quinto, se deveu ao trabalho dos Pais da Igreja, em sua maior parte: eles conferiram ao período os maiores retóricos, os metafísicos mais sofisticados e os estetas mais inovadores. Poucos escritores pagãos da época estavam à altura do poder arrebatador de João Crisóstomo em grego, ou da grandeza clássica e serenamente fluida de Gregório Nazianzeno, ou da fluidez, da maleabilidade e do senso de urgência sem precedentes no latim de Agostinho, ou da elegância e da precisão de Jerônimo ou Ambrósio. Nenhum escritor pagão legou à posteridade nada tão novo, rico, humano e psicologicamente sutil quanto o intimismo lírico das *Confissões* de Agostinho, ou tão inquisitivamente honesto quanto a poesia autobiográfica de Nazianzeno.[7] Além disso, com o colapso do Império do Ocidente — induzido por séculos de desperdícios internos e pressões externas, trazidas por peste, guerras e declínio demográfico —, foram os mosteiros da Igreja que, sozinhos, salvaram a civilização clássica do eclipse total que lhe poderia sobrevir. E, no Oriente, foi a civilização cristã que uniu as culturas intelectuais de gregos, egípcios e sírios, e preservou a sabedoria helênica em universidades e bibliotecas na Grécia, na Síria e na Ásia Menor. Para ser bem honesto, a despeito das calamidades que arrasaram a civilização romana, muitos dos maiores feitos intelectuais, estéticos e espirituais do mundo helenístico foram absorvidos na metafísica, na teologia, na ética e nas artes dos cristãos, sendo de algum modo até aperfeiçoados nesse processo.

6. A morte e o renascimento da ciência

De todos os mitos inerradicáveis que se referem a uma Idade das Trevas Cristãs, nenhum goza de maior recorrência que a fábula delirantemente romântica de uma era de ouro da ciência helênica interrompida bruscamente pela Igreja e sua "guerra contra a razão". Na parte final do século XIX, dois livros hoje de notória má fama parecem ter exercido, por um período desagradavelmente prolongado, uma influência inteiramente desproporcional aos seus méritos: *History of the Conflict between Religion and Science* (História do conflito entre religião e ciência, em tradução livre, de 1874), de John William Draper, e *History of the Warfare of Science with Theology in Christendom* (História da guerra da ciência contra a teologia na cristandade, também em tradução livre, de 1896), de Andrew Dickson White. O segundo volume ainda era vez por outra consultado como um estudo abalizado em meados do século XX. Cada um a seu modo, são obras-primas da temeridade; nem Draper nem White se incomodam de distorcer provas para embasar suas alegações; ambos descobriram que, onde faltam evidências, o engenho literário demonstra ser um expediente feliz. Por sorte, respeitáveis historiadores da ciência não têm hoje necessidade alguma de usar qualquer um dos dois livros e sabem muito bem que a suposta guerra entre teologia cristã e ciência ocidental é o mais puro suco da mitologia. Infelizmente, um mito pode ser desacreditado e ainda ser seguido com fervor.

Em 2003, por exemplo, o historiador amador Charles Freeman publicou um volume denominado *The Closing of the Western Mind* (O fechamento da mente ocidental, em tradução livre), um compêndio quase perfeito de

82   A MITOLOGIA DA ERA SECULAR

cada caricatura banal feita sobre os primórdios do cristianismo desde que
Gibbon partiu para sua última morada. Há muito tempo, conta a narrativa
de Freeman, uma cultura helenística tardia prezava a força da razão e buscava as ciências e a alta filosofia. Até que veio o cristianismo, que valorizava
apenas a obediência cega a dogmas irracionais e que perversamente apagou
a luz da sabedoria pagã. Depois, graças ao islã, a cristandade do século XIII
repentinamente redescobriu a razão e começou a se irritar com a servidão
ao fideísmo estúpido. E assim, como num passe de mágica, Copérnico
descobriu o heliocentrismo, e a razão iniciou sua carga inexorável rumo
à vitória contra a hostilidade das legiões plebeias da fé. Ou, simplificando
mais, a narrativa de Freeman é o velho relato sobre como o cristianismo
é de alguma forma culpado por um repentino retrocesso na civilização
ocidental que atrasou a causa do progresso humano em, digamos, mil anos.
No caminho, Freeman fornece algumas passagens condenatórias dos Pais
da Igreja (sempre fora de contexto e sem nenhuma menção dos numerosos
contraexemplos encontrados nos mesmos autores); tenta longas dissertações sobre disputas teológicas que ele não entende; torna-se repetidamente
presa de equívocos vulgares nas matérias que tenta interpretar; faz grande
afirmações sobre a crença no início do cristianismo que são simplesmente
falsas; oferece argumentos vagos sobre filósofos que ele claramente não
estudou; e se entrega a opiniões sobre ensinamentos cristãos que são mais
do que apenas imprecisas. E a ciência natural é sua preocupação principal.
Freeman chora a morte de algo que ele chama exoticamente de "a tradição
empírica grega": no primeiro milênio depois da conversão de Constantino, afirma ele, só o mundo islâmico fez algum uso criativo da ciência e
da medicina gregas; diz ele que, por mais de mil anos depois da "última
observação astronômica registrada na Antiguidade grega", em 475, feita
por Proclo (c. 410-485), tais estudos hibernaram até que Copérnico (1473-
1543) publicou seu *De revolutionibus orbium coelestium* e tudo voltou a
andar para a frente.[1]

A respeito desta última afirmação, algumas coisas devem ser ditas imediatamente. Primeiro, a sugestão de que a astronomia no mundo ocidental
cessou de forma repentina no quinto século, ou que não era explorada

A MORTE E O RENASCIMENTO DA CIÊNCIA

pelos cristãos, é simplesmente absurda. Segundo, dificilmente haveria um candidato mais estranho ao papel de herói da ciência helenística do que Proclo, um platônico doutrinário que zombou dos pitagóricos de outrora por terem imaginado que a Terra poderia se mover, contrariando a doutrina infalível do "Filósofo". Terceiro, e mais importante, o pensamento científico não salta de uma mente e atravessa abismos do tempo para chegar à outra, nem os grandes cientistas emergem de forma súbita e milagrosa da escuridão, como Atena brotando da cabeça de Zeus. Sugerir que Copérnico apenas retomou um fio que havia sido cortado na Antiguidade pela Igreja, chegando às suas hipóteses por suas próprias luzes independentes, desafia não só o registro histórico, mas toda a lógica histórica. Copérnico, que fora matriculado em algumas universidades cristãs, foi herdeiro de uma longa tradição de matemática escolástica cristã e de trabalhos teóricos em astronomia e ciência do movimento, que se estendeu pelo menos até o início do século XIII; não fosse por essa tradição, seu pensamento não teria tido qualquer base teórica.

Do fim da Antiguidade ao início da Idade Média, as cosmologias do islã e do cristianismo permaneceram em geral ligadas ao modelo aristotélico do universo, segundo o qual a Terra estacionária era cercada por uma série de esferas planetárias vazias, cristalinas e homocêntricas, que giravam em torno de um eixo terrestre impulsionadas por uma esfera remota chamada "primeiro motor". Não se questionavam os princípios aristotélicos de que o movimento é sempre causado por uma força externa imediata e contínua e de que não pode haver vácuo na ordem da natureza (princípios que, entre os filósofos naturais da Antiguidade tardia, foram rejeitados apenas por João Filopono). Quase igual em autoridade era a astronomia de Ptolomeu, um modelo matemático notavelmente elaborado cujo propósito único era conciliar os fenômenos celestiais observáveis com a cosmologia aristotélica. Para executá-lo, porém, foi necessário que Ptolomeu inventasse — de modo a explicar coisas tais como o movimento retrógrado aparente dos planetas ou as variações na luminosidade planetária — um sistema de movimentos e eixos secundários e até terciários primorosamente integrado e brilhantemente imaginado. Ele foi obrigado, por exemplo, a deslocar o eixo terrestre de certas esferas planetárias a um "excêntrico" extraterrestre. Depois, teve de calcular um "equante" para cada um dos ciclos planetários, que não se localizava no eixo terrestre nem nos excêntricos, em volta do qual o movimento do ciclo pudesse ser calculado como uniforme em velocidade e perfeitamente circular, ainda que da Terra a velocidade fosse percebida como irregular. E depois, para a maioria dos planetas, teve que supor mais um eixo chamado "deferente", localizado *dentro* da substância da própria esfera planetária, em volta do qual o mesmo planeta percorreria uma pequena órbita local denominada "epiciclo". Além disso, ainda era impossível calcular um excêntrico estável em cada instância; no caso de Mercúrio, por exemplo, o excêntrico tinha que ser calculado com alterações no curso da órbita do planeta, tornando sua rota propriamente *mercurial*, mas circular somente dentro de uma ficção geométrica.

O modelo ptolomaico nunca foi perfeitamente congruente com o verdadeiro modelo físico de Aristóteles para o cosmos; epiciclos eram especialmente difíceis de conciliar com a ideia de esferas planetárias sólidas e homocêntricas e, assim como os equantes, pareciam inconsistentes com o princípio de que o movimento deve ter uma causa exterior imediata. Vez por outra, eram feitas tentativas de solucionar esses problemas. O astrônomo muçulmano Ibn al-Haytham (c. 965-c. 1040, cujo nome foi latinizado como Alhazém ou Alhazen), por exemplo, propôs que cada planeta viajava por um canal dentro do "cristal" de sua esfera, um canal não alinhado com os contornos da própria esfera, mas antes centrado num excêntrico apropriado. Porém, quando o sistema ptolomaico foi submetido à análise dos cientistas muçulmanos, não foi principalmente por causa de seu fracasso em prever com precisão os movimentos planetários; em vez disso, foi porque não correspondia apropriadamente à física aristotélica. Na Espanha do século XII, em especial, muitos astrônomos muçulmanos se inquietaram com a ausência de alguma causa que fosse responsável pelos movimentos planetários descritos por Ptolomeu. Ibn Rashid (1126-1198, chamado de Averróis, em latim) defendeu a superioridade do maquinário cósmico de Aristóteles sobre as abstrações impossíveis dos cálculos de Ptolomeu. E teóricos do século XIII, tais como Al-Qaswini e Al-Jagmini,

A MORTE E O RENASCIMENTO DA CIÊNCIA

reimaginaram cada epiciclo planetário como uma pequena esfera cristalina alojada entre as superfícies das grandes esferas, rolando assim por elas.

Nem os cientistas muçulmanos, nem os cristãos têm culpa, obviamente, de terem se agarrado por tanto tempo à antiga cosmologia; ela dava uma explicação completa dos fenômenos de rotação celeste e o panorama geocêntrico, em consonância com o senso comum. Afinal de contas, o modelo aristotélico do universo era um objeto de rara beleza, com seu imenso e etéreo maquinário, seus esplendores inextinguíveis, seus inúmeros mananciais de harmonia e sincronia; e o sistema ptolomaico, com suas roldanas, espirais e ações elaboradamente exatas, era uma jaula tão primorosa e cintilante que faria qualquer mente racional ter vontade de habitá-la. Praticamente todos os intelectos cultivados eram escravizados por esse modelo e confinados nessa jaula; algumas almas perspicazes se deram conta de que os dois sistemas não coincidiam com perfeição, mas ainda estariam mais ou menos condenadas a orbitar ambos. À época de Copérnico, porém, outros modelos tinham se tornado concebíveis. No começo do século XIII, o matemático Gerard de Bruxelas começou a considerar os movimentos dos corpos de forma abstrata, alheia a qualquer teoria causal; e essa abordagem foi adotada e desenvolvida com crescente sofisticação por estudiosos em Oxford — Guilherme de Ockham (c. 1285-c. 1348), Walter Burleigh (1275-depois de 1343), Thomas Bradwardine (c. 1290-1349), William Heytesbury (fl. 1335), Richard Swineshead (ou Suisset, fl. 1348) e John de Dumbleton — e depois por acadêmicos da Universidade de Paris — Jean Buridan (1300-1358), Nicole Oresme (c. 1320-1382) e Alberto da Saxônia (c. 1316-1390). Buridan, por exemplo, aventou (sem abraçar) a hipótese de que a Terra poderia se mover em torno de seu próprio eixo, rejeitando a antiga afirmação aristotélica de que um objeto, ao voar, é continuamente impulsionado pelo ar deslocado que retorna à parte de trás desse mesmo objeto, e sugeriu que um objeto, uma vez impulsionado, pode permanecer em movimento sem uma causa contínua em razão do impulso imprimido, medido pelo volume da matéria e pela velocidade. Oresme (o mais brilhante dos parisienses) elaborou, entre outras coisas, modelos geométricos de movimentos uniformes constantes e movimentos

86 A MITOLOGIA DA ERA SECULAR

uniformemente acelerados, e ofereceu argumentos mais engenhosos para a possibilidade (embora não para a afirmação) da rotação terrestre. Alberto, por sua vez, se dedicou à velocidade dos corpos em queda e aos centros de gravidade dos objetos.[2]

Todos esses homens trabalharam com um conceito de impulso que ainda não era, evidentemente, um conceito de momento físico, ou de inércia; mas isso deu margem para um entendimento mais "cinemático" do movimento, em oposição ao conceito estritamente "dinâmico", próprio da teoria aristotélica; ou seja, o conceito permitia que se considerassem as leis de movimentos em si mesmas, em vez de procurar por uma força externa — a *dynamis* — causadora de cada movimento em particular. Assim, Oresme foi capaz de mostrar como a ideia de impulso poderia explicar por que a atmosfera da Terra não era deslocada pela rotação terrestre, ou por que um objeto que cai na Terra descreve um ângulo em vez de uma perfeita queda vertical, desarmando portanto algumas objeções clássicas à hipótese de um mundo em movimento. Ele também alegou que a aparente rotação dos céus, bem como a estabilidade da Terra, poderiam simplesmente ser uma questão de perspectiva relativa: um ponto reiterado por Nicolau de Cusa (1401-1465) no século seguinte. O mais importante é que esses acadêmicos não consideraram o impulso um recurso finito que se esgota com o tempo, mas o entenderam como uma força motriz constante que se corrompe ou se interrompe apenas quando encontra outra força de resistência. Isso tornou possível deixar de lado a intrigante questão da causa eficiente dos movimentos celestes, reimaginando a uniformidade invariável deles como expressões das mesmas leis físicas que governam os movimentos variáveis e corruptíveis das coisas aqui embaixo (isto é, contanto que alguém estivesse disposto a considerar a possibilidade de vácuo acima da atmosfera).

De qualquer forma, Copérnico foi herdeiro de uma longa tradição matemática e também — caso ele tenha se dignado a fazer uso dela — de uma tradição de teoria física que tinha aberto o caminho para novos modelos do cosmos. E a contribuição de Copérnico, para falar a verdade, deve ser considerada bastante pequena, ao menos em termos de progresso *científico*.

A MORTE E O RENASCIMENTO DA CIÊNCIA

De fato, seu tratado não foi de todo um trabalho de ciência, no sentido moderno; não propunha nada que pudesse ser testado, não provou seu raciocínio, nem em termos de observação, nem de teoria, e fez poucos avanços visíveis em relação aos cálculos de Ptolomeu. É verdade que Copérnico foi talvez o primeiro teórico depois de Aristarco de Samos (c. 310-c. 230 a.C.) que ousou tão abertamente situar o sol no centro do "universo", mas seu raciocínio era mais hipotético que empírico. Ele também desenvolveu um modelo que tratava de certas questões de forma um pouco mais econômica que a ptolomaica, como a razão de Mercúrio e Vênus estarem sempre perto do sol. Esse problema específico estimulou muitas almas especulativas ao longo dos séculos a levar suas reflexões cosmológicas para longe do geocentrismo estrito: no quarto século antes de Cristo, Heráclides do Ponto aparentemente afirmou que Mercúrio e Vênus não giram diretamente em torno da Terra, mas, sim, do sol; o enciclopedista Marciano Capela, do século V, concordou (não em sua própria autoridade; ele não era cientista); e, no século IX, João Escoto Erígena parece ter acrescentado Marte e Júpiter à lista de planetas que circundam o sol. Depois de Copérnico, na realidade, Tycho Brahe (1546-1601) propôs um sistema no qual todos os planetas giravam em torno do sol, enquanto apenas o sol circundava a Terra; e, à época do julgamento de Galileu, muitos dos grandes astrônomos (a maioria deles entre as fileiras dos jesuítas) chegaram à conclusão de que os planetas acima da Terra se moviam em órbitas heliocêntricas e se inclinaram a adotar o modelo de Tycho (embora eles também tendessem a considerar o de Copérnico uma hipótese não comprovada).

Assim, por mais que Copérnico possa merecer a distinção de ter aventado uma descrição puramente heliocêntrica dos céus, deve-se observar por que sua teoria não parecia tão sedutora a todos os seus contemporâneos. Por um lado, os argumentos físicos que ele apresentou não eram um grande avanço em relação àqueles dos escolásticos e, portanto, apenas sugeriam o movimento terrestre como uma possibilidade conceitual; por outro lado, seu modelo matemático estava errado. Copérnico conseguiu expurgar os equantes de seu sistema, conforme seus professores da Universidade de Cracóvia o ensinaram a desdenhar, mas ainda supunha, no melhor estilo clássico, que as rotas celestes tinham que ser circulares (ou não seriam "perfeitas"), e que os planetas estavam fixos dentro de esferas separadas. Dessa maneira, no fim, ele também estava obrigado a recorrer a um modelo de epiciclos — aproximadamente cinquenta, na realidade, incluindo nove para a Terra —, o que, em termos de descrição preditiva, lhe deu pouca vantagem significativa em relação ao modelo de Ptolomeu. Pode-se argumentar que o modelo posterior de Tycho é preferível como ciência, na medida em que concilia melhor teoria e evidência. Tycho empreendeu (diferentemente de Copérnico) investigações minuciosas dos céus, incluindo uma observação de um cometa movendo-se acima da lua, onde se pensava haver apenas esferas planetárias imutáveis. Além disso, uma das mais antigas objeções à ideia da Terra em movimento era a ausência de alguma alteração perceptível na posição das estrelas em relação umas às outras (ou seja, o movimento em paralaxe). Copérnico sugeriu que a distância entre Terra e a esfera das estrelas fixas era muito maior do que em geral se imaginava, mas o modelo de Tycho ofereceu uma explicação aparentemente mais plausível. Nada disso diminui as verdadeiras proezas de Copérnico tais como foram, da mesma forma que não se diminuem as maiores e verdadeiras façanhas de Galileu (1564-1642), Johannes Kepler (1571-1630) e Isaac Newton (1643-1727). Mas isso certamente significa que Copérnico não era um visionário isolado que voltava seu olhar aos séculos passados, através de um vasto abismo de escuridão cristã, em busca da chama pálida e bruxuleante de uma sabedoria helenística esquecida.

Não é preciso dizer que é um tanto vergonhoso que Galileu tenha sido forçado a renunciar à teoria de Copérnico, terminando seus dias confinado numa *villa* nas colinas dos arredores de Florença, mas não porque isso nos diga algo sobre a relação entre o cristianismo e a ciência.[3] Um simples exemplo de cegueira institucional e discordância interna, inteiramente anômalo dentro da imensa história da relação da Igreja católica com as ciências naturais, não revela nada de significativo sobre a cultura cristã nem sobre a história cristã como um todo, mas demonstra apenas como pode ser estúpido um conflito entre dois homens titanicamente ególatras. Além disso, é vergonhoso porque, tendo servido a muitos como

A MORTE E O RENASCIMENTO DA CIÊNCIA

epítome conveniente de uma verdade supostamente maior a respeito do catolicismo ou do cristianismo (ainda que seja o único exemplo notável que conseguem listar), o episódio passou a encobrir a realidade bem mais significativa de que, nos séculos XVI e XVII, cientistas cristãos educados em universidades cristãs acompanharam uma tradição cristã de pesquisa científica e matemática, anularam uma cosmologia e uma física pagãs e chegaram a conclusões que seriam inimagináveis dentro dos confins das tradições científicas do helenismo. Porque, a despeito de toda a nossa vaga conversa sobre "ciência" antiga ou medieval, pagã, muçulmana ou cristã, tudo o que nós hoje chamamos de ciência — seus métodos, seus controles e princípios fundamentais, seu desejo de unir teoria e descoberta empírica, sua crença num conjunto unificado de teorias físicas e assim por diante — veio a existir, por quaisquer que sejam as razões, para o bem e para o mal, apenas dentro da cristandade, pelas mãos de cristãos praticantes.

Infelizmente, a carreira de Galileu acabou coincidindo com um período de crise institucional da Igreja católica. Quando apelou aos Pais da Igreja, em particular a Agostinho, em defesa de sua afirmação de que as Escrituras não deveriam ser encaradas como fonte de descrições científicas da realidade, Galileu estava inteiramente certo. As igrejas antiga e medieval sempre reconheceram que a Bíblia deveria ser lida de forma alegórica em muitas passagens, de acordo com suas doutrinas espirituais, e que as principais verdades das Escrituras não estavam confinadas em seu nível literal, o que com frequência reflete apenas as mentes de seus autores humanos. Orígenes, Basílio de Cesareia, Gregório de Nissa, Agostinho — todos eles negaram, por exemplo, que a história da criação no Gênesis fosse um verdadeiro registro histórico de como o mundo foi criado (Agostinho escreveu de fato o que chamou de uma interpretação "literal" do Gênesis, mas ela não era literal em nenhum sentido que um fundamentalista moderno pudesse reconhecer). E figuras tão distantes entre si, como Agostinho e Tomás de Aquino, alertaram para a ridicularização das Escrituras pelo ato de tomar a Bíblia como um tratado científico. No século XVII, contudo, em resposta às críticas dos protestantes, a Igreja católica havia se tornado mais tímida na latitude com que interpretava a Bíblia, e certas opiniões — que

90   A MITOLOGIA DA ERA SECULAR

nem sequer seriam notadas institucionalmente, caso fossem expressas um ou dois séculos antes — começaram a parecer profundamente perigosas para alguns olhares. Dito isso, nos anos que precederam seu julgamento, Galileu gozava da amizade e do apoio de um grupo de homens importantes dentro da Igreja. Era respeitado — e até reverenciado — por alguns dos mais brilhantes astrônomos jesuítas de seu tempo, que confirmaram muitas de suas observações, tais como as irregularidades da superfície lunar, a existência de manchas solares e as fases de Vênus; na verdade, esta última observação convenceu muitos deles a abandonar o modelo ptolomaico em favor do de Tycho. Mesmo quando Galileu confessou mais ou menos ser um copernicano, não houve rejeição por parte de seus amigos nem censura pela Igreja, e ele até conquistou novos aliados. Tommaso Campanella (1568-1616), dominicano incansavelmente polêmico, escreveu em sua defesa em 1616 e 1622; e o carmelita Paolo Antonio Foscarini (c. 1562-1616) afirmou que Galileu estava correto em negar a irreconciliabilidade entre a cosmologia copernicana e a escritura; e ambos defenderam a abordagem da escritura conforme os Pais da Igreja, em oposição ao literalismo rígido de seus contemporâneos. Mesmo depois de seu julgamento, Galileu foi hospedado pelo arcebispo de Siena por meio ano antes de se retirar para sempre em sua *villa*. Dos amigos de Galileu, ninguém teve maior relevância que o cardeal Maffeo Barberini (1568-1644), que se tornou o papa Urbano VIII. Barberini era um homem de enorme cultura, que admirava Galileu a ponto de ter escrito versos em sua homenagem e que, como papa, despejou sobre ele o tipo de atenção — audiências papais privadas, reconhecimento público, presentes suntuosos, uma pensão para o filho de Galileu — com que a maioria dos homens mal poderia sonhar. De fato, Barberini deu a Galileu todo apoio dentro do razoável e nem mesmo o repreendeu por suas simpatias copernicanas quando elas se tornaram óbvias pela primeira vez. Nada disso surpreende, uma vez que o livro de Copérnico existia então havia muitas décadas; e, embora tivesse detratores e defensores dentro da hierarquia da Igreja, a obra nunca causou muito escândalo. Ao contrário, o homem a quem ela é dedicada — o papa Paulo III — a apreciou muitíssimo. Mesmo nos dias de Galileu, Kepler era defendido e protegido pelos jesuítas. Com Urbano e Galileu, porém, uma combinação particularmente explosiva de personalidades voláteis se envolveu no assunto.

É preciso dizer que Galileu desperdiçou boa vontade com notável descaso. Ele era, em suma, egoísta, irascível, orgulhoso e suavemente vingativo. Não suportava rivais, ressentia-se das descobertas realizadas por outros, recusava-se a dividir o crédito com astrônomos que tinham feito observações sobre os mesmos fenômenos que estudara e menosprezava aqueles cujas teorias divergiam das suas (a atitude dele para com Kepler, por exemplo, foi assustadora). Furioso porque o astrônomo jesuíta Orazio Grassi se atreveu, em 1618, a descrever o movimento dos cometas além da esfera lunar sem mencionar Galileu — que, de fato, não fez absolutamente nada para merecer a citação —, o astrônomo escolheu afirmar que tais cometas não passavam de ilusões de ótica, chegando mesmo a atacar, em boa medida, as observações de Tycho sobre cometas. Galileu provocou polêmica pública sem qualquer necessidade, tão logo se ouviu o rumor de que suas teorias haviam sido depreciadas numa conversa privada durante um jantar. E sua demanda intransigente por vingança absoluta de suas teorias precipitou a consulta eclesiástica de 1616 — quando se revelou que Galileu era incapaz de fornecer uma única prova convincente do copernicanismo — que resultou numa advertência (de enorme gentileza, realmente) ao cientista por ensinar o sistema de Copérnico. Já o julgamento definitivo de 1633, como Arthur Koestler observou, tratou-se "não da natureza de uma colisão fatal entre duas filosofias opostas sobre a existência (...) mas de um embate entre temperamentos individuais agravados por coincidências de má sorte".[4] O próprio Urbano VIII tinha encorajado Galileu a escrever seu *Diálogo sobre os dois principais sistemas do mundo, o ptolomaico e o copernicano* (1632), impondo apenas que o livro incluísse uma declaração atestando que a teoria de Copérnico era apenas uma hipótese e que nenhum cientista poderia fingir que sabia perfeitamente como Deus organizou os mundos. Galileu de fato incluiu tal declaração na conclusão do diálogo, mas decidiu colocá-la nos lábios de um personagem pesadamente obtuso, ao qual deu o emblemático nome de Simplício, um aristotélico doutrinário, presente no diálogo apenas a fim de criar obstáculos para o sábio copernicano Salviati

92 A MITOLOGIA DA ERA SECULAR

e gerar contraste cômico com Sagredo, o astuto noviço cientista; e, para empilhar um insulto sobre o outro, Simplício atribui a declaração "a um personagem eminente e erudito, perante o qual é forçoso cair em silêncio". Essa foi, em todos os aspectos, uma afronta despropositada e de mau gosto a um amigo generoso e culto, e Urbano — um cavalheiro italiano de sua época, um príncipe da Igreja e um homem de enorme orgulho pessoal — de fato se ofendeu.[5]

O mais importante e que, no entanto, costuma ser esquecido é que Urbano estava inteiramente certo na questão única e mais crucial: o modelo de Copérnico *era* de fato apenas uma hipótese, até então com falhas, e Galileu não tinha nem provas suficientes para sustentá-la, nem um modelo matemático que funcionasse particularmente bem. Embora Galileu fosse, de longe, o grande físico de sua era (e da história humana, até aquele ponto), ele não era um astrônomo no sentido mais cabal — estava mais para um brilhante observador de estrelas — e parecia estar pouco interessado nas investigações laboriosas e nos cálculos recônditos daqueles que o eram. Assim, ele parece não ter se importado com o fato de que o modelo de Copérnico para os céus soava impossivelmente complicado e pouco convincente. Nem é certo que, em 1632, ele se lembrasse claramente de como funcionava o sistema copernicano. Ele nem mesmo se valeu das órbitas planetárias elípticas de Kepler (das quais era plenamente conhecedor e ressentido), que não padeciam de nenhuma das inconsistências, correções internas e impossibilidades físicas dos sistemas de Ptolomeu e Copérnico. Em vez disso, insistiu com Copérnico e seu movimento circular dos planetas, com todas as convoluções matemáticas que ela implicava. Não explicou melhor do que Copérnico a ausência de qualquer paralaxe estelar perceptível, mesmo quando as estrelas eram vistas por telescópio. E sua prova mais estimada da rotação terrestre — o movimento das marés — era manifestamente ridícula e inteiramente inconsistente em relação às sequências observáveis das marés (ele dispensou a explanação absolutamente correta de Kepler a respeito da ação lunar nas marés como uma conjectura boba sobre forças ocultas). Ou seja, Galileu escolheu propor uma teoria cuja verdade não demonstrou, enquanto zombou desnecessariamente de

A MORTE E O RENASCIMENTO DA CIÊNCIA

um homem que o tratava com honras e reverência. E a ironia é que, por estranho que pareça, foi a Igreja que exigiu provas — enquanto Galileu queria consentimento cego — para um modelo que estava errado. Nada disso absolve a hierarquia católica de sua decisão estúpida e sua intervenção autoritária. Mas é bastante ridículo tratar Urbano VIII como um homem orientado por um fanatismo religioso — há boas razões para duvidar até que ele acreditasse em Deus com alguma convicção particular — ou Galileu como um inocente defensor do empirismo científico. E cristãos certamente não têm qualquer obrigação de aceitar, por conta dessa disputa ridícula, que a Igreja ou sua fé eram de alguma forma um constante impedimento para a ciência do início da era moderna, quando as evidências históricas indicam o exato oposto. Comparado com séculos de patrocínio eclesiástico das ciências e considerando-se que, nos dias de Galileu (e muito tempo depois), grande parte dos maiores e mais originais cientistas (muitas vezes em campos que nem sequer existiam antes) se achavam entre os jesuítas, um episódio de conflito asinino entre homens orgulhosos e destemperados não constitui exatamente um padrão cristão de traição intelectual.[6]

Em todo caso, para voltar ao tópico inicial, fica bem claro que qualquer afirmação de que a história da ciência ocidental compreende duas épocas de luz — a helenística e a moderna — separada por um longo e escuro intervalo de ignorância e fanatismo cristãos é um completo absurdo. A própria noção de que houve alguma vez algo que se chamasse "ciência" antiga grega ou romana, no sentido moderno, é pura ilusão. Certamente nunca houve uma tradição continuamente progressiva, analítica e sistemática de pesquisa, testagem e correção de hipóteses por meio de observação e experimentos que criassem "arquivo de dados". A astronomia helenística era muito sofisticada e produziu uma invenção extremamente útil — o astrolábio. A medicina tardia dos romanos, mesmo quando mais avançada (com Galeno), era mais anatomicamente descritiva do que efetivamente prescritiva, mas de fato envolvia algumas terapias que eram mais benéficas do que prejudiciais e criou um alicerce para os avanços posteriores feitos por médicos cristãos e muçulmanos. A ciência helenística pode se gabar de algumas verdadeiras conquistas em geometria e ótica, especialmente nos trabalhos finais de Ptolomeu, e isso manteve viva (embora com dificuldades) a antiga tradição grega de filosofia natural e matemática avançada. Mas a espécie de alegações que já fizeram parte do repertório homilético de, por exemplo, Arthur C. Clarke ou Carl Sagan — de que a tradição de ciência grega à qual a ascensão do cristianismo supostamente deu fim estava progredindo de maneira inexorável rumo à física moderna, à tecnologia moderna e às viagens espaciais — é mera fantasia. Para citar David C. Lindberg:

> É consenso para a maioria dos historiadores da ciência antiga que a criativa ciência grega estava em declínio, talvez a partir de 200 a.C., certamente por volta de 200 d.C. A ciência nunca foi uma busca para muitos; agora, seduz menos gente ainda. E seu caráter se transformou de pensamento original a comentário e facilitação. A ciência natural criativa era particularmente escassa no mundo romano, onde os interesses acadêmicos se inclinavam na direção da ética e da metafísica; a ciência natural que Roma possuía estava em geral confinada em fragmentos preservados nos manuais e nas enciclopédias.

E, como Lindberg também nota, não há qualquer certificado histórico para a crença de que "o advento do cristianismo fez de tudo para reduzir o apoio dado à atividade científica ou a quantidade de pessoas envolvidas nela".[7]

À época de Constantino, a maior parte do mundo romano tinha percorrido séculos de estagnação científica e tecnológica. A Roma do primeiro século depois de Cristo, conforme observado sem rodeios por Jacques Le Goff, nada criou: "Nenhuma inovação tecnológica tinha ocorrido desde a era helenística."[8] De fato, durante os três séculos entre Hiparco e Ptolomeu, não houve avanços significativos nem mesmo na astronomia, e o florescimento tardio do sistema ptolomaico foi de uma variedade um tanto orquidácea, talvez exótica e espetacular, mas incapaz de sobreviver fora das condições de preservação da mais pura sorte de abstração teórica. Ptolomeu não era de modo algum um astrônomo empírico imparcial; seu

A MORTE E O RENASCIMENTO DA CIÊNCIA

interesse nos movimentos celestiais eram principalmente o de um astrólogo comprometido, que precisava de mapas planetários confiáveis para suas adivinhações. Para tanto, ele produziu um elaborada fantasia matemática, que não foi planejada para descrever alguma realidade possível da física (ninguém, com segurança, "acreditava" nos tais equantes), mas como um tipo de mitologia geométrica que, por um lado, poderia ajudar a esconder o escândalo da flagrante desobediência dos corpos celestes aos princípios da alta filosofia e, por outro, abastecia videntes com previsões precisas dos alinhamentos celestes. Ptolomeu era tão indiferente às realidades físicas observáveis dos movimentos celestiais que, de acordo com seu modelo, o tamanho aparente da lua deveria exibir variações amplas no curso de seu ciclo, o que obviamente não ocorre. A realização de Ptolomeu foi uma proeza indubitável de coreografia matemática, duma complexidade espantosa; também foi um prodígio de decadência intelectual, uma coincidência quase perfeita de vigor cerebral e torpor espiritual. E tinha pouquíssimo a ver com qualquer coisa que chamamos de "ciência".

A visão de realidade do fim da Antiguidade foi moldada e determinada pela cosmologia e pela física de Aristóteles. O heliocentrismo proposto por Aristarco no terceiro século antes de Cristo — considerado digno de uma acusação de blasfêmia pelo filósofo estoico Cleantes (c. 231-c. 131 a.C.) — era uma curiosidade que não deu frutos, para a qual Aristarco claramente não podia oferecer provas persuasivas; a crença pitagórica de que o sol e todos os planetas giravam em torno de um fogo central era uma doutrina mística, não uma teoria científica. Foi a sublime máquina cósmica do universo aristotélico, e o sistema de causas presumido por ela, que desenvolveu o pensamento grego incrementado, preservado e repassado pelas culturas islâmica e cristã. Não devemos esquecer que o nascimento da física e da cosmologia modernas foi conquistado quando Galileu, Kepler e Newton se livraram não de uma claustrofóbica prisão da fé (todos os três eram cristãos, cada um à sua maneira), mas do enorme fardo da autoridade milenar da ciência aristotélica. A revolução científica dos séculos XVI e XVII não foi um reavivamento da ciência helenística, mas sua derrota final. Uma pessoa de temperamento perverso poderia até se arriscar a afirmar que, caso

96 A MITOLOGIA DA ERA SECULAR

tivesse realmente havido uma grande conflagração em Alexandria, na qual uma vasta herança de textos científicos gregos tivesse se perdido, ou se de fato a "antiga ciência grega" tivesse sofrido uma interrupção peremptória em alguma parte do quinto século, a causa da ciência poderia ter avançado de maneira considerável.

Afinal, nenhum teórico pagão empreendeu uma crítica aos princípios da antiga filosofia natural da Grécia de forma tão completa ou tão engenhosa quanto a de João Filopono, cristão do século VI. Ele não apenas contestou a imutabilidade das estrelas como também negou (de forma ainda mais chocante) que as regiões terrestres e celestes fossem de naturezas distintas. Que os céus acima da lua eram eternos, que a substância deles era a quintessência incorruptível do "éter", que as estrelas possuíam inteligência espiritual, e que todos os corpos celestes pertenciam a um domínio divino imune à decadência, à imperfeição e à transitoriedade do mundo aqui embaixo — tudo isso era parte da imagem firme e inalterada da realidade à qual todos os cientistas, filósofos ou leigos educados na Grécia aderiram com devoção. Na verdade, mesmo pelos idos de 1572, quando Tycho observou uma nova na constelação de Cassiopeia, a compreensão de que os céus das estrelas fixas poderiam sofrer mudanças foi uma perturbação severa para as convicções dos homens mais cultos. Porém, Filopono afirmou que era possível deduzir, a partir de certas variações das estrelas conhecidas, que elas eram objetos mutáveis, compostos não de um éter imperecível e intelecto divino, mas de matéria corruptível, e que elas um dia passaram a existir assim como um dia perecerão, como qualquer objeto material; o sol, disse ele, consiste em fogo, da mesma substância básica do fogo terrestre; e ele afirmou que a aparência de imutabilidade dos céus é mero efeito dos imensos intervalos de tempo e espaço do movimento cósmico. Para ele — sendo um cristão —, todo o universo tinha sido criado por Deus, e os domínios terrestres e celestes eram partes de uma ordem natural governada pelas mesmas leis racionais. Portanto, negar a divindade do céu noturno não foi uma grande prova de fé (como teria sido para um filósofo pagão): ou seja, Filopono foi capaz de descartar dogmas metafísicos e de

A MORTE E O RENASCIMENTO DA CIÊNCIA 97

se aplicar a uma reconsideração rigorosa da ciência de seu tempo não *a despeito*, mas *por causa* de seu cristianismo e sua consequente impaciência com qualquer confusão "supersticiosa" entre objetos materiais e deuses. Ele também supôs que o espaço acima da atmosfera deveria ser um vácuo. Afirmou, opondo-se a Aristóteles, que a luz se move, e que o olho a recebe simplesmente de acordo com as regras da geometria óptica. E talvez o mais importante: rejeitou a teoria dinâmica aristotélica do movimento, propondo em seu lugar uma teoria da força cinética.

As reflexões de Filopono sobre o movimento foram consideradas (sem muito efeito) por pensadores islâmicos, como Ibn Bajja (ou, na forma latinizada, Avempace, c. 1095-1138), e então repassadas ao pensamento escolástico cristão, onde foram tomadas, defendidas e corrigidas por gente como Bradwardine, Swineshead, Buridan e Oresme. De fato, se houver quem seja real e apaixonadamente apegado à ideia de eras alternantes de luz intelectual e escuridão, poder-se-á afirmar que, em Alexandria, no século VI, uma revolução científica na física e na cosmologia começava a se agitar, na forma de uma reavaliação cética cristã da ciência aristotélica e do "cosmos divino" do pensamento pagão. E quando Olimpiodoro, o chefe pagão da Academia de Alexandria, foi sucedido por comentaristas cristãos de Aristóteles, essa revolução pareceu pronta para continuar indefinidamente. Mas então a conquista muçulmana do Egito, no século VII, deu fim à tradição acadêmica alexandrina e mergulhou a ciência em seis séculos de uma "idade das trevas" muçulmano-helenística. Pode-se ainda argumentar que essa tradição cristã de ceticismo científico começou a reemergir no Ocidente somente durante a Idade Média tardia, retomando a tarefa inerentemente "cristã" de preparar o caminho para um novo paradigma da realidade cósmica até alcançar sua realização final no pensamento de Galileu (um bom católico), Kepler (cujo principal desejo como cientista era descobrir como a vida da Trindade se refletia nas belas harmonias com as quais Deus dotou cada nível de sua criação) e Newton (um ardoroso cristão, talvez radicalmente herético). Tudo isso seria, é claro, uma hipersimplificação grosseira da História, uma depreciação injusta das

98 A MITOLOGIA DA ERA SECULAR

filosofias naturais de gregos e muçulmanos e, em última análise, algo bastante imbecil — mas não mais imbecil do que a baboseira historicamente ignorante sobre cristãos causando o "fechamento da mente ocidental".

Quanto à velha afirmação de que, antes do século XIII, as inovações científicas e médicas permaneceram confinadas ao mundo islâmico, enquanto os eruditos cristãos de leste e oeste eram não mais do que arquivistas estéreis, trata-se de uma mentira. Mas é possível conceder pelo menos isto: alguns séculos depois do colapso do Império Ocidental e durante os primeiros séculos da luta militar e cultural do Oriente Bizantino pela preservação de suas fronteiras contra o incansável avanço das forças árabes, o recém-nascido Império Islâmico se expandia e era capaz — como todos os grandes impérios — de produzir uma síntese das culturas que absorvera. O islã tinha acesso simultâneo à astronomia e à matemática de gregos, indianos e babilônios. Tomou para si a totalidade do grande Império Persa e, com ele, toda a erudição e a medicina do Oriente Médio cristão, dos judeus e dos persas. Então, com certeza do fim do século IX à metade do século XIII, o mundo islâmico gozou de uma porção genuína de superioridade científica sobre o Ocidente, talvez até sobre a cristandade bizantina. Porém, não se deve exagerar o tamanho dessa superioridade. Houve alguns avanços naqueles poucos campos em que a ciência helenística tardia ainda estava de certa forma ativa, tais como a óptica, o cálculo astronômico do calendário e a configuração do astrolábio. Mas não houve avanços a partir da ciência aristotélica, nem qualquer ruptura real com o sistema ptolomaico. Graças à tradição cristã nestoriana, a Medicina se desenvolvia bem e, em alguns aspectos, pode ter até superado a do Império Bizantino (o que é discutível). Mas não houve praticamente nenhum desenvolvimento tecnológico. Construíram-se uns poucos observatórios astronômicos no Império Islâmico, já em avançada Idade Média, mas apenas dois deles não foram destruídos no espaço de alguns anos após a inauguração, por razões supostamente religiosas. O mundo islâmico poderia alardear quatro séculos e meio de preeminência científica, é verdade, mas sem nenhum progresso que um graduando moderadamente inteligente de hoje em dia não pudesse assimilar em menos de um ano acadêmico.

A MORTE E O RENASCIMENTO DA CIÊNCIA   99

Em geral, isso foi apenas a consequência da condição da ciência helenística que o mundo islâmico herdou: sua vitalidade exaurida havia tempos, sua inventividade já inexistente, seus métodos (na medida em que houvesse algum) praticamente inúteis.

Mesmo assim, conforme os resquícios daquela ciência foram retomados pela cultura ocidental europeia, ao longo de alguns séculos, eles inspiraram movimentos de teoria e descobertas científicas tão abundantes, substanciais e constantes que a Europa Ocidental acabou superando todas as outras civilizações em grau, variedade e rapidez de suas proezas científicas, técnicas e teóricas. Isso se atribui em sua maior parte, parece seguro dizer, à instituição da universidade cristã medieval. As universidades da cristandade ocidental eram fartamente dotadas, lugares onde uma espantosa liberdade de pesquisa e debates não só era tolerada como encorajada. Elas eram em grande parte legal e financeiramente independentes das cidades onde se situavam e totalmente integradas umas às outras por toda a Europa Ocidental, além de desfrutar de uma existência em geral livre das vicissitudes da guerra. Dificilmente poderia haver um clima mais favorável para recepção crítica, análise e revisão de textos e lições antigas. A partir do momento em que a Escola da Catedral de Chartres atingiu seu radiante apogeu, nos séculos XI e XII, a cristandade ocidental produziu filósofos naturais no mínimo parelhos a quaisquer de seus antecessores: Robert Grosseteste (c. 1175-1253), por exemplo, um homem de imensa erudição e o primeiro de que se tem notícia a exibir método sistemático para experimentação científica; ou Santo Alberto, o Grande (c. 1200-1280), talvez o pai da pesquisa biológica de campo, cuja mestria em "todas as ciências", naturais e especulativas, era, em escopo, genuinamente enciclopédica.

Em alguns campos-chave de realizações, ademais, partes do mundo cristão eram, pelo menos no começo, consideravelmente mais sofisticadas que as da cultura islâmica. Já mencionei os médicos sírios cristãos da Pérsia durante os primeiros séculos das conquistas islâmicas, mas o tratamento médico bizantino também era, em aspectos relevantes, muito mais avançado do que aquilo que havia na cultura muçulmana por muitos séculos. Até bem recentemente, era elegante entre historiadores de medicina afirmar

A MITOLOGIA DA ERA SECULAR

que os hospitais eram pouco mais do que hospícios e abrigos, sem oferecer nada parecido com o tratamento médico sistemático nem esforços particulares para curar seus pacientes. Porém, agora está claro que, no lado oriental do mundo romano cristão, no mínimo a partir do século VI, mas provavelmente até antes, havia hospitais gratuitos dotados de médicos e cirurgiões, com regimes consolidados de tratamento e cuidado convalescente, equipes regulares e treinadas. No seu estágio mais desenvolvido, os hospitais de Bizâncio apresentavam uma variedade de especializações: alguns cuidavam dos doentes e dos feridos; outros eram lares para os idosos e os debilitados; alguns, dedicados às crianças desamparadas; outros, ainda, abrigos para os pobres desalojados; e, por fim, alguns eram orfanatos. Nos séculos posteriores, a sociedade muçulmana e, depois da Primeira Cruzada, a sociedade latina cristã estabeleceram hospitais de sua propriedade no modelo bizantino, sendo o mais famoso deles o gigantesco Hospital de São João, criado em Jerusalém pelos hospitalários em 1099 e que foi referência para os hospitais erguidos por toda a Europa Ocidental ao longo da Idade Média.[9] E, em meados do século XIII, quase todas as maiores municipalidades da cristandade ocidental empregavam médicos treinados para cuidar dos pobres.

Em outras áreas, o mundo cristão sempre esteve muito à frente do islâmico, mesmo durante a assim chamada Idade das Trevas, particularmente no campo da inovação tecnológica. Em arquitetura, engenharia, maquinaria, agronomia e exploração de novas fontes de energia, a Idade Média foi marcada por períodos de invenção muito mais prolongados, criativos e diversificados do que os que se conhecem das culturas helenística, romana ou islâmica. Talvez seja difícil apreciar hoje as implicações revolucionárias de equipamentos tais como a sela pesada com estribos, o arado com rodas, o colar rígido para cavalos, as armaduras, a ferradura com pregos, mas elas permitiram o cultivo de solos que nunca antes haviam sido genuinamente aráveis, ajudaram a iniciar um longo período de segurança militar no Ocidente e fizeram muito para impulsionar o tipo de crescimento econômico e demográfico cuja falta levou o Império Romano Ocidental a cair em ruína. Contudo, não se requer muito esforço de imaginação para compreender o

A MORTE E O RENASCIMENTO DA CIÊNCIA

significado dos desenvolvimentos medievais no uso de água, vento e carvão para gerar energia. As rodas-d'água, por exemplo, surgiram primeiro como simples moinhos na aurora da Alta Idade Média, mas depois, com o uso mais sofisticado das engrenagens, tornaram-se motores da indústria mecanizada, mais particularmente nos mosteiros cistercianos a partir do século XII. Nesses mosteiros, a força da água era usada não só para moer e peneirar grãos, mas também para acionar martelos e eixos de válvulas para o enchimento de lã, preparar o couro para ser curtido, operar prensas de óleo, serras de madeira, foles de fornos e assim por diante. A produção abundante de ferro forjado e, finalmente, de ferro fundido; a fabricação de canhões; melhorias constantes na tecnologia da mineração, tais como os métodos de bombeamento de água, o carrinho de transporte de minério e os poços de mina mais estáveis; a invenção e o refino do moinho de vento; o desenvolvimento de cerâmicas e vidros sofisticados; na arquitetura, o arcobotante e o arco gótico; descobertas na geometria de refração, com o aperfeiçoamento das lentes de aumento para óculos; o nascimento e o contínuo refinamento do relógio mecânico; o desenvolvimento de maiores embarcações marítimas com lemes sustentados por cadastes e velas armadas, de modo a permitir a exploração completa dos ventos; a invenção da bússola magnética — todos esses avanços, e muitos mais, foram conquistas especiais da cultura medieval ocidental. Nenhuma cultura anterior jamais havia ostentado avanços tecnológicos de escopo e variedade semelhantes.[10]

Essas realizações talvez sejam principalmente de ciência prática, mas as teorias raramente vão longe sem algum impulso prático por trás. Por exemplo, Aristóteles, por maiores que fossem o seu gênio e a sua importância em sua época, era muitas vezes vítima de seu próprio privilégio. Beneficiário como era de uma economia escravista plenamente estabelecida, ele tinha desprezo pela classe artesã, além de julgar que toda invenção tinha se exaurido e acreditar que a ciência era um campo composto inteiramente de teoria e observação passiva. Talvez as persistências desse preconceito e da economia escravista tenham em parte tornado as culturas científicas helenística e islâmica tão tecnologicamente estáticas. Talvez fosse preciso uma sociedade que tivesse em parte esquecido — não suprimido, mas ho-

102 A MITOLOGIA DA ERA SECULAR

nestamente esquecido — alguns dos princípios mais estéreis da "ciência" antiga, a fim de produzir essas maravilhas da invenção, da imaginação e da inspiração pragmática. E, talvez, somente uma sociedade que se deleitasse com coisas mecânicas e práticas e que tivesse cessado de pensar nas ciências como empreitadas puramente contemplativas — e indiferentes às descobertas de artesãos, agricultores e marinheiros — poderia ter desenvolvido um método científico de fato experimental, ou chegado definitivamente às teorias físicas de Galileu e Newton. Tudo isso não passa de pura conjectura, claro; mas, mesmo que seja parcialmente verdadeiro, trata-se de um exemplo primoroso daquilo que Hegel chamou de "dialética do senhor e do escravo", a lei da necessidade histórica que (entre outras coisas) dita que, numa sociedade escravista, a classe aristocrática permanece, por efeito de seu "ócio contemplativo", afastada do conhecimento prático, enquanto aqueles relegados aos trabalhos manuais adquirem uma consciência genuína da estrutura intrínseca da realidade concreta. Foi em razão de séculos de necessidades econômicas e sociais, da contínua angústia demográfica e do desaparecimento generalizado da escravidão durante a Idade Média que a cultura europeia ocidental se tornou a primeira sociedade genuinamente tecnológica; e, talvez como consequência, a ciência foi lentamente capaz de deixar de ser, em sua maior parte, um campo inoperante do privilégio da aristocracia indolente para chegar à realidade material. Se essa explicação é aceitável ou não, porém, é certamente o caso em que uma medida de esquecimento pode ser uma bênção. Não seria inteiramente absurdo datar o nascimento da medicina moderna em 24 de junho de 1527, quando Paracelso (1493-1541) — um alquimista, mas também o pai da moderna terapia química e um flagelo incansável contra os nocivos remédios tradicionais — queimou cópias de tratados médicos de Avicena e Galeno em público (um caso verdadeiro de queima de livros, embora unicamente pela causa da ciência). É de se imaginar o que mais a sociedade europeia ocidental teria alcançado, se tivesse logrado êxito um pouco maior em outros esquecimentos.

7. Intolerância e perseguição

No fim das contas, a mais esplêndida e envolvente das fábulas autoelogiosas da modernidade é a que fala da luta da humanidade ocidental por liberdade, de uma cultura ocidental se emancipando da tirania política e da Europa se livrando da violência da intolerância religiosa. Decerto é verdade que, na aurora da era moderna, a sociedade europeia sofreu convulsões repletas de crueldade e derramamento de sangue, crônicas e agudas, que separaram a cristandade, ceifaram incontáveis milhares de vidas e que foram assombradas por símbolos e retóricas da religião. Foi a era da grande caça às bruxas, das chamadas guerras religiosas, da incansável perseguição aos "hereges" e da desintegração da velha ordem católica. E nós fomos ensinados a lembrar aquele tempo como a culminação de uma história inteira da aliança da cristandade com o absolutismo religioso e o poder do Estado secular — isto é, séculos de despotismo hierático, inquisições, bruxas em fogueiras e cruzadas —, uma aliança que agora foi misericordiosamente dissolvida e substituída por um regime moderado de governo laico e direitos constitucionais. Contudo, somente se pode determinar se esse conto é particularmente fidedigno se antes for tomado o cuidado de fazer algumas distinções entre o período de violência "religiosa" da Idade Média e o da modernidade, para depois tentar fazer uma avaliação razoável das culpas relativas à Igreja e ao Estado.

Algumas acusações são descartadas com mais facilidade que outras. Por exemplo, por mais divertido que seja pensar na Idade Média como um tempo de inquisidores queimando milhares de bruxas, foi apenas a partir do começo do período moderno — especialmente do fim do século XVI até a metade do XVII — que um grande entusiasmo por caçar e processar bruxas se espalhou em várias regiões da Europa Ocidental e ceifou, por três séculos (isto é, da metade do século XV à metade do século XVIII), algo entre 30 mil e 60 mil vidas, embora nem sempre seguindo ordens ou com a aprovação da Igreja católica. Pelo que se sabe das várias inquisições regionais da Igreja, seu papel *principal* na caça às bruxas do início da era moderna era reprimi-las: acalmar a histeria das massas através da imposição de processo judicial, conter a crueldade das cortes seculares e assegurar indeferimentos em praticamente cada caso. Evidentemente, é verdade que a crença em feitiçaria e magia persistiu da Antiguidade até o início do período moderno, e também é verdade que havia praticantes de magia popular e mesmo alguns de magia "maléfica" (que vendiam maldições, feitiços coercitivos ou letais, abortivos e venenos). Mas, durante a maior parte da Idade Média, a maioria das práticas mágicas foi largamente ignorada ou tratada com leniência — uma sentença de penitência e reconciliação com a Igreja, por exemplo, como as que se encontram nos primeiros "penitenciais" — e a crença na eficácia real da magia era tratada como superstição herética. No século V, o Sínodo de São Patrício, por exemplo, condena aqueles que acreditam na existência de bruxos com poderes mágicos reais. O Capitulário da Saxônia, promulgado por Carlos Magno (c. 742-814) como parte de sua campanha de cristianização do norte pagão, tornou crime qualquer ato, baseado em crenças heréticas, de queimar ou devorar a carne de supostos feiticeiros. O *Canon Episcopi*, escrito na mesma época, considera que as mulheres que afirmam ter voado no séquito de Diana sofrem de fantasias diabólicas e prescreve expulsão da congregação para aqueles que insistirem na existência de bruxas. Quando Santo Agobardo (morte em 840), arcebispo de Lyon, descobriu que alguns camponeses de sua diocese acreditavam nos bruxos de Borgonha, que teriam destruído colheitas com granizo e entrado em conflito com homens da terra misteriosa de Magônia — que navegavam pelos ares para roubar a safra dos fazendeiros —, ele não apenas foi forçado a ensinar ao seu rebanho que homens não poderiam governar a atmosfera, velejar acima do vento ou mesmo exercer qualquer tipo de poder mágico, como teve ainda de intervir para salvar quatro desafortu-

INTOLERÂNCIA E PERSEGUIÇÃO

nados de serem apedrejados até a morte, acusados de serem magonianos. A *Disciplina eclesiástica*, atribuída a Regino de Prüm (morte em c. 915), impôs ao clero que alertasse suas congregações contra histórias delirantes sobre *covens* de bruxas voando pelos céus noturnos e louvando Diana. O bispo Burcardo de Worms (morte em 1025) recomendava penitência para aqueles cuja fé era tão frágil a ponto de crer na força das bruxas. O papa Gregório VII (c. 1022-1085) proibiu as cortes da Dinamarca de executar pessoas acusadas de usar bruxaria para influenciar o clima, espalhar doenças ou arruinar colheitas. O grande enciclopedista dominicano Vicente de Beauvais (c. 1190-1264), a fim de dissuadir uma visitante que acreditava ser uma bruxa capaz de atravessar fechaduras, recorreu ao expediente deliciosamente simples de trancar a porta e persegui-la com um porrete enquanto a exortava a escapar, se pudesse.

É difícil afirmar precisamente quando se despertou o fascínio por feitiçaria e demonolatria no crepúsculo da Idade Média, tornando-se tão epidêmico no início da Idade Moderna; certas explicações tradicionais se referem a tais coisas como efeitos "emocionais" da peste negra de meados do século XIV, ou da angústia criada pela erosão antes inimaginável da unidade religiosa da Europa católica, ou outra patologia social vaga, impossível de quantificar. Há quem diga, de forma ainda mais imprecisa, que talvez fosse do espírito da época desejar ódio ou temer um ou outro forasteiro. Foi justamente no fim do século XI, por exemplo, que a situação dos judeus na Europa Ocidental repentinamente começou a piorar. Durante o início da Idade Média, certamente havia preconceito contra os judeus, mas sem a devoção popular por perseguições e massacres. Em 1096, contudo, "soldados" cidadãos que se reuniram para a Primeira Cruzada, supostamente a caminho de libertar os cristãos do Oriente da opressão dos turcos seljúcidas, começaram a roubar e matar judeus aos milhares na Renânia, inclusive atacando bispos locais que tentaram proteger os judeus dentro de seus limites diocesanos. O monge beneditino e historiador Hugo de Flavigny (c. 1065-1140) se admirou de que se cometessem tais atrocidades a despeito do repúdio popular, da condenação da Igreja, das excomunhões e das ameaças de severas punições criminais. E, sem dúvida, o mais terrível momento dos judeus europeus durante toda a Alta Idade Média foi o período em que a demanda por bodes expiatórios era a maior: os anos da peste, de 1348 e 1349, quando muitas localidades acusaram os judeus de envenenar os poços de onde os cristãos bebiam. O papa Clemente VI (c. 1291-1352) se obrigou até a editar um decreto em 1348 em defesa dos judeus, salientando que eles também eram vítimas da peste (para seu crédito eterno, ele também continuou a oferecer aos judeus a hospitalidade de sua corte em Avignon, apesar da suspeita com que eram vistos).

Outra linha de raciocínio conecta a crença medieval tardia em seitas secretas satanistas ao surgimento de novas heresias na Europa Ocidental durante a era das cruzadas e, em especial, à ascensão da Igreja dos cátaros no sul da França e na Itália durante os séculos XII e XIII. Afinal, essa foi provavelmente a mais grave crise já sofrida pelas instituições políticas e eclesiásticas da Europa medieval. Os cátaros (ou albigenses, como também eram chamados) eram uma seita de gnósticos: ou seja, menosprezavam a carne, renunciavam à procriação, acreditavam que o cosmos material era criatura de Satanás e não de Deus, pensavam que este mundo era um presídio no qual espíritos eram encarcerados por sucessivas encarnações e pregavam a salvação por meio da iluminação interior e da fuga dos grilhões do nascimento e da morte. Segundo consta, os cátaros viviam vidas ascéticas, sóbrias e pacíficas, e a atitude inicial do papa Inocêncio III (1160-1216) com eles foi extremamente gentil e tolerante; a posição original da Igreja católica com respeito ao movimento albigense foi, na realidade, a da persuasão pacífica através do debate teológico. As coisas teriam continuado assim até que os próprios cátaros tivessem encontrado sua própria extinção, por meio de sua aversão a partos. Mas algumas casas nobres na região francesa do Languedoc começaram a abraçar a causa cátara, em parte como desculpa para confiscar propriedades da Igreja católica. Nas décadas finais do século XII, o conde de Foix expulsou os monges da abadia de Pamiers à força, profanou a capela e confiscou a propriedade para si; e o visconde de Béziers saqueou mosteiros, aprisionou um bispo e um abade e, depois que o abade morreu nas masmorras, fez uma exibição espalhafatosa do cadáver numa tribuna pública. Na última década daquele século, o conde

INTOLERÂNCIA E PERSEGUIÇÃO

de Toulouse, Raimundo VI, que foi o mais poderoso dos barões do sul a dar apoio aos cátaros, começou não apenas a abusar e perseguir alguns monges católicos, mas também a espoliar e queimar igrejas; em 1208, ele aparentemente conspirou para o assassinato de um delegado do papa. E o catarismo continuou a se espalhar. Para Inocêncio, tornou-se óbvio que o credo extramundano dos cátaros havia ensejado algumas consequências muito mundanas (e desastrosas) e estava rapidamente se tornando a origem de uma calamidade social que ameaçava as próprias bases da cristandade ocidental. Portanto — aconselhado por seus medos —, revogou sua política de diálogo conciliatório e promoveu ativamente uma cruzada da Coroa francesa contra o sul.

Tudo isso, contudo, acabou por se tornar uma desculpa para que o rei da França subjugasse Toulouse e o resto do sul, enquanto os nobres normandos do norte roubavam em causa própria os feudos das casas nobres do Languedoc, fossem elas albigenses ou católicas. Mais eficaz na repressão dos cátaros foi a decisão do papa Inocêncio IV — dependente como ele era da proteção do rei Luís IX da França (1214-1270), em suas lutas contra o Sacro Império Romano — de não apenas instituir a primeira Inquisição sobre o tema da heresia, mas também de permitir, em 1252, o uso limitado de tortura ocasional a fim de obter provas. A tortura era uma provisão antiga, comum no Direito romano, contrária aos séculos de práticas jurídicas cristãs, mas havia sido ressuscitada de modo recente nas cortes civis do Sacro Império Romano. Essas mesmas cortes — assim como as do império pagão de outrora — viam a heresia como uma forma de traição contra o Estado, passíveis de punição com morte, e, embora a própria Igreja não pudesse condenar à morte, uma inquisição poderia arbitrariamente entregar hereges impenitentes para serem julgados e, talvez, condenados pela autoridade secular. Foi desse jeito que a Igreja se tornou cúmplice, da forma mais profunda, da violência do Estado contra agentes aparentes da desordem social. E, enquanto inquisições eclesiásticas se preocupavam principalmente com heresias, elas de vez em quando lidaram com casos de bruxaria, ainda que tais casos pertencessem propriamente ao domínio da jurisprudência laica. E assim — mesmo que o número de bruxas realmente julgadas e entregues ao Estado pelas inquisições eclesiásticas tenha sido minúsculo — a hierarquia da Igreja medieval ajudou a estabelecer o alicerce para a caça às bruxas do início da era moderna. Dito isso, há coisas que devem ser lembradas.

Obviamente, é verdade que a Igreja não era imune à inquietação geral com respeito à magia maléfica e às seitas de satanistas canibais, especialmente durante o fim do século XV. Por exemplo, foram dois dominicanos que, por volta de 1486, produziram o sinistro e excitante *Malleus maleficarum*, infame manual de caça às bruxas que convenceu tantos leitores de que a magia diabólica era real. É interessante notar, contudo, que o principal autor do livro, Heinrich Kramer, era considerado por muitos de seus contemporâneos um lunático imbecil; por exemplo, em Innsbruck (hoje Áustria), o bispo local não apenas impediu suas tentativas de sentenciar uma mulher por bruxaria, mas também o obrigou a deixar a cidade. E no mesmo ano em que o *Malleus* apareceu, o carmelita Jan van Beetz publicou seu *Expositio decem catalogie praeceptum*, uma análise friamente cética de histórias de magia negra. É claro que, nos séculos XVI e XVII, houve papas que — crentes ou não em magia — ainda acreditavam em histórias populares de uma crescente onda de satanismo e consequentemente encarregavam inquisidores da perseguição dos malfeitores. Entretanto, foi a Igreja católica, dentre todas as instituições da época, que veio a tratar acusações de bruxaria com a mais expressiva incredulidade. Onde os tribunais laicos e as turbas licenciosas tinham ânsia de entregar o acusado aos cuidados do carrasco público, inquisições eclesiásticas tendiam a exigir provas cabais e, na ausência delas, a dispensar as acusações. Em última análise, nas terras onde a autoridade da Igreja e suas inquisições eram fortes — em especial na maré alta da caça às bruxas —, sentenças eram extremamente raras. Na Espanha, por exemplo, na totalidade dos séculos XIV e XV, temos evidências de que apenas dois processos foram a julgamento. Na metade do século XVI, a Inquisição catalã estabeleceu o precedente (imitado logo depois por outras inquisições) de argumentar contra todas as acusações de bruxaria que se seguiram. Por volta de 1609, durante a erupção do pânico caçador de bruxas no País Basco, a Inquisição espanhola chegou a ponto de proibir até mesmo o debate sobre bruxaria;

INTOLERÂNCIA E PERSEGUIÇÃO

e, mais de uma vez, nos anos posteriores, as inquisições ibéricas foram obrigadas a intervir quando tribunais seculares retomaram processos.[1]

A verdade mais incômoda a respeito do fascínio por bruxaria e das grandes caçadas a bruxas no início da era moderna é que não se tratava das últimas expressões desesperadas de uma tradição intelectual e religiosa que caía lentamente em obsolescência antes do avanço da "iluminação" científica e social; foram, em vez disso, fenômenos muito singulares da modernidade, que tiveram, no máximo, um fraco precedente em certas tendências históricas tardias do fim da Idade Média e que, longe de ocorrerem em choque com o nascimento da modernidade secular, eram em certo sentido manifestações extremas desse parto. Em muitos casos, aqueles que foram mais hostis ao poder de intervenção da Igreja em assuntos seculares foram também os mais ávidos por ver o poder do Estado se expressar por meio da destruição impiedosa daqueles dissidentes mais pérfidos, os bruxos. Por exemplo, Thomas Hobbes (1588-1679), o maior teórico moderno da completa soberania do Estado, julgava falaciosas todas as doutrinas religiosas e não acreditava em magia; mesmo assim, acreditava que bruxos deveriam continuar a sofrer punições pelo bem da sociedade. *De la démonomanie des sorciers* (Sobre a demonomania dos bruxos, em tradução livre) foi talvez o mais influente e (literalmente) inflamatório de todos os manifestos antibruxaria de seu tempo. Seu autor, Jean Bodin (c. 1530-1596), acreditava que os bruxos deveriam ser queimados em estacas, que as nações sofreriam de fome, peste e guerra se não os perseguissem e exterminassem, que o interrogatório com tortura deveria ser usado tão logo houvesse a suspeita de feitiçaria e que nenhum acusado de bruxaria deveria ser absolvido a menos que a falsidade do acusador fosse tão radiante quanto o sol. Mas Bodin também foi o primeiro grande teórico da mais moderna das ideias políticas, a soberania absoluta do Estado secular, e seguramente não era um católico ortodoxo, mas um adepto de sua própria versão de religião "natural". As leis britânicas que tornaram a feitiçaria crime capital foram sancionadas apenas em 1542 e 1563, muito depois de a Coroa e o Estado afirmarem sua supremacia sobre a Igreja anglicana, e a última lei vigorou até 1736. Em 1542, a Concordata de Liège, promulgada sob o sacro imperador romano-germânico Carlos V (1500-1558), entregou os processos de feitiçaria inteiramente nas mãos de tribunais laicos. Esse foi também, talvez não coincidentemente, o exato momento em que a grande caça às bruxas começou a sério.

Talvez seja significativo notar que alguns dos maiores teóricos do início da ciência e do método científico modernos acreditavam em magia e, por consequência, estavam frequentemente inclinados a prescrever a condenação daqueles que a usavam para fins maléficos. Rodney Stark não exagera seu argumento quando declara que "as primeiras objeções significativas à realidade da bruxaria satânica vieram dos inquisidores espanhóis, não de cientistas".[2] Pode-se dizer que um interesse em magia (embora não a do tipo maléfico) foi ingrediente essencial da evolução do moderno pensamento científico. Certamente a redescoberta, no Renascentismo, do *Corpus hermeticum* — a esplêndida antologia antiga de textos neoplatônicos, gnósticos, alquímicos, mágicos, astrológicos e devocionais — foi de imensa importância para o *ethos* da ciência moderna. Francis Bacon (1561-1626), que tanto fez para definir a racionalidade inerente ao método científico moderno e era um advogado muito vigoroso da "missão" humana de compreender e conquistar o mundo material, foi no mínimo um herdeiro do reavivamento hermético — que deu ênfase às prerrogativas divinas da humanidade sobre as formas inferiores da criação — e da tradição alquimista de desmantelar a natureza elementar para forçá-la a entregar seus mais íntimos segredos. Fundador da Royal Society, talvez o mais completo cientista experimental do século XVII e pioneiro no estudo da pressão atmosférica e do vácuo, Robert Boyle (1627-1691) foi estudante de alquimia e estava firmemente convicto tanto da existência de bruxos quanto da necessidade de sua eliminação. Joseph Glanvill (1636-1680), também da Royal Society e principal defensor dos métodos experimentais, julgava que a existência da feitiçaria poderia ser cientificamente demonstrável.[3] Mesmo Newton dedicou muito mais energia à sua alquimia do que às suas teorias físicas.

Na verdade, a ascensão da ciência moderna e a obsessão do início da era moderna com a bruxaria não foram meros eventos contemporâneos dentro da sociedade ocidental, mas sim duas manifestações conjugadas

INTOLERÂNCIA E PERSEGUIÇÃO

do desenvolvimento de um novo espírito pós-cristão do domínio humano sobre o mundo. Não há nada de especialmente absurdo nessa afirmação. Afinal, a magia é essencialmente uma espécie de materialismo; se ela invoca qualquer tipo de ação para além da esfera visível, não é sobrenatural — no sentido teológico de "transcendente" —, e sim preternatural, no máximo: ou seja, são apenas aspectos mais sutis e mais potentes do cosmos físico. A magia hermética e a ciência moderna (ao menos em sua forma mais baconiana) estão ambas focadas nas forças escondidas dentro da ordem material, forças que são em geral impessoais e moralmente neutras, as quais podem ser manipuladas e usadas para fins justos ou perversos; ou seja, ambas estão focadas na dominação do cosmos físico, na sujeição da natureza à humanidade e no constante aumento do poder humano. Logo, não houve realmente nenhum triunfo tardio da ciência moderna sobre a magia, e sim a natural dissolução desta naquela, conforme se tornou cada vez mais óbvio que a ciência tinha o poder de realizar aquilo que a magia podia apenas esboçar. Ou melhor, "magia" e "ciência" no período moderno são discerníveis apenas em retrospectiva, de acordo com seus graus relativos de eficácia. Jamais houve, porém, um antagonismo entre ambas: metafísica, moral e conceitualmente, elas pertenciam ao mesmo *continuum*.

Em relação à obsessão generalizada por magia maléfica e satanismo nos séculos XVI e XVII — quando tratados de demonolatria, possessão, espíritos do mal e monstros da noite proliferaram tão rápido quanto as prensas permitiam[4] —, seria tentador descartá-la como um daqueles irritantes e inexplicáveis entusiasmos populares (tais como o fascínio por OVNIs, Pé-Grande, Monstro do Lago Ness e o Triângulo das Bermudas, que foram parte vital de uma idiotice específica dos anos 1970), não fossem suas consequências tão trágicas e prolongadas. Uma analogia melhor poderia ser o pânico que atormentou a sociedade romana no segundo século antes de Cristo, provocado pela chegada à Itália do culto a Dionísio, ou Baco: espalharam-se rumores de orgias na calada da noite, de mulheres que envenenavam os maridos, de crianças de casas nobres participando de assassinatos rituais. A bacanal foi proibida; fizeram-se acusações mediante

112   A MITOLOGIA DA ERA SECULAR

recompensas e confissões sob tortura; e se ordenaram milhares de execuções. Analogias à parte, porém, talvez não seja tão espantoso que o fascínio dos primeiros modernos com satanistas e bruxas tenha se despertado nos séculos em que a ordem cristã da Europa Ocidental se desintegrava lentamente, a autoridade da Igreja minguava nos assuntos nacionais, e a velha fé não mais oferecia uma sensação suficiente de segurança contra as forças desconhecidas da natureza, da história e do destino. Assim como a fé cristã num Deus criador e transcendente certa vez desnudara a magia de qualquer aparência de seriedade filosófica ou religiosa, reduzindo-a a mero folclore e superstição, também a fragmentação da Europa cristã possivelmente encorajou certo tipo de pensamento mágico para se reafirmar e se insinuar nas ansiedades de uma era trágica e caótica. Se isso de fato constitui uma "explicação" adequada para as crueldades e os fanatismos do início da modernidade, contudo, é impossível dizer.

A propósito, não se trata de absolver a instituição da Igreja católica da sua cumplicidade na violência desse período nem de sua brutalidade e sua paranoia crescentes, como se viu. Todas as instituições poderosas temem perder sua força. Tampouco se nega que o fim da Idade Média e o início da era moderna foram marcados por uma paixão sem paralelo, ao menos desde os dias de Justiniano, pela extirpação de heresias. Dificilmente se pode ignorar a Inquisição espanhola, que ocupa um lugar tão privilegiado entre os pesadelos coletivos da cultura ocidental, por exemplo. Há, porém, alguns fatos que devem ser levados em consideração até aqui. Por um lado, quatro décadas de estudos acadêmicos tornaram evidente que muitas das nossas impressões a respeito da Inquisição são exageros absurdos e ficções sensacionalistas; que, por mais de três séculos de sua existência, a Inquisição foi muito mais leniente e muito menos poderosa do que antes se imaginava; e que, por muitas vezes — como qualquer espanhol acusado de bruxaria tinha motivos para saber —, ela operava como uma checagem benigna contra as crueldades dos juízes seculares. Dito isso, no entanto, penso que todos podemos concordar que uma inquisição é sempre em princípios — e frequentemente em práticas — uma instituição desagradável; que as primeiras duas décadas da Inquisição na Espanha foram especialmente

INTOLERÂNCIA E PERSEGUIÇÃO

brutais; e que a relativa intermitência de torturas ou de queima em estacas não torna nenhuma dessas práticas menos hediondas. O que deve ser lembrado, porém, é que a Inquisição espanhola foi principalmente atribuição política da Coroa e um ofício do Estado.

De fato, foi o papa Sisto IV (1414-1484) quem autorizou o começo da Inquisição, mas o fez sob pressão do rei Fernando (1452-1516) e da rainha Isabel (1451-1504), que — com o fim de séculos de ocupação muçulmana na Andaluzia — estavam ávidos por um instrumento que lhes pudesse ajudar a reforçar a unidade nacional e aumentar o poder de Castela e Aragão. Porém, tamanhas foram a brutalidade e a corrupção da primeira Inquisição que Sisto logo tentou interferir em suas operações. Na bula papal de abril de 1482, ele denunciou de forma intransigente a destruição de vidas inocentes e seu roubo de propriedade (embora se deva admitir que ele, a princípio, não tenha feito objeção à execução dos genuínos hereges). No entanto, Fernando efetivamente se recusou a reconhecer a bula e, em 1483, obrigou Sisto a entregar o controle da Inquisição aos tronos espanhóis e a consentir com a indicação civil de um Grande Inquisidor. O primeiro homem a ostentar esse título foi o notório Tomás de Torquemada (1420-1498), um sacerdote rigoroso e inflexível, especialmente com respeito aos cristãos convertidos do judaísmo e do islã, dos quais ele suspeitava serem secretamente adeptos dos ensinamentos de suas crenças originais. Antes de ser finalmente limitado pelo papa Alexandre VI, Torquemada foi responsável pela expulsão de um bom número de judeus da Espanha e por cerca de 2 mil execuções de hereges. Mesmo depois de ter entregado sua autoridade sobre a Inquisição, contudo, Sisto não se retirou inteiramente de sua posição contra seus excessos. Em 1484, por exemplo, apoiou a cidade de Teruel quando ela proibiu a entrada da Inquisição — uma revolta que Fernando sufocou no ano seguinte com o uso da força. Tanto Sisto quanto seu sucessor, Inocêncio VIII (1432-1492), continuaram a emitir ordens para que a Inquisição exercesse maior leniência, e prosseguiram tentando intervir em nome dos convertidos quando a oportunidade surgia. Ao longo do século seguinte, a Inquisição se envolveu com frequência na nauseante política nacional da *limpieza de sangre*, da qual ninguém — nem

114 A MITOLOGIA DA ERA SECULAR

mesmo um monge, um padre ou um arcebispo — estava a salvo. Dentro da própria Espanha, houve alguma resistência ao novo racismo espanhol, nenhum mais honorável e intransigente que aquele de Santo Inácio de Loyola (1491-1556), fundador dos jesuítas. Mas, contra assédios raciais, na maioria das vezes, somente as intervenções papais poderiam oferecer alívio, ainda que pequeno ou intermitente.[5]

O que devemos fazer com essa história? Devemos extrair algum tipo de conclusão a respeito da natureza letal da religião, ou da intolerância naturalmente ligada a "convicções primordiais"? Deveríamos ver nessa história o testemunho de algum tipo de crueldade inerente ao cristianismo propriamente dito? Certamente nenhum período da história cristã ocidental parece, em sua superfície, tão convidativo ao polemista anticristão em sua busca por provas condenatórias. Para mim, porém, parece óbvio que a verdadeira lição a ser aprendida é o exato oposto: a violência inerente ao Estado e a tragédia que foi a Igreja institucional ter tomado parte da política, ou mesmo se tornado responsável pela manutenção da ordem social, ou das unidades nacional e imperial. Era perfeitamente natural para a sociedade romana pagã considerar a devoção aos deuses e a lealdade ao império essencialmente inseparáveis, tal como era natural para as cortes romanas instituir inquisições extraordinárias e executar ateus como traidores. Mas quando em 385 um imperador romano, na realidade um impostor, executou o bispo espanhol Prisciliano por heresia, cristãos eminentes como São Martinho de Tours e Santo Ambrósio de Milão protestaram, reconhecendo nesse ato o triunfo de um valor pagão e um tipo especial de brutalidade pagã; e nenhum dos Pais da Igreja promoveu ou aprovou tais medidas. Durante a chamada Idade das Trevas, de fato, a única pena para heresias obstinadas era a excomunhão. Nos séculos XII e XIII, contudo — quando a ligação entre Igreja e poder temporal era inquebrável, enquanto o papado era um Estado em si mesmo e o Sacro Império Romano apresentava suas reivindicações às prerrogativas da antiga ordem imperial, ao mesmo tempo que novos movimentos religiosos pareciam ainda mais abertamente subversivos aos poderes eclesiásticos e seculares, aparentemente abalando os pilares da sociedade como nunca antes, como um prenúncio do retor-

INTOLERÂNCIA E PERSEGUIÇÃO

no ao caos —, a heresia voltou a ser um crime capital por toda a Europa Ocidental. Para seu crédito, a Igreja católica não conduziu a questão para esse caminho; por exemplo, quando o sacro imperador romano-germânico Henrique III (1017-1056) enforcou um grupo de cátaros (ou "maniqueus") em 1501, teve de suportar as reprimendas do bispo de Liège. Para seu eterno *descrédito*, porém, a Igreja logo entrou na moda. Quando o sacro imperador romano-germânico Frederico II (1194-1250) editou leis preconizando a entrega de todos os hereges sentenciados ao braço secular, a fim de serem queimados em estacas, a aquiescência da Igreja institucional não foi perturbada por qualquer sinal óbvio de consciência pesada. E, na Ibéria do século XVI, não foi preciso muito esforço para alienar o novo escritório inquisitorial do controle papal e transformá-lo num instrumento para o avanço da unidade política, religiosa e social dos poderes nacionais que emergiram na península.

A longa história da cristandade é abundantemente repleta de realizações morais, intelectuais e culturais; e muitas delas jamais seriam possíveis sem a conversão do Império Romano à nova fé. Mas essa também foi a história da luta constante entre o poder do evangelho de alterar e moldar a sociedade e o poder do Estado de absorver cada instituição útil em si mesmo. Porém, se realmente as injustiças e violências do fim da Idade Média e do início da era moderna na cristandade ocidental foram consequências naturais de algo intrínseco às crenças cristãs, e se é verdadeiro que o surgimento do Estado secular salvou a humanidade do domínio da intolerância religiosa, logo, numa retrospectiva da história da Europa Ocidental, teríamos que encontrar um arco contínuo, embora invertido: um declínio dos dias dourados da ordem imperial romana, quando a violência da religião era contida pela mão prudente do Estado, depois um prolongado período de fanatismo, crueldade, perseguição e conflitos religiosos, e então — uma vez que a Igreja foi gradualmente subjugada — uma lenta caminhada da brutalidade miserável da "era da fé" até um arranjo social mais racional, mais humano e menos violento. Isso, porém, é exatamente o que não encontramos. Em vez disso, vemos que a violência aumentou na proporção do grau de soberania exigido pelo Estado e que, sempre que a Igreja entregou sua autoridade ao poder secular, a injustiça e a crueldade floresceram. Notamos também que a sociedade do início da Idade Média, apesar de suas privações, desigualdades e deficiências, era na maioria das vezes muito mais justa, mais caridosa e (no fim das contas) mais pacífica que a cultura imperial que a antecedeu, e imensuravelmente mais pacífica e ainda mais caridosa (por incrível que nos possa parecer) do que a sociedade criada pelo triunfo do Estado nação no início da era moderna. Neste último caso, não me refiro apenas à violência do período "transicional" no começo da modernidade, às vésperas do chamado Iluminismo. A era do Iluminismo propriamente dita — considerada em termos puramente políticos — foi apenas a transição de uma época de guerras nacionalistas, durante a qual os Estados ainda julgavam necessário usar instituições religiosas como instrumentos de poder, para outra época de guerras ainda mais nacionalistas, na qual os fundamentos religiosos se tornaram obsoletos, uma vez que os Estados passaram a cultuar a si mesmos, e o poder era a única moralidade.

Isso, porém, faz parte do argumento do próximo capítulo.

8. Intolerância e guerra

Em nenhuma outra parte, a violência no início da era moderna se expressou de forma mais pura ou em maior escala do que nos conflitos internacionais sanguinários do período, os quais se tornaram conhecidos como "guerras religiosas". Porém, consideradas as coalizões que definiram esses conflitos e suas consequências definitivas, elas deveriam ser lembradas realmente como as primeiras guerras do Estado nação moderno, cujo objetivo principal era estabelecer a supremacia da autoridade estatal secular sobre cada força rival, mais especificamente a da Igreja.

Elas com certeza não foram, sob nenhum aspecto, um tipo de continuação da "tradição" das cruzadas (as únicas "guerras santas" da história cristã). As cruzadas, afinal, começaram como uma resposta perfeitamente explicável — ainda que, no caso, brutal e repetidamente incompetente — às notícias de atrocidades cometidas por turcos seljúcidas contra cristãos do Oriente e peregrinos cristãos do Ocidente e aos apelos do imperador bizantino Aleixo I (1081-1118) por auxílio militar a fim de resistir às ofensivas seljúcidas no mundo cristão do Oriente e na periferia da cristandade ocidental. Quando o papa Urbano II (c. 1035-1099) convocou a Primeira Cruzada, não havia nada de insincero na indignação com que ele contou as histórias de cristãos roubados, escravizados e assassinados, nem em seus terríveis presságios de uma cristandade conquistada por um inimigo que havia mantido muitas terras e povos cristãos sob seu jugo por quatro séculos. E, de fato, um grande número de nobres cristãos que responderam ao chamado de Urbano era de homens sérios, piedosos e abnegados, que se viram viajando para socorrer os oprimidos, libertar os escravizados e salvar lugares sagrados da profanação. Desgraçadamente, a crista da onda de entusiasmo que iniciou a Primeira Cruzada atraiu também um considerável número de arruaceiros, bandidos e assassinos, pelo menos na primeira parte da jornada (que devo discutir mais tarde). A partir daí, as cruzadas — esporádicas, limitadas, inconclusivas e muitas vezes inúteis — tornaram-se de uma vez a última grande aventura de uma casta decadente de guerreiros, uma embaixada cultural e mercantil da civilização ocidental dos francos para a civilização cristã bizantina e a islâmica, sempre ocasionalmente sangrenta, mas, no fim das contas, lucrativa, e um grande fermento de interação cultural e intelectual entre Oriente e Ocidente. Eram guiadas por ideais nobres e motivos torpes, talvez em porções iguais. Mas eram totalmente pertinentes à sua época. Foram episódios dentro de um conflito entre islã e cristandade iniciado no século VII, com a rápida e brilhante conquista muçulmana de vastos confins do mundo cristão. Elas seguramente não tinham base em nenhuma tradição cristã de guerra santa. Eram mais apropriadamente a última germinação cintilante da cultura bárbara ocidental, enfeitada pelas cerimônias cativantes da cavalaria.

Já as guerras europeias dos séculos XVI e XVII foram algo completamente diferente. Elas inauguraram uma nova era de conflito nacionalista e violência estatal, promovida em escala e com um grau de ferocidade sem qualquer precedente na história medieval: guerras de unificação, revoluções, aventuras imperiais, colonialismo, o renascimento da escravidão, irredentismos intermináveis, frenesis ideologicamente inspirados por assassinato em massa, seitas nacionalistas, terrorismo político, guerras mundiais — em suma, todo o registro glorioso da política europeia no crepúsculo da cristandade unida. Longe de o Estado nação salvar a humanidade ocidental do caos e da carnificina dos distúrbios sectários, aquelas guerras foram as dores de parto do Estado moderno e sua ilimitada licença para matar. E as fidelidades, as angústias e os ódios de cunho religioso foram usados por príncipes regionais como meros pretextos para conflitos cujos efeitos, causas e alianças tinham pouquíssimo a ver com fé ou compromissos confessionais.[1]

INTOLERÂNCIA E GUERRA

Considerados todos os aspectos, essa afirmação não deveria particularmente suscitar controvérsia alguma. O início da modernidade foi a era das novas ideologias seculares, tais como "monarquia absolutista" e "direito divino", e, portanto, foi também a era da grande batalha política do Estado nação independente por sua emancipação de todos os laços religiosos, legais, morais e sacramentais que antes, de uma forma ou de outra, confinavam ou confrangiam sua soberania total ante seus súditos. O antigo modelo medieval, com sobreposição de esferas de autoridade e fidelidade subsidiárias, além de um reino de autoridade espiritual que transcendia o governo dos príncipes, deu lugar à ideia de um monarca em quem o poder e a legitimidade totais do Estado, em todas as suas instituições, estavam perfeitamente concentrados. Agora, o monarca era uma tautologia: um rei era rei porque era rei, não porque ele era senhor dos territórios de sua nação, encarregado de responsabilidades recíprocas para com seus vassalos e sujeito à lei da Igreja. Isso significava que a Igreja — a única autoridade transacional universalmente reconhecida que poderia rivalizar ou até anular o poder do monarca — teria que ser reduzida a uma instituição nacional, uma repartição do Estado, ou uma mera organização social. Essa foi a principal razão, afinal, para o sucesso da Reforma, que floresceu apenas onde favorecia os interesses do Estado secular em sua rebelião contra os costumes e leis da cristandade, e em sua campanha contra a autonomia da Igreja dentro de seus territórios. A monarquia francesa permaneceu católica nos séculos XVI e XVII, em vez de imitar o estabelecimento anglicano na Inglaterra, em parte porque a Igreja na França já tinha sido reduzida a uma instituição galicana, primeiro em 1438, com a Sanção Pragmática de Bourges (que restringiu severamente a jurisdição papal na França, reservando à Coroa os direitos de indicação episcopal e distribuição de benefícios e suspendendo todos os futuros pagamentos do tributo anual à Sé de Roma); depois em 1516, com a Concordata de Bolonha (que confirmou e ampliou o poder da Coroa francesa sobre a Igreja galicana e todas as indicações eclesiásticas); e finalmente em 1682, com o decreto de quatro artigos galicanos (que rejeitaram qualquer reivindicação papal por autoridade secular, afirmaram a primazia dos concílios ecumênicos sobre o papa e garantiram a inviolabilidade de certas práticas especiais francesas, como a indicação de bispos pela Coroa). Muito disso era verdade também no caso dos Estados ibéricos. Especialmente depois de 1486, por exemplo, a autoridade da Coroa espanhola sobre a igreja em seus territórios era quase absoluta. Contudo, onde a Igreja não podia ser facilmente subjugada, a separação de Roma se provou necessária. E onde as ambições de um Estado, ou de uma facção dentro de um Estado, entravam em conflito com as ambições de outrem, a guerra era inevitável, e a religião era uma desculpa tão boa quanto a ampliação dos domínios desse ou daquele príncipe.[2]

É preciso reconhecer que não seria possível qualquer desculpa caso não existisse, em primeiro lugar, uma grande quantidade de ódio religioso a ser explorado. Considere, por exemplo, a atrocidade mais notória das guerras "religiosas" francesas, o massacre da noite de São Bartolomeu, em 1572, no qual milhares de protestantes huguenotes foram assassinados em Paris e arredores. Não se trata de um ataque popular espontâneo a uma minoria desprezada. Muitos nobres e plebeus huguenotes vinham de Navarra para celebrar as núpcias de seu rei, Henrique de Bourbon (ou Henrique IV da França, 1553-1610), com a princesa Margarida de Valois (1553-1615), irmã do rei francês Carlos IX (1550-1574). Quatro dias depois do casamento, porém, a mãe de Carlos, Catarina de Médicis (1519-1589), em conluio com a casa de Guise, planejou o assassinato de um confidente de seu filho, o almirante huguenote Gaspard de Coligny, que acabou frustrado; então ela promoveu o massacre como uma alternativa desesperada, a fim de matar Coligny e qualquer testemunha huguenote, escondendo todo o ocorrido sob um véu de sangue. Porém, mesmo que a causa imediata do massacre não fosse religiosa, ele não teria ocorrido se o ódio aos huguenotes não fosse forte o suficiente para fazer do massacre uma razão, por assim dizer, plausível para o crime de Catarina. Relatos do crime inspiraram comemorações na corte real da Espanha e na corte papal de Roma, onde a ameaça política da causa protestante era uma fonte de perpétua ansiedade; o papa supostamente mandou cunhar uma medalha comemorativa para honrar a ocasião. Como eu disse, seres humanos frequentemente decepcionam.

INTOLERÂNCIA E GUERRA

Apesar disso, independentemente de quão vergonhoso possa ter sido, todos os ódios, medos e ressentimentos religiosos do período eram impotentes para mover batalhões ou levar nações ao combate, e nenhum príncipe da época declarou guerra contra outro por razões simplesmente religiosas. A primeira das guerras religiosas do começo da modernidade europeia foi travada pelo sacro imperador romano-germânico dos Habsburgos, Carlos V, para reforçar seu poder em vários domínios: guerras que acabaram em 1555 com a Paz de Augsburgo, que estabeleceu como lei imperial o princípio de que a fé de um povo seria determinada por seu príncipe (*cuius regio, eius religio* — "de quem for a região, sua religião" — para usar a frase da época). Embora certamente seja verdade que Carlos via a adesão de vários príncipes germânicos ao luteranismo como um desafio à sua autoridade sobre os estados vassalos, até 1547 ele tinha derramado apenas sangue católico em quantidades apreciáveis: não apenas se envolvera simultaneamente, de 1521 a 1522, numa guerra contra Francisco I da França e na contenção de um levante de seus súditos espanhóis como em 1527 lançou suas forças contra o papa; no mesmo ano, seus soldados invadiram Roma e saquearam a cidade. Quanto às guerras que ele empreendeu de 1547 a 1548 e novamente (depois da rebelião do príncipe eleitor protestante da Saxônia) de 1552 a 1555, dificilmente se caracterizam como campanhas para impor a "fé verdadeira" a povos que lutavam por liberdade religiosa. Foram conflitos que tiveram, de um lado, principados em busca de soberania completa sobre suas terras e seus súditos — sem interferência de Roma nem dos Habsburgos — e, do outro, uma ordem imperial corrupta e moribunda empenhada em se preservar contra a queda inevitável. É por isso que os príncipes católicos germânicos do império não se esforçaram em ajudar Carlos nas guerras alemãs; eles estavam tão ansiosos quanto suas contrapartes luteranas pelo acordo de Augsburgo. E talvez seja digno de nota que, depois de Augsburgo, os únicos lugares no império onde havia qualquer coisa assemelhada à liberdade religiosa não eram os tais principados, mas as cidades livres de jurisdição imperial, onde não havia uma soberania nacional sob risco.

Quanto às chamadas guerras religiosas travadas na França durante a segunda metade do século XVI, eram em sua maioria lutas entre um grupo de famílias nobres pela Coroa francesa. No mínimo desde 1560, quando o penúltimo rei dos Valois, Carlos IX (1550-1574) ascendeu ao trono aos 10 anos e sua mãe, Catarina de Médicis, tornou-se regente, as casas de Guise, Montmorency e Bourbon se engajaram em intrigas pelo controle da monarquia. Alguns dos Montmorency apoiavam os huguenotes protestantes quando isso servia a seus interesses, enquanto os Bourbons lideravam a causa huguenote, ainda que ambas as famílias fossem predominantemente católicas. Os Guises se identificaram exclusivamente com os interesses da maioria católica francesa. Nem é preciso dizer que a Igreja católica francesa, na forma adulterada que se assumiu definitivamente em 1516, era um dos pilares sólidos do governo Valois; mas isso não impediu Catarina — no começo de sua regência, quando seu medo dos Guises era particularmente acentuado — de tentar cultivar uma aliança com os huguenotes: não só ela muito absurdamente propôs em 1561 que a instituição da Igreja galicana englobasse tanto a congregação católica quanto a calvinista, como também, em 1562, a mesma mulher que uma década depois orquestraria o massacre da noite de São Bartolomeu promulgou o primeiro édito de tolerância para os protestantes na França, permitindo seus cultos desde que fora dos distritos urbanos. Lamentavelmente, tais concessões à facção protestante sugeriram uma ascensão do poder dos Bourbons e levaram a uma aliança dos Guises com os Montmorencys. As forças católicas dos Guises sitiaram Paris e a família real católica, mas a aliança foi incapaz de derrotar os huguenotes nas províncias definitivamente, e a guerra acabou um ano depois com outra declaração de tolerância, agora mais limitada. O conflito foi retomado cinco anos depois, por conta de um complô huguenote para tomar o poder com a ajuda do palatinado alemão, e assim seguiu até que 1570 trouxesse outro armistício inconclusivo — resultado idêntico ao de 1576, ao fim dos conflitos detonados pelo massacre da noite de São Bartolomeu.

As guerras das duas décadas seguintes foram conflitos tão ideológicos quanto qualquer outra coisa. Entre aqueles dispostos a lutar pelo futuro da

INTOLERÂNCIA E GUERRA

França, havia alguns que buscavam conservar a velha ordem feudal de monarquia limitada e poderes subsidiários, e havia ainda outros que desejavam uma monarquia absoluta que controlasse todas as instituições dentro de suas fronteiras. Os Politiques, um partido informal de católicos moderados, defendiam o "direito divino" e a supremacia da Coroa sobre a Igreja; isso vinha a calhar com a posição oficial calvinista de governo terreno, e os Politiques naturalmente apoiaram a causa huguenote. Buscavam tolerância para os protestantes franceses, embora fossem do establishment católico galicano, mas também acreditavam num tipo de Estado absolutista que não reconhecia qualquer "obrigação" contratual do monarca para com seus súditos. Em contraste, a Santa Liga Católica, formada nos dias do último rei dos Valois, Henrique III (1551-1589), se dedicava à causa da velha ordem que tinha reconhecido os direitos, as liberdades e os poderes das províncias e dos territórios franceses. Mas a liga também era uma criatura dos Guises e servia como embaixada clandestina para Filipe II da Espanha (1527-1598). Filipe queria o trono francês para sua filha, Isabel Clara Eugênia (1566-1633), que tinha sangue Valois pelo lado materno; quando, em 1583, o irmão de Henrique III morreu e seu cunhado Henrique de Bourbon — o rei huguenote de Navarra — se tornou herdeiro do trono da França, a Liga instigou insurreições contra a Coroa, fechou um acordo com o rei em 1585 para excluir o pretendente Bourbon à sucessão e, por fim, em 1588, conduziu o próprio rei para fora de Paris. Assim, o rei (católico) Valois e seu herdeiro (protestante) Bourbon, que tinham guerreado entre si apenas um ano antes, se tornaram aliados contra a Casa de Guise e a Coroa espanhola. Mas o duque de Guise e seu irmão foram assassinados em 1588, tal como Henrique III em 1589, e Henrique de Bourbon se tornou Henrique IV da França. A guerra continuou, porém, por outros nove anos. Em 1593, Henrique se converteu ao catolicismo, sem grandes perturbações de espírito, o que permitiu que muitas cidades e famílias que tinham resistido à sua soberania pudessem recuar da luta sem desonra. Depois disso, a guerra se tornou principalmente uma batalha pelo trono com o rei (católico) Bourbon de um lado e, do outro, o rei (católico) espanhol. Em 1598, finalmente, as hostilidades cessaram, a

Espanha reconheceu Henrique IV como rei da França, e ele promulgou o Édito de Nantes, que concedia total tolerância aos protestantes da França, enquanto Filipe fez a gentileza de morrer de câncer.

De todos os príncipes envolvidos nas guerras, apenas Filipe poderia ser suspeito de algum excesso de princípios. Pelo menos, ele se autointitulou defensor da fé católica contra seus inimigos, fossem eles turcos ou hereges, e certamente invocou a causa da Igreja sempre que fosse cabível. Ainda assim, é difícil não notar que sempre havia uma feliz coincidência — caso alguém acompanhasse sua argumentação — entre os interesses dele e os da Igreja, mesmo quando o papa não os reconhecia. Fato é que Filipe mandou exércitos para a Holanda, mas apenas porque ele era o soberano da Holanda e procurava sufocar uma rebelião; em 1576, as províncias protestantes do norte holandês e as províncias católicas do sul chegaram a se aliar (embora o sul tenha logo selado isoladamente uma paz com a Espanha). Quanto à guerra de Filipe com a Inglaterra, tal como se sabe, poucos seriam tão estúpidos de sugerir que ambos os lados lutaram por razões religiosas.

A última e mais violenta das "guerras da religião" foi, é claro, a Guerra dos Trinta Anos, que começou em 1618, quando o rei Fernando da Boêmia (1578-1637) tentou consolidar sua autoridade por impor uniformidade católica em seus domínios, provocando assim uma rebelião de casas protestantes na Boêmia e, em 1619, uma invasão de boêmios e morávios na Áustria. Fernando — coroado sacro imperador romano-germânico Fernando II em 1619 — era, pelo que se sabe, um católico piedoso, mas, em sua campanha para reconquistar a Áustria e a Boêmia, ele certamente não fez objeção ao auxílio militar do príncipe eleitor da Saxônia, João Jorge I (1585-1656). É verdade que, na primeira metade das guerras que se seguiram na Áustria e nos estados alemães, havia partidos distintos de católicos, luteranos e calvinistas, assim como também é verdade que quando forças protestantes estrangeiras — principalmente Dinamarca e Suécia — entraram na briga, elas o fizeram enquanto inimigas do Império dos Habsburgos; mas a Dinamarca e a Suécia estavam na realidade numa guerra entre si pela maior parte do período, e a derrota humilhante da primeira, em 1645, se deu pelas mãos da última. De forma significativa,

INTOLERÂNCIA E GUERRA

as guerras na Alemanha foram absorvidas com o tempo pela luta entre os Bourbons da França e os Habsburgos da Espanha. De fato, o rei sueco Gustavo II Adolfo (1594-1632) foi capaz de enviar tropas para a Alemanha em 1630 somente porque o cardeal Richelieu (1585-1642), da França, providenciou subvenções bastante generosas — uma aliança, aliás, encorajada e apoiada pelo papa Urbano VIII. E em 1635, a França entrou diretamente em guerra do lado das forças protestantes. Nada disso é realmente surpreendente, dado que o desejo do papa e de Richelieu era o de preservar seus respectivos estados contra a revitalização do poder dos Habsburgos. Filiações religiosas podem ter determinado as lealdades tribais de alguns dos combatentes nessas guerras, mas a grande luta da época se dava entre a velha ordem imperial dos Habsburgos e a nova "Europa das nações". Para os imperadores da casa de Habsburgo, a Igreja católica romana era um instrumento indispensável da unidade estatal; para o Estado papal, a situação ideal era a de uma Igreja unida e um império fragmentado; e para os príncipes que buscavam ampliar suas próprias soberanias, era necessário cortar laços com Roma por meio da Reforma ou reduzir a Igreja católica a uma repartição do Estado dentro de seu território (em ambos os casos, produzindo uma instituição eclesiástica subserviente). Além disso, da metade do século XV em diante, a monarquia francesa não apenas obteve êxito em subjugar a Igreja em seu solo como também se apropriou de seus símbolos a fim de promover a ideia de si mesma como uma monarquia sagrada.[3] Portanto, interessava aos franceses tanto a preservação da instituição católica galicana quanto a oposição ao império. Então, de 1635 a 1648, nos anos da maior devastação, a Guerra dos Trinta Anos foi principalmente uma luta entre duas casas católicas: os Bourbons (ao lado de seus aliados protestantes), que eram defensores do novo Estado absolutista, e os Habsburgos (apoiados pelos aliados da Liga Católica), que sustentavam a antiga ordem imperial. Ou seja, as alianças naturalmente seguiram linhas de interesse político, em vez da confissão de fé.

Nada disso pretende negar, repito, que católicos e protestantes muitas vezes se odiaram de formas muito sinceras e ferozes, nem que a paixão religiosa foi uma arma extraordinariamente eficiente quando habilmente

126 A MITOLOGIA DA ERA SECULAR

manejada por governantes astutos. Mas há algo inerentemente absurdo em tratar com persistência essas guerras dos Habsburgos, essas guerras nacionalistas e essas guerras por sucessão como "guerras da religião", como se tivessem sido travadas principalmente por questões de doutrina, ou por grupos cuja motivação primordial fosse a propagação de uma ou outra versão da "fé verdadeira", ou como se fosse óbvio que os principados rebeldes da Alemanha tivessem buscado independência do império porque eram protestantes, em vez de terem se tornado protestantes precisamente porque buscavam independência. Os exércitos mercenários que mostraram brutalidade predatória por cidades e aldeias dos estados alemães e foram parte especial do horror da Guerra dos Trinta Anos dificilmente foram motivados por discussões a respeito da primazia papal ou da transubstanciação.

Além disso, há algo extraordinariamente absurdo — e até obsceno — na ficção de que a nova ordem secular da supremacia estatal salvou a Europa dos conflitos movidos por fé religiosa, trazendo enfim a paz ao continente. A formalização final da Paz da Vestfália, que encerrou a Guerra dos Trinta Anos em 1648 ao reafirmar os princípios de Augsburgo, não foi um acordo irracional para uma discussão irracional, imposta pela mão prudente de um sistema político benevolente; em vez disso, Vestfália representou a vitória de um dos lados do conflito, o exato propósito pelo qual muitos dos estados haviam lutado o tempo todo: sua confirmação definitiva da regra de *cuius regio, eius religio*, e a concessão, dada aos principados membros do império, de independência nos assuntos internacionais e de Estado, consignaram ao passado o ideal de uma cristandade unida e abriram as portas para uma nova era do Estado nação. O império estava formalmente preservado por um tempo, mas seu poder tinha se quebrado. A luta entre o velho imperialismo e o novo nacionalismo pelo futuro da Europa havia sido decidida em favor dos últimos, para o bem ou para o mal. Logo, Vestfália não foi um mero fim das guerras do começo da Europa moderna; num sentido muito verdadeiro, foi a própria causa delas. Nas palavras de Henri Daniel-Rops:

INTOLERÂNCIA E GUERRA

Os tratados de Vestfália selaram finalmente a renúncia dos estadistas a um antigo conceito nobre (...) que dominou a era medieval: que entre os povos batizados da Europa existia um laço mais forte do que todos os motivos para querelas — um laço espiritual, o conceito de cristandade. Desde o século XIV, e especialmente durante o século XV, esse conceito se desintegrou continuamente (...). A Guerra dos Trinta Anos comprovou, sem qualquer margem para dúvidas, que os últimos estados a defender o ideal da Europa cristã unida estavam invocando o princípio enquanto, na verdade, tinham por objetivo a manutenção ou a imposição de suas próprias supremacias.[4]

Quanto à "paz" sobre a qual essa Europa das nações descansou, ela foi de um tipo estranhamente sanguinário, para dizer o mínimo. A morte lenta, convulsiva, miserável e violenta do Sacro Império Romano, tanto antes quanto depois de Vestfália, pertenceu à primeira fase de uma nova era de guerras territoriais e (posteriormente) ideológicas, nacionalistas e (então) imperialistas, motivadas por comércio, política, interesses coloniais, sangue e solo, e (finalmente) por visões do futuro da Europa e até da humanidade: as guerras da Inglaterra contra Holanda, Espanha, Portugal e França; as guerras da Suécia contra Polônia, Rússia e Dinamarca; as guerras da França contra Espanha, Holanda e a Liga de Augsburgo; a guerra de sucessão espanhola; a guerra da sucessão polonesa; as duas guerras da Silésia pela sucessão austríaca; a terceira guerra da Silésia; as guerras revolucionárias da França contra Grã-Bretanha, Holanda e Espanha; as guerras da primeira, da segunda e da terceira coalizões e todas as guerras napoleônicas; as guerras da unificação italiana e da alemã; a guerra franco-prussiana; a primeira e a segunda guerras dos Bálcãs; a Primeira Guerra Mundial; a Segunda Guerra Mundial (para dar apenas os exemplos óbvios). Nunca na história europeia houve tantos exércitos de prontidão, ou enormes exércitos em campanha, ou tantos homens dotados de poder para enviar outros homens a fim de morrer e matar.

Obviamente, toda época conheceu guerras e rumores de guerras, crueldade, injustiça, opressão, entusiasmo assassino e indiferença assassina; e

128   A MITOLOGIA DA ERA SECULAR

humanos vão obviamente matar por qualquer razão, ou por nenhuma. Mas, apenas pela simples escala de sua violência, o período moderno é insuperável. A Guerra dos Trinta Anos, com seu impressionante número de baixas civis, era um escândalo sobre as consciências das nações da Europa; mas, na metade do século XX, a sociedade ocidental se tornou tão acostumada com a ideia de guerra como um conflito total entre duas populações inteiras que mesmo democracias liberais não hesitaram em bombardear cidades a céu aberto, nem em usar equipamento incendiário ou nuclear a fim de incinerar dezenas de milhares de civis, às vezes somente pelo mais vago dos objetivos militares. Talvez esse seja o preço do "progresso" ou da "libertação". Do fim do século X à metade do século XI, vários sínodos na França instituíram a convenção chamada "Paz de Deus", que usava a ameaça de excomunhão para impedir guerras domésticas e ataques a mulheres, camponeses, comerciantes, clérigos e outros não combatentes, além de exigir de cada casa, rica ou pobre, que se comprometesse a preservar a paz. Outros sínodos, no decorrer do século XI, instituíram a "Trégua de Deus", que proibia agressões armadas em uma quantidade tamanha de dias do ano — períodos penitenciais, festas, jejuns, colheitas, da noite da quarta-feira à manhã da segunda-feira, e assim por diante — que, no fim das contas, mais de três quartos do calendário consistiam em intervalos de tranquilidade obrigatória; no século XII, as proibições da Trégua de Deus se fixaram na lei civil. A razão pela qual tais convenções podiam realmente servir (ainda que parcialmente) para limitar agressões é que eram emanadas de uma autoridade espiritual que nenhuma pessoa batizada, ainda que fosse poderosa ou perversa, poderia ignorar por completo. E, enquanto nós podemos nos dispor a julgar pitorescas e ineficazes coisas como o código de cavalaria do fim da Idade Média, os ensinamentos da Igreja sobre causas justas para a guerra e condutas apropriadas nela e as proibições da Igreja a respeito do uso de certos tipos de maquinário militar, eles de fato exerciam — nos dias em que homens e mulheres ainda tinham almas que os consideravam — uma autoridade moral maior que as ambições ou a soberania de qualquer senhor, monarca ou Estado. Porém, com o advento da modernidade e o colapso da unidade cristã no Ocidente, os últimos traços daquela autoridade foram efetivamente varridos. Para compensar a

INTOLERÂNCIA E GUERRA

perda, cristãos devotos que se especializaram em Direito, como Francisco de Vitória (c. 1483-1546), o defensor dominicano da causa dos índios do Novo Mundo, e o jurista reformador holandês Hugo Grotius (1583-1645) estabeleceram os alicerces para convenções de direito internacional com respeito aos "direitos humanos" e guerra justificável, derivados de tradições cristãs concernentes ao direito natural. Mas, é claro, coube ao Estado soberano, e apenas a ele, determinar até que ponto tais convenções seriam adotadas; afinal, elas se baseiam em tradições teológicas, e os ditados irracionais da fé não podem mais demandar concordância. A contribuição especial — única, de fato — da novíssima ordem secular emancipada para a constituição política da sociedade ocidental foi de um tipo completamente diferente, que pode ser resumida em dois princípios totalmente modernos, totalmente pós-cristãos e totalmente "iluministas": o Estado absolutista — e a guerra total.

9. Uma era de trevas

Realmente, seria possível continuar indefinidamente, apresentando um exemplo após outro de falsificações ou distorções históricas, tentando assim corrigir os registros. Mas, nessa grande batalha pelo passado, esses esforços equivalem a meras escaramuças locais, ao fim das quais conseguimos pouco além de confirmar o que já se sabia: que os humanos dificilmente são tão bons quanto esperávamos, embora nem sempre sejam tão maus quanto temíamos, e que instituições poderosas são quase sempre jardins de ambições e injustiça. No fim das contas, é muito melhor tentar captar uma perspectiva do todo: ou seja, tentar ver o cristianismo pelo que ele é, em vez de prosseguir de forma fragmentária em uma série de refutações apologéticas. Até porque chega um momento em que o esforço para refutar uma acusação começa a legitimar os termos em que ela foi feita. Não é difícil, por exemplo, demonstrar o absurdo da afirmação de que a ascensão do cristianismo teria impedido o progresso da ciência; mas, se isso soar como um atestado do progresso científico como um valor absoluto, em nome do qual o cristianismo poderia garantir uma "respeitabilidade", fomos longe demais. Para ser sincero, eu não ficaria especialmente incomodado se achasse que, na verdade, o triunfo do cristianismo *atrasou* o avanço de algumas conquistas científicas no Ocidente. Não se deve calcular o valor da verdadeira influência das convicções cristãs sobre a cultura de acordo com a ideologia moderna da "ciência pura", que nos deu de uma só vez terapias eficazes contra o câncer, armamento nuclear, astrofísica e nova variedade de toxinas neurais; porque, creio ser seguro afirmar, tal ideologia é muito ambígua do ponto de vista moral. Atestar que a cristandade fomentou o

132   A MITOLOGIA DA ERA SECULAR

desenvolvimento da ciência do começo da modernidade, em vez de impedi-lo — ou que o empirismo moderno não nasceu no chamado Iluminismo, mas durante o fim da Idade Média —, é apenas citar fatos da História, os quais registro apenas para responder certas lendas populares, mas não para de alguma forma justificar o cristianismo. E eu diria exatamente a mesma coisa sobre qualquer outro dos pressupostos mais nitidamente modernos — políticos, éticos, econômicos ou culturais — pelos quais vivemos. Meu propósito nestas páginas (devo enfatizar) não é afirmar que o cristianismo é um fenômeno histórico essencialmente "benigno", que não deve ser temido por ser "compatível com" — ou por ser a necessária "preparação para" — o mundo moderno e seus valores mais preciosos. O cristianismo foi a força cultural, ética, estética, social, política e espiritual mais criativa da história do Ocidente, para ser exato; mas também foi uma força profundamente destrutiva; e talvez deva ser louvado tanto por este último atributo quanto pelo anterior, pois há muitas coisas dignas de destruição.

Naturalmente, um cristão gostaria que o primeiro imperador cristão não tivesse sido um brutamontes romano ignorante, violento e puritano do fim da Antiguidade, como foi Constantino, ou que seus sucessores tivessem sido homens de santidade exemplar, ou que os cristãos antigos, medievais ou modernos jamais tivessem traído a regra cristã da misericórdia. Mas o mesmo cristão não precisará, em nome de tais razões, se entregar a um excessivo sentimentalismo sobre templos pagãos vazios ou seitas desaparecidas. Podemos estar propensos — de maneira louvável — a lamentar a perda de artefatos fascinantes, bárbaros ou belos, e o desaparecimento de rituais exóticos ou solenes. Todos podemos compartilhar o desdém do retórico pagão Libânio (c. 314-394) pelos bandos de "monges" vagabundos egípcios e sírios que, no fim do século IV, viviam dos templos que espoliavam e dos pagãos que roubavam. E eu gostaria que o Serapeu tivesse sido preservado (ainda que o próprio Serápis fosse um híbrido meio grotesco e artificial de deuses com pedigrees mais respeitáveis). Mas, quando falamos das mortes dos velhos cultos, precisamos tentar compreender as realidades sociais e religiosas do fim da Antiguidade e lembrar que, por mais que hoje possamos acreditar ardentemente na santidade

UMA ERA DE TREVAS

133

do ornamento e na inviolabilidade do "charme local", havia mais coisas em jogo para cristãos e pagãos da época. Em suma, era hora de os deuses daquela época se retirarem: fazia tempo que eles tinham servido como belos e terríveis guardiães de uma ordem de majestosa crueldade e poder impiedoso; fazia muito tempo que eles não apenas recebiam oferendas e concediam bênçãos como também presidiam e consagraram um império de crucificações, espetáculos de gladiatura e terror marcial. A verdadeira crítica que deve ser feita à Igreja que venceu não é que ela tenha expulsado os velhos deuses, mas que ela não teve êxito em afastá-los, junto com seus costumes, para suficientemente longe.

Acima de tudo, não estou a fim de dar nenhum crédito à mitologia especial do "Iluminismo". Nada me parece mais cansativo e enfadonho do que a noção de que haveria algum tipo de oposição inerente — ou barreira impermeável — entre fé e razão, ou de que o período moderno é marcado por sua devoção única a esta última. Alguém pode até acreditar que a fé é mera concordância crédula a premissas sem fundamento, enquanto a razão consistiria em pura obediência a fatos empíricos, mas apenas se for completamente ignorante a respeito de ambas. Deveria bastar a verificação da longa tradição filosófica cristã, com toda a sua diversidade, criatividade e sofisticação, ou da longa e venerável tradição cristã de examinar e reavaliar suas próprias afirmações históricas, espirituais e metafísicas. Contudo, de certo modo, o que me parece mais importante é destacar que, mesmo no funcionamento mais imparcial do raciocínio, há um enorme elemento de fé. Todo raciocínio parte de premissas, intuições ou convicções primárias não comprováveis com base em fundamentos ou fatos elementares; portanto, convicções irredutíveis sempre estarão presentes quando tentarmos aplicar uma lógica à experiência. Sempre operamos dentro dos limites estabelecidos por nossos princípios primários, e as perguntas que surgem são as que esses princípios permitem. Um cristão e um rematado materialista podem acreditar que exista lá fora um mundo racionalmente organizado e suscetível a análises empíricas; mas os motivos pelos quais ambos creem nisso são determinados por suas visões distintas de mundo, suas experiências pessoais da realidade e padrões de compromisso intelectual que seus raciocínios priorizam, os quais levarão a conclusões finais radicalmente diferentes (ainda que as primeiras conclusões deles no processo sejam idênticas). O que diferencia a modernidade da era da cristandade não é que a primeira seja mais dedicada à racionalidade que a segunda uma vez foi, mas que sua racionalidade serve a diferentes compromissos prioritários (alguns dos quais — "sangue e solo", "a raça superior", a "utopia socialista" — produziram prodígios do mal precisamente na medida em que foram perseguidos "racionalmente"). É óbvio que, enquanto homens e mulheres modernos, podemos julgar que algumas das convicções fundamentais nutridas por nossos ancestrais eram excêntricas ou irracionais; mas isso não significa que o nosso pensamento seja de algum modo mais avançado do que o deles, mesmo que tenhamos ciência de um maior número de fatos científicos. Nós apenas adotamos diferentes convenções de pensamento e absorvemos preconceitos diferentes, e assim interpretamos nossas experiências de acordo com outro conjunto de crenças básicas — crenças que, como sabemos, podem nos cegar para dimensões inteiras da realidade.

É certo que nós, os modernos, não deveríamos nos felicitar tão rapidamente, nem imaginar que temos uma abordagem mais racional do mundo apenas por sermos menos inclinados do que as pessoas de outrora a acreditar em milagres, demônios ou outros agentes sobrenaturais. Não temos autoridade alguma para reprovar a "credulidade" dos povos dos séculos passados em relação ao que supunha o senso comum daquelas épocas, enquanto implicitamente nos louvamos por nossas próprias obediências amplamente acríticas ao que o senso comum de hoje supõe. De qualquer modo, mesmo na sociedade moderna ocidental, muitos de nós aparentam achar incrivelmente fácil retornar à perspectiva dos povos "primitivos" nesses assuntos; e ainda hoje há culturas inteiras que — sobre bases irrepreensivelmente racionais — julgam cômicos os preconceitos predominantes da modernidade ocidental, de tão absurdos. Conheço três padres africanos — um ugandense e dois nigerianos — que são acadêmicos imensamente cultos e sofisticados (todos eles linguistas, filósofos e historiadores) e que possuem firmes convicções de que milagres, magia e guerra espiritual são aspectos manifestos e reais da vida diária, com os quais eles mesmos

UMA ERA DE TREVAS

tiveram experiências diretas e incontroversas em algumas ocasiões. Todos os três são, claro, produtos de suas culturas, na mesma medida em que somos da nossa; mas não estou disposto a acreditar que a cultura deles é um tanto mais primitiva ou irracional do que a nossa. É verdade que eles vêm de nações que não gozam de nossas vantagens tecnológicas e econômicas; mas, uma vez que essas vantagens têm a mesma probabilidade tanto de nos distrair da realidade quanto de nos conceder alguma visão especial sobre ela, tais fatos dificilmente alcançam algum nível de irrelevância. Verdade seja dita, não há qualquer razão remotamente plausível — fora preferirmos nossas próprias pressuposições em detrimento das de outros povos — para que as convicções e experiências de um filósofo poliglota africano — cujos trabalhos pastorais e sociais o obrigam a entrar em contato imediato com as realidades concretas de centenas de vidas — mereçam menos consideração racional do que as pequenas certezas não comprovadas e doutrinárias das pessoas que gastam suas vidas dentro de supermercados e diante de telas de televisão, emparedadas na reclusão estéril e alucinatória de seus escritórios privados.

No fim das contas, não há nada inerentemente racional na convicção de que toda realidade é simplesmente uma confluência acidental de causas físicas, sem qualquer fonte ou fim transcendentes. O materialismo não é um fato da experiência, ou uma dedução da lógica; ele nada mais é do que um preconceito metafísico, além de ser provavelmente mais irracional do que qualquer outro. Em geral, um materialista de convicção imutável é uma espécie de fundamentalista infantil e complacente, comprometido de forma tão irrefletida, extática e ardorosa com a visão materialista da realidade que, se ele ou ela encontrar algum problema — lógico ou experiencial — que questione suas premissas, ou que revele um limite a partir do qual tais premissas perdem seu poder explanatório, ele ou ela será simplesmente incapaz de reconhecer isso. Richard Dawkins é um perfeito espécime: ele não hesita em alegar, por exemplo, que "a seleção natural é a explicação decisiva para a nossa existência".[1] Mas essa é uma afirmação boba e apenas revela que Dawkins não compreende as palavras que usa. A questão da existência não se refere a como foi que a presente organização do mundo veio a ocorrer, a partir de causas já internas deste mundo, mas a como é que qualquer coisa (incluindo aí qualquer causa) possa existir por completo. Essa questão jamais foi abordada por Darwin e Wallace, que jamais estiveram tão confusos a ponto de achar que a abordaram. Trata-se de uma questão que nenhuma ciência teórica ou experimental poderá responder, uma vez que ela é qualitativamente diferente do tipo de perguntas que as ciências físicas têm competência para responder. Mesmo que a física teórica venha algum dia a descobrir as leis mais básicas sob as quais o tecido do espaço e do tempo se entrelaçaram, ou que a biologia evolutiva faça o mesmo com as formas filogenéticas mais elementares da vida terrestre, e a paleontologia repita esse sucesso com respeito à genealogia inconsútil das espécies, ainda assim nós não teremos chegado nem um centímetro mais perto da solução do mistério da existência. Por mais que os cientistas alcancem os níveis mais básicos ou simples — protoplasma, aminoácidos, moléculas, partículas subatômicas, eventos quânticos, leis físicas unificadas, uma singularidade primordial, meras possibilidades lógicas —, a existência é algo completamente diferente. Mesmo a coisa mais simples, e mesmo o mais básico dos princípios deve primeiramente *ser*, e não há nada dentro do universo das coisas contingentes (nem o próprio universo, mesmo que ele seja de alguma forma "eterno") que possa ser inteligivelmente concebido como fonte de explicação de seu próprio ser. É verdade que muitos filósofos, tanto na tradição europeia quanto na tradição analítica anglo-americana, afirmaram o contrário, tentando exorcizar a questão do ser como se fosse algo fora do escrutínio racional, ou como uma ilusão gerada pela linguagem, ou como uma compreensão imprópria do que é "ser". Mas ninguém jamais teve êxito em superar a perplexidade que o enigma de nossa existência provoca em nós, naqueles momentos de maravilhamento que todos de tempos em tempos experimentamos e que são (segundo Platão e Aristóteles) o começo de toda a verdadeira filosofia. Nas palavras de Tomás de Aquino, a essência (*o que* é algo) de uma coisa finita é completamente incapaz de explicar sua existência (o *fato* de algo ser); e há uma tradição cristã muito venerável e coerente de reflexão que sustenta que essa incapacidade, quando considerada com rigor adequado, aponta na direção de uma realidade infinita e infinitamente simples, que transcende todas as causas e contingências materiais, compostas ou finitas, um "ato subsistente de ser" (para usar um dos nomes mais deslumbrantes para Deus) no qual essência e existência são idênticos. Obviamente, aqui não é o lugar para debater essas questões; basta apenas ressaltar que a razão conduz mentes diferentes a conclusões disparatadas e até contraditórias. Pode-se considerar a natureza da realidade, imagino eu, com genuína probidade e concluir que a ordem material é tudo que existe. Contudo, pode-se também concluir, com uma lógica possivelmente superior, que o materialismo é uma superstição de grosseira incoerência; o materialista obstinado é uma espécie de selvagem lastimável e ignorante, cegado por um compromisso irracional com uma posição logicamente impossível; e que cada "primitivo" que olha para o mundo à sua volta e imagina qual deus o criou é um pensador mais aprofundado que o ateu convicto que dispensa tal questão como infantil. Pode até concluir, de fato, que uma das reais diferenças entre o que se convencionou chamar de Idade da Fé e Idade da Razão é, na verdade, a diferença entre uma cultura moral e intelectualmente coerente, capaz de considerar o mistério do ser com algum grau de rigor, e um dogmatismo tedioso e limitado sem uma base genuinamente lógica. A razão é um bicho flexível.

Porém, tudo isso tem importância apenas secundária. O período moderno nunca foi especialmente devotado à razão propriamente dita; a ideia de que ele alguma vez o tenha sido é apenas um dos seus mitos "fundadores". A verdadeira essência da modernidade é uma concepção particular sobre o que é ser livre, como eu disse antes; e a linguagem iluminista de uma "idade da razão" sempre foi um jeito de emoldurar essa ideia de liberdade, de forma a retratá-la como autonomia racional e independência moral, que seriam ambas inalcançáveis para a infância intelectual própria da crença "irracional". Mas como hoje somos tudo, menos racionalistas, não precisamos mais fingir que a razão era nossa prioridade máxima; agora tendemos a nos comprometer mais com "a minha verdade" do que com qualquer ideia de verdade em geral, não importa para onde isso nos leve. O mito do Iluminismo serviu mais para nos libertar de todos os conceitos antigos de lei divina ou natural que pudessem impor restrições indesejáveis aos nossos desejos; mas essa missão já foi cumprida, e agora só existe como hábito e discurso. Uma vez que o momento racionalista é passado, a crença moderna na libertação humana se tornou sem dúvida mais robusta e mais militante. Para nós, a liberdade hoje é algo que transcende até a razão, e já não nos sentimos obrigados a justificar nossas liberdades por meio de algum código de racionalidade responsável. A liberdade — concebida como uma perfeita e irrestrita espontaneidade da vontade individual — é sua própria justificação, seu próprio código supremo, sua própria verdade inquestionável. É fato que o entendimento moderno da liberdade foi por um tempo ligado a algum conceito de natureza: muitas narrativas do Iluminismo e do romantismo sobre a libertação humana envolviam o resgate da essência original do homem contra leis, credos, costumes e instituições que a reprimiam. Em última análise, porém, mesmo a ideia de uma natureza humana invariável passou a soar arbitrária ou extrínseca, como uma limitação intolerável imposta sobre outra liberdade ainda mais original, íntima, pura e ilimitada — a da vontade. Já não buscamos tanto libertar a natureza humana da escravidão das convenções sociais, mas sim libertar o indivíduo de todas as convenções, especialmente aquelas que dizem respeito ao que é natural.

Não há, é claro, nenhuma razão óbvia pela qual nós deveríamos conceber a liberdade de formas desconhecidas para os nossos ancestrais; mas é sábio ter ciência desse fato. Na menor das hipóteses, é instrutivo reconhecer que nossa liberdade poderia muito bem ser vista — de certos pontos de vista mais antigos — como um tipo de escravidão: a impulsos incontidos, aos caprichos vazios, à banalidade, a valores desumanizantes. E não faz mal perguntar de tempos em tempos aonde levará por fim esse conceito de liberdade cujo horizonte é exata e necessariamente o nada — um conceito que é, conforme eu disse, niilista no sentido mais preciso. Eu acrescentaria que não se trata de uma pergunta dirigida ao moralista conservador, que nostalgicamente se agarra a alguma época desaparecida de decência e padrões, mas de uma questão que deveria preocupar qualquer um com alguma consciência da história. Parte da promessa cativante de uma Idade da Razão era, ao menos

UMA ERA DE TREVAS

a princípio, a perspectiva de uma ética genuinamente racional, sem obrigações para com os costumes locais ou tribais desse ou daquele povo, não limitada pelos preceitos morais de qualquer credo em particular, mas disponível para todas as mentes racionais independentemente da cultura e — uma vez reconhecida — imediatamente convincente para a vontade racional. Será que houve alguma fantasia mais desesperada do que essa? Vivemos agora na ressaca do século mais monstruosamente violento da história humana, durante o qual a ordem secular (tanto da direita política quanto da esquerda política), libertada da autoridade da religião, mostrou-se disposta a matar numa escala sem precedentes e com uma leveza de consciência pior do que o meramente depravado. Se alguma era mereceu ser julgada como uma Idade das Trevas, certamente foi a nossa. É muito possível ser tentado a concluir que o governo laico é a única forma de governo que se mostrou violenta, caprichosa e inescrupulosa demais para ser confiável.

No mínimo, não é mais possível acreditar, ao estilo ingênuo do Iluminismo, que a verdade moral é um consenso acessível a todas as pessoas razoáveis, ou que é algo que, uma vez compreendido, exerce um apelo irresistível sobre a vontade; nem é mais possível nos iludir achando que a humanidade livre da autoridade religiosa avançará rumo a expressões elevadas da vida em vez de retroceder à mesquinharia, à crueldade ou à barbárie. Ou a razão humana reflete uma ordem objetiva da verdade divina, despertando a vontade para seus propósitos mais profundos e ordenando seu assentimento, ou a razão é um mero instrumento e servo da vontade, que não tem qualquer obrigação final de escolher o caminho da misericórdia, da racionalidade do interesse próprio, da compaixão ou da paz. Quando Nietzsche — o filósofo mais presciente do niilismo — ponderou as possibilidades que a era da descrença tinha aberto à humanidade ocidental, o futuro mais sombrio que ele pôde imaginar era um mundo dominado pelos "Últimos Homens", uma raça de narcisistas vazios, afogados em banalidade, complacência, conformidade, cinismo e egolatria. Para ele, o perigo mais grave enfrentado pela cultura niilista era a ausência de quaisquer das grandes aspirações que poderiam impulsionar a humanidade rumo a obras gloriosas, grandes conquistas e feitos poderosos. Certamente, há muito a ser dito sobre os dons proféticos de Nietzsche; afinal, a cultura contemporânea realmente parece se destacar pela mediocridade deprimente, pela afetação ególatra e a cretinice em massa. Mas, honestamente, os medos de Nietzsche soam quase ultrapassados agora, quando se consideram as dimensões de niilismo que um verdadeiro niilista pode seriamente alcançar. A sociedade cristã jamais se purgou completamente da crueldade ou da violência; mas ela tampouco incubou em sua trajetória perversidades de ambição, amplitude, precisão sistemática ou inclemências comparáveis a campos de concentração, *gulags*, fome intencionalmente provocada ou a brutalidade da guerra moderna. Quando se olha o século XX em retrospecto, é difícil não concluir que a ascensão da modernidade resultou, de uma só tacada, numa era de banalidade sem paralelo e monstruosidade sem precedentes, e que essas são as duas faces de uma mesma realidade cultural.

E por que não seria dessa forma? Se o mito quintessencial da modernidade é o de que a verdadeira liberdade é o poder da vontade sobre a natureza — humana ou cósmica — e que somos livres para fazer de nós mesmos o que quisermos ser, então não necessariamente significa que a vontade do indivíduo deva ser privilegiada em relação à "vontade da espécie". Se não há natureza humana determinada, nem uma norma divina à qual os usos da liberdade se vinculam, é perfeitamente lógico que alguns julguem ser uma nobre missão transformar a maleável argila da espécie humana em algo melhor, mais forte, mais racional, mais eficiente e mais perfeito. A ambição de remodelar a humanidade em sua própria essência — social, política, econômica, moral e psicológica — era inconcebível quando os seres humanos eram considerados criaturas de Deus. Porém, com o desaparecimento da transcendência, bem como de seu encanto e de sua autoridade, torna-se possível ter a vontade de um futuro adequado a quaisquer ideais que decidamos eleger. Por isso, é correto dizer que a pura crueldade da maior parte do idealismo social pós-cristão surge, de alguma forma, do próprio conceito de liberdade que habita o coração dos nossos mais preciosos valores modernos. A selvageria do jacobinismo triunfante, a desumanidade da clássica eugenia socialista, o movimento nazista,

UMA ERA DE TREVAS

o stalinismo — todos os grandes projetos utópicos da era moderna que derramaram tantos oceanos de sangue humano — não são filhos menos legítimos do Iluminismo do que o Estado democrático liberal, a vulgaridade do consumismo do capitalismo recente ou a mesquinhez do individualismo burguês. Os regimes mais violentos, impiedosos e fanáticos da História moderna — seja no Ocidente, seja naqueles outros cantos do mundo contaminados por nossas piores ideias — são aqueles que mais explicitamente descartaram a visão cristã da realidade e buscaram substituí-la com um conjunto de valores mais "humanos". Nada na História — nem a religião, nem a ambição imperial, nem mesmo as aventuras militares — destruiu mais vidas com entusiasmo mais confiante do que a causa da "irmandade dos homens", a utopia pós-religiosa ou o progresso da raça. Não reconhecer isso seria zombar da memória de todos aqueles milhões que pereceram em face do avanço da razão secular em suas manifestações mais extremas. E toda a espantosa violência da era moderna — das primeiras guerras europeias do surgimento do Estado nação em diante — não é menos apropriada como expressão (e medida) da narrativa moderna da liberdade humana do que os vários movimentos políticos e sociais que produziram a especial combinação de liberdade geral, abundância material, mediocridade cultural e pobreza espiritual do Ocidente moderno. Não reconhecer *isso* seria fechar os nossos olhos às possibilidades do mal que foram abertas na nossa história pelos valores que mais apreciamos e pelas "verdades" que adoramos com maior ardor. Contudo, voltarei a essas questões na terceira parte deste livro.

Agora, porém, quero recuar do presente até a alvorada da civilização cristã, de modo a considerar o tipo de liberdade que a Igreja proclamava tão logo surgiu na Antiguidade tardia, e também para refletir sobre o mundo que nasceu dessa proclamação. Tenho a suprema convicção de que a maior parte da modernidade não deveria ser compreendida como uma grande rebelião contra a tirania da fé, nem como um movimento de libertação e progresso da humanidade, mas como uma contrarrevolução, uma rejeição reacionária de uma liberdade que a modernidade não compreende mais e da qual se tornou parasita. Mesmo quando pessoas modernas se desviam

A MITOLOGIA DA ERA SECULAR

da convicção cristã, há um bom número de caminhos que se fecham irrevogavelmente para elas — ou porque levam a posições filosóficas que o cristianismo tomou com sucesso em sua própria história, ou porque conduzem a formas de "superstição" que o cristianismo tornou completamente inacreditáveis para mentes modernas. Um pós-cristão ateu ainda é, com toda certeza, para o bem ou para o mal, um pós-*cristão*. Vivemos num mundo transformado por uma revolução antiga — social, intelectual, metafísica, moral e espiritual — cuja imensidão mal conseguimos compreender. E é nessa revolução (talvez a única revolução verdadeira na história do Ocidente) que pretendo me concentrar agora.

PARTE 3

Revolução: a invenção cristã do humano

10. A grande rebelião

Estamos muito distantes dos dias em que o batismo poderia ser visto como um evento crucial — e talvez como a experiência mais dramática, assombrosa e exultante — na vida de alguém. A maioria dos cristãos atuais, ao menos no mundo desenvolvido, é batizada na infância; e mesmo aqueles cujas tradições retardam o rito até a idade adulta são, na maior parte, filhos de famílias cristãs que cresceram dentro da fé, o que faz de seus batismos apenas um selo de afirmação das vidas que sempre viveram. Contudo, obviamente esse não era o caso da maioria dos cristãos dos primeiros séculos; para eles, o batismo era de uma natureza muito mais radical. Era entendido como nada menos que a transformação total da pessoa que se submetia a ele; e, como um evento ritual, era certamente compreendido como muito mais do que uma mera alegoria dramatúrgica da escolha por uma associação religiosa. Tornar-se um cristão era renunciar a boa parte daquilo que uma pessoa tinha sido e conhecido até aquele ponto, de modo a se juntar a uma nova realidade, cujas exigências eram absolutas; com uma decisão irrevogável, significava sair de um mundo para entrar em outro.

Quem se convertesse do paganismo ao cristianismo, em qualquer lugar do mundo bizantino, no espaço das primeiras décadas depois do Édito de Milão, não teria imediatamente permissão para entrar na comunidade da fé. Os costumes de catequese e liturgia variavam enormemente de um lugar a outro, mas certos aspectos do batismo cristão estavam muito perto de ser universais. Em geral, se um indivíduo buscasse ser aceito pela Igreja, deveria primeiro se tornar um catecúmeno (estudante dos ensinos da Igreja), e durante seu catecumenato participaria de forma parcial da vida na comunidade; não teria ainda acesso aos "mistérios" (ou seja, aos sacramentos) e seria convidado a se retirar da congregação aos domingos depois da liturgia da palavra, antes da celebração eucarística. Em muitos casos, era possível ficar nesse estado preliminar por anos, recebendo instrução, sendo submetido a escrutínios morais, aprendendo a disciplinar sua própria vontade e gradualmente se habituando à prática da vida cristã. Fosse breve ou prolongado, porém, o período de preparação para o batismo não poderia ser encerrado até que se ensinasse ao catecúmeno a história da redenção: de como todos os homens e mulheres trabalhavam como escravos na casa da morte, prisioneiros do demônio, vendidos como servos ao Hades para definhar, ignorando seu lar verdadeiro; e de como Cristo veio para libertar os prisioneiros quando invadiu (através da morte e da ressurreição) o reino de nossos captores e os destronou, derrotando o poder do pecado e da morte em nós, esmagando os portões do inferno e resgatando os cativos do demônio. Pois era nessa história que a vida da pessoa se fundiria, quando, por fim, afundasse nas águas da vida: no Cristo ressuscitado, uma nova humanidade foi criada, livre do domínio da morte, na qual era possível ser admitido por morrer e nascer de novo em Cristo no batismo, e por se alimentar da presença dele na Eucaristia.

De preferência, o batismo se dava — novamente ressaltando as possíveis variações locais de costumes e a imprevisibilidade de certas circunstâncias — na véspera da Páscoa, durante a vigília da meia-noite. Na hora indicada, o batizando saía da igreja rumo ao batistério, que normalmente abrigava um grande tanque batismal ou, se possível, uma corrente de água. Ali, na meia-luz do lugar, ele ou ela se despia e — em meio a uma quantidade de bênçãos, exortações, unções e preces — descia nu(a) às águas para ser imerso(a) três vezes pelo bispo, primeiro em nome do Pai, depois do Filho e, finalmente, do Espírito Santo. O cristão recém-batizado emergia então das águas para ser ungido com o óleo do crisma, o selo do Espírito Santo, se vestir com uma nova vestimenta branca e voltar à igreja para ver a Eucaristia ser celebrada — e tomar parte dela — pela primeira vez. Naquela noite, o antes catecúmeno teria morrido em sua vida anterior e recebido uma vida nova e melhor em Cristo.[1] Talvez a característica mais crucial

A GRANDE REBELIÃO

do rito, porém — ao menos para entender o que o batismo significava para quem vinha do paganismo —, ocorria antes da descida do catecúmeno à água: ao sinal do bispo, ele ou ela voltaria seu rosto para o oeste (a terra da noite, que simbolizaria o domínio das trevas cósmicas e espirituais), se sujeitaria a um exorcismo formulado com palavras fortes e por fim renunciaria abertamente ao demônio e seus ministros — na verdade, insultando-os e literalmente cuspindo neles. Então, ele ou ela voltaria seu rosto ao leste (a terra da manhã e da luz) a fim de confessar uma fé total em Cristo, prometendo completa fidelidade. Não se tratava de forma alguma de um mero espetáculo ritual; era uma transferência real e, por assim dizer, juridicamente vinculante da fidelidade de um mestre para outro mestre. Até a postura física do batizando era carregada de um tipo palpável de coragem irreverente: templos pagãos eram, via de regra, projetados com suas entradas a leste e seus altares no lado oeste, enquanto as igrejas cristãs se organizavam no exato inverso. Ao virar as costas assim, rejeitado e insultando o demônio, repudiava-se também, com um tipo de desprezo triunfal, os deuses aos quais o indivíduo se obrigara a servir até então; e, por confessar a crença em Cristo, a pessoa se entregava ao conquistador invencível que havia derrotado a morte, resgatado os reféns do inferno, subjugado os "poderes do ar", retornando disso como o Senhor da história.

Provavelmente, somos inclinados hoje a esquecer que, embora os primeiros cristãos de fato enxergassem os deuses da era pagã como falsos, não significava para eles que tais deuses eram necessariamente tidos como irreais; o que compreendiam era que aqueles deuses eram enganadores. Atrás das devoções do mundo pagão, os cristãos acreditavam que estavam ocultas forças de grande crueldade e astúcia: demônios, espíritos elementais malignos, entidades mascaradas como divinas, explorando o anseio humano por Deus e trabalhando para impedir seus desígnios, de forma a acorrentar a humanidade numa escravidão à escuridão, à ignorância e à morte. Renunciar aos vínculos com esses seres era um ato de rebelião cósmica, uma declaração de que alguém havia se emancipado (segundo o Evangelho de João) do "príncipe deste mundo" ou (na linguagem um pouco mais perturbadora em 2 Coríntios) do "deus deste mundo". Nesse estado falido de coisas, o cosmos estava sob o domínio do mal (1 João, 5:19), mas Cristo veio para salvar o mundo e tornar "cativo o cativeiro" e derrubar o império daqueles "tronos, dominações, principados e potestades" (Colossenses, 1:16; 1 Coríntios, 2:8; Efésios 1:21, 3:10) e os "príncipes" nas "regiões celestiais" (Efésios, 6:12) que tinham feito a criação prisioneira da corrupção e do mal. Novamente, devido à perspectiva de nossa era, dificilmente deixaremos de ler essa linguagem como mitológica, reduzindo assim seu contexto de dimensões cósmicas para algo mais pessoal ou político. Dessa forma, contudo, não entendemos o escândalo e a euforia do início do cristianismo. Esses tronos, potestades, principados e assim por diante não eram meros príncipes e impérios terrestres (embora tais príncipes e impérios servissem a seus fins), muito menos abstrações vagas; eles eram, segundo a tradição apocalíptica judaica, os governantes angélicos das nações, os "arcontes" celestes, as legiões frequentemente amotinadas do ar, as quais — embora pudessem ser adoradas como deuses e ter algum tipo de poder e assombro em si mesmas — eram apenas criaturas do Deus verdadeiro. Cristo havia libertado a criação justamente dessa tirania de forças celestes. E assim a vida da fé para a Igreja primitiva era, antes de mais nada, uma guerra espiritual, travada entre o Reino de Deus e o reino do mundo decaído, e cada cristão no dia de seu batismo era recrutado para estar ao lado de Cristo nessa luta. Daquele ponto em diante, ele ou ela era tanto súdito(a) quanto co-herdeiro(a) de um "Reino que não pertence a este mundo" e, dali em diante, passava a ser apenas um(a) estrangeiro(a) residente na "cidade terrena".

Ainda que possamos ser muito tentados a ver crenças desse tipo como algo tocantemente exótico ou incrivelmente supersticioso (dependendo de quanto nos iludimos de que nossa visão de realidade supera em sanidade todas as outras), devemos recordar que, na Antiguidade tardia, praticamente ninguém duvidava de que havia uma ordem sagrada no mundo, ou de que as esferas sociais, políticas, cósmicas e religiosas da existência humana estavam sempre entrelaçadas de forma indissociável. Cada Estado era um culto, ou uma pluralidade de cultos; a sociedade era normatizada pela religião; as ordens celestiais e políticas pertenciam a um único

A GRANDE REBELIÃO

continuum; e o compromisso de alguém com seus deuses era também a lealdade para com sua nação, seu povo, seus mestres e monarcas. Seria possível dizer (permitindo-se uma enorme generalização) que essa era a premissa sagrada de todo o paganismo indo-europeu: que o universo é um regime elaborado e complexo, uma hierarquia de poder e eminência, acima da qual pairava o Grande Deus, e abaixo dele, numa escala descendente, estava uma variedade de categorias subordinadas, cada uma ocupando um lugar ditado pela necessidade divina e preenchendo uma função cósmica — deuses e *daemons* maiores e menores, reis e nobres, sacerdotes e profetas e assim por diante, até os escravos. Além disso, embora fosse tanto natural quanto divina, essa ordem se equilibrava de forma precária e era estranhamente frágil. Precisava ser sustentada por meio de preces, sacrifícios, leis, devoções e obrigações, tendo que ser defendida o tempo todo contra as forças do caos que a ameaçavam por todos os lados, fossem elas espirituais, sociais, políticas, eróticas ou filosóficas. Porque a ordem cósmica, política e espiritual era uma coisa só, contínua e orgânica, e sua autoridade era absoluta.

Num mundo como aquele, o evangelho era um disparate, sendo perfeitamente razoável que seus detratores descrevessem os apóstolos como "ateus". Os cristãos eram — o que poderia ser mais óbvio? — inimigos da sociedade, ímpios, subversivos e irracionais; detestá-los era nada menos que prudência cívica, já que se negavam a honrar os deuses de seus ancestrais, desprezavam o bem comum e promoviam a afirmação grotesca e vergonhosa de que todos os deuses e espíritos se tornaram súditos de um criminoso crucificado da Galileia — alguém que, quando vivo, estava associado a camponeses e prostitutas, leprosos e lunáticos.[2] Isso era muito pior que mera irreverência; era perversidade pura e misantrópica; era anarquia. Podemos verificar um pouco desse alarme no que ainda temos de *A verdadeira palavra* (ou *Verdadeira doutrina*), de Celso, pagão do século II, cujos fragmentos foram preservados no tratado *Contra Celso*, de Orígenes, escrito muitas décadas depois. Seria improvável qualquer atenção de Celso aos cristãos, não tivesse ele reconhecido um perigo singular oculto naquele evangelho de amor e paz. Naturalmente, teria encarado a nova religião

150 REVOLUÇÃO

com certo menosprezo patrício, sem dúvida alguma, e seu tratado contém uma considerável quantidade de desdém em relação à ralé ridícula e aos variados simplórios atraídos para o rebanho do cristianismo: os humildes e analfabetos, os escravos, as mulheres, as crianças, os sapateiros, as lavadeiras, os tecelões e assim por diante. Mas, nesse nível, o cristianismo não seria mais desagradável para Celso do que qualquer outra superstição asiática que vez por outra perambulava pelo império, levando a malícia a todas as classes sociais e provocando em geral o lamento impotente dos educados e bem-nascidos. Dificilmente algo assim mereceria o ataque enérgico que Celso escreveu.

O que causou claramente em Celso um horror genuíno a respeito dessa superstição particular não era aquela vulgaridade previsível, mas um inédito espírito de rebelião que permeava aqueles ensinamentos. Ele continuamente fala do cristianismo como uma forma de sedição ou motim, e o que mais condenava era o desacato aos costumes religiosos imemoriais das tribos, cidades e nações do mundo. Os inúmeros povos da terra, acreditava Celso, eram governados por vários deuses que serviam como tenentes do Grande Deus, e as leis e costumes estabelecidos por eles em cada lugar eram parte da divina constituição do universo, algo que ninguém, fosse nobre ou plebeu, poderia desconsiderar ou abandonar. Para ele, era chocante que os cristãos, por não terem qualquer reverência decente àquelas ordenanças e instituições, se negassem à adoração dos deuses e declinassem da veneração dos bons espíritos (*daemons*) que serviam como intermediários entre os humanos e os mundos divinos, recusando-se até a rezar pelo imperador. Esses cristãos eram depravados a ponto de pensar que estavam *acima* dos templos, tradições e cultos de seus ancestrais; de algum modo, até mesmo imaginavam (ridiculamente) que tinham sido elevados acima dos emissários imortais de Deus, das estrelas divinas e de todas as outras forças celestes, conquistando assim um tipo de intimidade imediata com o próprio Deus. E por afirmarem uma emancipação dos principados, potestades, tronos e dominações, também renunciaram aos laços espirituais e morais com seus povos e com a grande ordem cósmica. Para Celso, tudo isso claramente fazia parte de uma devoção antinatural e sem raízes, sem qualquer precedente e até mesmo monstruosa, uma religião como nenhuma outra, que, em vez de prover um vínculo sagrado entre o crente e sua nação, tentava transcender todas as nações.

E, de fato, ele estava totalmente correto. Os cristãos de fato eram um povo em separado, ou ao menos aspiravam a sê-lo: uma outra nação dentro de cada nação (como Orígenes gostava de dizer), uma nova humanidade que (de acordo com Justino, o Mártir) aprendeu a não mais desprezar as outras raças, preferindo viver com elas como irmãos e irmãs. A Igreja — governada por suas próprias leis, sem reconhecer nenhuma lealdade rival — almejava se tornar um povo universal, uma raça universal, mais universal que qualquer império de deuses e homens, sujeita apenas a Cristo. Nenhum credo poderia ser mais subversivo perante a antiga sabedoria do mundo, nenhum movimento se fez mais digno do ódio daqueles cuja sabedoria fora a verdade de todas as eras.[3]

Uma das ironias mais interessantes da polêmica anticristã contemporânea é o recrudescimento dessa mesma crítica — ou melhor, do desenvolvimento de algo muito semelhante, embora com uma inflexão mais moderna. Hoje, não é o caráter "subversivo" do evangelho o que nos ofende (raramente nos damos conta dele), muito menos sua "vulgaridade" (palavra que, para nós, perdeu quase toda a conotação antiga de reprovação), mas a sua "intolerância". Pelo menos, em alguns círculos, essa se tornou a reclamação favorita. É desnecessário dizer que essa acusação evoca certas preocupações claramente modernas. Os primeiros cristãos dificilmente teriam tido o privilégio de pensar nesses termos, mesmo se fosse algo inteligível para eles. Como, por séculos, a posição deles foi a mais frágil dentro da sociedade, tenderiam a pensar nas crenças de seus ancestrais não apenas como credos rivais, mas como uma tirania da qual tinham escapado. Eles compreendiam a rejeição a todos os deuses, menos o seu próprio, como a exata declaração de sua liberdade espiritual, seu atestado de emancipação dos principados cósmicos malignos que escravizavam as nações. Mas, a julgar por parte da recente literatura popular sobre o tópico, há muitos que veem essa atitude da parte dos primeiros cristãos não apenas como despropositada, nem apenas como um pouco maldosa, mas como a culpa crucial e mais condenável do cristianismo.

Estritamente falando, não se trata de uma linha inteiramente nova de ataque. Foi Gibbon o primeiro a se arriscar nela, ao propor uma oposição generalizada entre fanatismo monoteísta e magnanimidade politeísta — ou seja, entre o espírito inflexível da intolerância supostamente típica da fé no Deus Único e a abertura alegadamente mais hospitaleira e eclética das religiões que esperam seus deuses se manifestar de variadas formas e em quantidades indefinidas:

> O politeísta devoto, embora profundamente apegado aos seus ritos nacionais, aceitava as diferentes religiões da Terra com fé implícita (...), nem o romano que menosprezava a ira do Tibre podia ridicularizar o egípcio que apresentava a oferenda ao gênio benevolente do Nilo. (...) O espírito da Antiguidade era tão moderado que as nações eram menos atentas às diferenças do que às semelhanças de suas devoções religiosas.[4]

Esse é um retrato positivamente encantador da religiosidade antiga, sem dúvida. Decerto, pode-se sentir que, em contraste, um espírito muito mais amargo e severo tomou posse do mundo romano à época em que o imperador cristão Graciano (359-383) decidiu impor o cristianismo niceno a todo o império, cancelando o patrocínio estatal a todos os outros cultos e removendo o altar da deusa Vitória do Senado. E dificilmente alguém pode deixar de se comover pelas palavras do "nobre pagão" Símaco (c. 345-402), que, em favor da restauração do mesmo altar, admoestou seus ouvintes a não se importarem "com a estrada pela qual cada homem busca a verdade", porque "tão grande mistério" não pode ser alcançado por uma abordagem única. De fato, não se pode negar que o cristianismo entrou no mundo antigo como uma fé estranhamente incapaz de se misturar com outras crenças, uma característica que compartilhava com o judaísmo de que se derivou. Embora o cristianismo dos primeiros séculos fosse apenas uma entre muitas das chamadas religiões de mistérios — ou seja, cultos que

A GRANDE REBELIÃO

envolviam ritos de iniciação e regeneração, refeições sacrificiais, promessas de iluminação pessoal ou salvação, mitos de morte e renascimento místicos e assim por diante —, ainda se diferenciava de todas as outras devoções por exigir de seus adeptos uma lealdade não apenas dedicada, mas exclusiva. Os seguidores de Dionísio, Cibele e Átis, Ísis e Osíris, Sabázio, Mitra ou de qualquer uma das divindades pagãs salvadoras não eram obrigados a menosprezar ou negar o poder ou a santidade dos outros deuses nem a permanecer totalmente afastados de seus ritos e templos; apenas recebiam um novo deus ou deusa para adorar, talvez dominante, mas em nenhum sentido solitário. Somente o mistério cristão demandava do convertido um compromisso absoluto ao único Deus e uma recusa a todos os outros. Tudo isso é verdade. Mesmo assim, a ideia de que, com o triunfo da Igreja, um politeísmo relaxado e expansivo foi derrubado por um monoteísmo impiedosamente tacanho é simplesmente mentira; para ser mais preciso, trata-se de uma completa confusão de categorias.

Para começar, a atribuição de "valores pluralistas" a uma cultura que não tinha qualquer concepção de pluralismo nem qualquer compromisso com "diversidade" ou liberdade de culto é simplesmente anacrônica. O politeísmo do Império Romano pode ter tido enorme paciência com uma diversidade notável de *cultos*, mas decerto não tinha nenhuma com uma grande diversidade de *religiões*. Talvez possa parecer uma distinção excessivamente sutil, mas é de fato tão elementar que, a menos que seja levada em consideração, nada de importante poderá ser dito das relações entre a cultura pagã e o cristianismo inicial. O mundo pagão indo-europeu e do Oriente Médio era muito receptivo, dentro do razoável, a novos deuses — um a mais nunca era demais —, mas apenas na medida em que aqueles deuses fossem habitantes reconhecíveis de um universo religioso e mítico que lhes fosse familiar e pudessem ser integrados a uma rede variada e ramificada de devoções lícitas sem qualquer turbulência. Nesse sentido, e apenas nesse, a extensão do mundo romano pode ser religiosamente "tolerante": a tolerância se dava com crenças que fossem apenas diferentes expressões de seu próprio temperamento religioso e, por conseguinte, facilmente absorvíveis. Ou seja, havia tolerância com o que fosse tolerável. Porém, quando se deparava com crenças e práticas contrárias às suas próprias devoções, estranhas às suas próprias sensibilidades religiosas, ou aparentemente subversivas às suas próprias premissas sagradas, o mundo romano poderia responder com violência extrema.

Isso foi verdade até nos casos em que outros cultos pagãos pareceram perversos ou perigosamente exóticos. Um exemplo perfeito, já mencionado antes, foi a reação dos romanos sérios e pios de 186 a.C. ao surgimento das bacanais na Etrúria, e as medidas severas tomadas para contê-las (pois, como o cônsul Postúmio recordou a seus companheiros romanos, apenas os deuses de Roma eram deuses verdadeiros). E isso estava longe de ser uma aberração. Antes e depois do período imperial, o Senado romano se encarregou de expulsar da cidade, ou mesmo da Itália inteira, cultos estrangeiros, destruindo seus templos, proibindo seus ritos e até — quando julgou necessário — deportando e executando seus adeptos. As tentativas de expulsar de Roma o culto a Ísis, da metade do século I a.C. ao longo do reinado de Tibério, envolveram não só coerção estatal mas também uma boa parcela de conflito inter-religioso (sendo os adoradores de Cibele especialmente hostis à intrusa do Nilo). Aliás, o ateísmo era uma coisa sempre abominável aos gentis politeístas tementes a Deus, e em certas épocas e lugares chegou a ser um crime capital. (No décimo livro das *Leis* de Platão, caso alguém se interesse, faz-se uma defesa completa do aprisionamento e, se necessário, da execução daqueles que negam os deuses.) Além disso, quando a cultura politeísta entrou em contato com os judeus — um povo intransigente na sua particularidade religiosa, que recusava tanto a ter seu Deus listado entre os deuses dos outros povos quanto a se submeter à invasão de divindades estrangeiras em suas devoções —, a "tolerância" pagã vez por outra se dissolvia em meio a alarmadas medidas bruscas. E bem pior que o "particularismo" judeu — com sua insistência obstinada por pureza ritual e confessional — era o "universalismo" cristão, com sua indiferença promíscua aos costumes locais e às lealdades de culto.

A própria ideia de que o politeísmo tinha uma tolerância inerente para com as diferenças religiosas maior do que a do "monoteísmo" é, como afirmação histórica, totalmente inconcebível. Na realidade, as provas em

A GRANDE REBELIÃO

contrário são tão numerosas que qualquer seleção de exemplos particulares se torna um tanto quanto arbitrária. Mesmo que alguém se restrinja, em nome da conveniência, às velhas sociedades das quais (e nas quais) o cristianismo surgiu, sofrerá de um constrangimento colossal. Houve, por exemplo, o reinado do imperador selêucida na Síria, Antíoco IV Epifânio (c. 215-164 a.C.) e seus assassinatos monstruosamente brutais de fiéis judeus que resistiram à profanação de sua fé — recontados em detalhes bastante desagradáveis nos livros dos Macabeus. Ou pode-se mencionar o motim de Alexandria em 38 d.C., quando turbas pagãs instalaram estátuas do "divino" Calígula nas sinagogas das cidades, e os judeus perderam sua cidadania municipal e foram forçados a se retirar para um bairro separado da cidade, enquanto centenas de seus lares foram destruídos; aqueles que se arriscaram fora do gueto foram agredidos ou mortos nas ruas. Ou — para não desprezar o óbvio — pode-se querer apenas mencionar as perseguições aos cristãos sob as ordens de vários imperadores romanos. Estas últimas foram certamente inspiradas por mais do que o mero pragmatismo político; eram expressões de uma boa parcela de sentimento religioso pagão e frequentemente impulsionadas por motivos religiosos inconfundíveis. Em Alexandria, por exemplo, entre o fim de 248 e o início de 249, antes mesmo dos éditos imperiais que inauguraram as perseguições de Décio, houve uma erupção de violência contra os cristãos da cidade aparentemente iniciada por um profeta "pagão". E a última e mais selvagem das perseguições imperiais foi instigada, ao menos em parte, pelas palavras de um deus: conta-se que Diocleciano ouviu de um profeta de Apolo em Dídimos (hoje Turquia) que o grande número de "justos sobre a terra" — significando os cristãos do império — dificultou a obtenção de respostas dos oráculos divinos, o que convenceu o imperador a editar uma série de decretos pela purificação espiritual de seus domínios. Seria possível continuar, mas basta dizer que é melhor evitar grandes generalizações sobre a relativa "tolerância" de monoteísmo e politeísmo. Em épocas diferentes e diferentes lugares, judeus e pagãos perseguiram cristãos, pagãos perseguiram cristãos e judeus, e cristãos perseguiram judeus e pagãos; de fato, pagãos perseguiram outros pagãos, judeus, outros judeus, e cristãos, outros cristãos (e, obviamente, no período moderno, alguns ateus provaram ser de longe os perseguidores mais ambiciosos, homicidas e prolíficos de todos — mas isso pouco importa).

Em outro sentido, porém, os críticos estão certos: em muitos outros aspectos, a cultura religiosa pagã era imensuravelmente mais "tolerante" do que o cristianismo jamais foi — na verdade, podia-se tolerar praticamente qualquer coisa. É fato que muitas das mais espetaculares depravações de culto pagão, como o sacrifício humano, foram ativamente desestimuladas por Roma onde quer que o império as encontrasse, fosse no norte da Europa, na Ásia Menor, no norte da África, na Gália e até na Itália. A partir de 97 a.C., o Senado criminalizou esses sacrifícios. Mas tradições antigas não somem facilmente; ainda no tempo do imperador Adriano (76-138), foi necessário decretar leis proibindo a oblação de vítimas humanas, de modo a reprimir alguns costumes festivos locais (tais como a imolação de um único homem ao Júpiter Cipriano em Salamina). Num sentido mais amplo, porém, certos tipos de sacrifício humano — ou, em todo caso, a sua lógica — nunca estiveram inteiramente ausentes da cultura religiosa romana. Dê-se ou não crédito aos relatos dúbios de vidas humanas oferecidas aos deuses, em ocasiões muito especiais, por imperadores tão conservadores quanto Augusto, ou tão degenerados quanto Cômodo (161-192) — muito mais plausíveis no caso do último do que no primeiro, como talvez se pense —, pode-se afirmar que a ordem sagrada da sociedade romana foi nutrida e sustentada por algumas formas aceitáveis de sacrifício humano. A execução de um criminoso, por exemplo, era frequentemente transformada numa oferenda explícita ao deus cujas leis o criminoso transgrediu (assim Júlio César, em 46 a.C., pôde compreender a execução de dois soldados amotinados como um sacrifício a Marte). E certamente não havia maior espetáculo sacrificial, nem celebração mais agradável na ordem sagrada, do que o entretenimento oferecido na hora do almoço nos dias de jogos na arena, entre a matança de animais selvagens pela manhã e as lutas entre gladiadores à tarde, quando criminosos condenados das classes mais baixas, escravos e prisioneiros estrangeiros eram executados por crucificação, tortura, fogo ou entregues às feras furiosas. As próprias competições da

A GRANDE REBELIÃO 157

gladiatura eram entendidas originalmente como *munera mortis*, tributos pagos aos *manes*, os espíritos dos mortos. E, é claro, havia outras formas de "sacrifício humano" que requeriam oferendas diferentes da vida da vítima — mas não necessariamente menos graves, como a autocastração em êxtase e a automutilação regular exigida pelos sacerdotes da Grande Mãe da Anatólia, Cibele, ou da "deusa síria" Atargatis. Exemplos não faltam.

Muito além das observâncias rituais mais revoltantes, porém, as religiões do império eram repulsivas — num grau bastante elevado — principalmente pelo que não faziam, ou por aquilo que jamais consideraram fazer. Acadêmicos têm feito nos últimos anos tentativas ocasionais para sugerir que o paganismo do fim do império era marcado por um tipo de "filantropia" comparável em espécie, e até em escopo, com a caridade praticada pelos cristãos, mas nada poderia estar mais distante da realidade (como discutirei mais adiante). O culto pagão nunca foi mais tolerante do que sua tolerância — sem qualquer hesitação de consciência — com pobreza, doenças, desnutrição e desabrigo; com espetáculos de gladiadores, crucificações, exposição de crianças desamparadas ou matanças públicas de prisioneiros ou criminosos em ocasiões festivas; com quase toda forma imaginável de tirania, injustiça, depravação ou crueldade. As seitas nativas do mundo romano simplesmente não faziam nenhuma conexão entre devoção religiosa e qualquer coisa semelhante a uma moralidade social desenvolvida. Na melhor das hipóteses, sua benignidade poderia se estender à oferta de hospedagens a peregrinos, ou ao compartilhamento de refeições sacrificiais com seus companheiros de fé; como regra, porém, mesmo esses poucos serviços eram raros e intermitentes por natureza, e nunca chegaram à estatura de uma obrigação religiosa de cuidar daqueles que sofrem, alimentar os famintos ou visitar prisioneiros. Nem mesmo a autoridade do sagrado, na sociedade pagã, operava de alguma maneira para mitigar a brutalidade do restante da sociedade — bem ao contrário, na verdade — e seria difícil exagerar nessa brutalidade. Para dar um exemplo mais ou menos aleatório (um que escolho, devo dizer, apenas porque me afetou profundamente quando li sobre ele quando garoto): Tácito relata o assassinato de Pedânio Segundo, em 61 d.C., por um de seus escravos, o que levou a efeito o antigo costume de que, nesses casos, todos os servos da casa deveriam ser punidos com a morte — um costume que, nesse caso, significaria a execução de aproximadamente quatrocentos homens, mulheres e crianças. Houve uma louvável manifestação pública em protesto contra a morte de tantos inocentes, mas o Senado concluiu que as normas antigas precisavam ser honradas, nem que fosse apenas pelo exemplo que o massacre estabeleceria, e em nenhum lugar no decorrer do debate, ao que parece, foi invocado algum conceito de justiça divina ou virtude espiritual.[5] Pode soar como uma história muito irrelevante, admitamos, mas se deve notar que a ordem social que os cultos imperiais sustentavam e a que serviam era do tipo que repousava — não por acidente, mas essencialmente — sobre uma crueldade penetrante, implacável e polimorfa, e que se rebelar contra aqueles cultos era também se rebelar contra essa ordem.

Acima de tudo, isso deve ser relembrado quando se aborda a relativa abertura ou o exclusivismo das crenças antigas. Podemos recordar com palpitações perceptíveis de emoção como o nobre Símaco pediu maior tolerância para as práticas pagãs, assim como, em geral, podemos estar dispostos a endossar a visão dele de que as estradas que levam à verdade são muitas; mas nós bem que poderíamos, da mesma forma, evitar um sentimentalismo excessivo. Podemos nos lembrar não apenas que sua ampla "tolerância" envolveu impor o culto à Vitória a senadores cristãos mas também que sua perspectiva religiosa era inteiramente desprovida de ângulos éticos discerníveis. Afinal, Símaco foi o mesmo homem que reclamou da perda de um enorme investimento que havia feito no ramo do entretenimento público, quando 29 dos prisioneiros saxões que ele comprou para a arena se mataram antes que pudessem se apresentar.[6] Não desejo registrar nenhuma declaração exorbitante sobre o esforço do cristianismo institucional para melhorar da sociedade à qual estava ligado; de fato, nem posso. Por exemplo, se é verdade que, conforme relata Teodoreto de Cirro (c. 393-c. 457), o imperador Honório (384-423) só deu fim ao combate de gladiadores, em 404, apenas quando um monge foi morto por espectadores enquanto tentava interromper a batalha, significa que tais jogos perduraram por mais de uma década após a conversão oficial

A GRANDE REBELIÃO

do império ao cristianismo, e quase noventa anos depois de Constantino ter feito a primeira tentativa de tornar os combates ilegais.[7] Dito isso, essa mudança só surgiu depois da morte de um monge, e esses espetáculos só chegaram ao fim porque sua natureza era repulsiva à fé cristã e contrária às leis da Igreja. Bastaria esse fato para demarcar uma diferença ampla e irreconciliável (e o necessário antagonismo) entre as sensibilidades morais do cristianismo e aquelas da religião que desapareceu. Portanto, não nos deveria surpreender nem nos perturbar que os cristãos do fim do século IV não estivessem provavelmente muito inclinados a concordar com Símaco a respeito da variedade de caminhos que levam à mesma verdade, uma vez que muitos desses caminhos poderiam ser percorridos com êxito sem jamais parar para cuidar das feridas de um estranho em agonia, e sem sequer parar alarmado ante a visão de bebês indesejados deixados para ser devorados por animais selvagens, ou ante as atrocidades da arena, ou ante execuções coletivas. Se, conforme acreditavam os cristãos, Deus se revelou como um amor onipotente, e se a verdadeira obediência a Deus exigia uma vida de heroísmo moral a serviço do "menor de vós", como os cristãos deveriam encarar a vida da maioria dos pagãos, se não como uma coincidência extremamente obscena de servidão espiritual e indiferença moral? E como deveriam ver os deuses de cujas mãos Cristo os livrou, se não como espíritos de discórdia, ignorância, caos, fatalismo e violência grosseira, cujos cultos e devoções estavam muito longe da dignidade das criaturas moldadas conforme a imagem divina?

No fim das contas, entenderemos muito pouco da cristianização do Império Romano se a abordarmos como se fosse apenas a história de um conjunto de práticas espirituais que — por conta do "exclusivismo" intransigente e disparatado dos cristãos — tomou o lugar de outro conjunto de práticas espirituais, ou se simplesmente imaginarmos (como as pessoas modernas particularmente são inclinadas a fazer) que religião é, por definição, uma questão de convicção "privada", em vez de uma ordem cultural, social, espiritual e política a respeito de valores, autoridades e ideais. O cristianismo era, sem ambiguidade alguma, uma rebelião cósmica. Pode ter sido parcialmente controlado pelo império quando foi oficialmente adotado, mas, mesmo assim, seu maior triunfo resultou não apenas na substituição de um culto por outro, ou de um tipo de consciência mítica por outra, mas na invenção de um universo inteiramente novo de possibilidades humanas, fossem elas morais, sociais, intelectuais, culturais e religiosas. Tenham essas novas potencialidades sido aproveitadas de uma vez ou apenas no decorrer dos séculos, elas jamais teriam sido abertas à experiência humana sem a morte da velha ordem e o rebaixamento ao novo status de subordinação daqueles velhos deuses que a presidiam, uma vez que foram eles que a dotaram de certo tipo de glamour e lhe emprestavam forma e estrutura míticas. A velha fé e a nova representavam duas visões do sagrado e da bondade humana essencialmente incompatíveis. Elas não poderiam coexistir indefinidamente, e apenas um imbecil moral poderia se lamentar sem reservas por aquela que sobreviveu. Os velhos deuses não inspiraram a construção de hospitais e casas de caridade, não fizeram da alimentação dos famintos e do cuidado com os desprovidos um caminho para a iluminação espiritual, nem fomentaram qualquer conceito coerente da dignidade intrínseca em cada alma humana; eles jamais poderiam ensinar seus súditos humanos a pensar na caridade como a maior das virtudes ou como o caminho para a união com o divino.

Aliás, devo acrescentar, é deselegante repreender os oprimidos por não honrarem seus opressores. Ex-escravos não têm qualquer obrigação particular de ser tolerantes com seus mestres de outrora. Quando se considera o registro da "intolerância" do começo do cristianismo — recordando aqueles exorcismos no batistério na véspera da Páscoa (para voltar a um ponto já afirmado) —, é preciso lembrar que os cristãos do império não eram uma tribo estrangeira que num belo dia chegou ao mundo pagão, de posse de espadas e preconceitos colonialistas, e saiu sistematicamente erradicando as religiões aborígines daquele povo. Os deuses que eles rejeitaram tinham sido seus deuses também, eram seus antigos mestres. Se vieram a julgar que aqueles deuses eram indignos de reverência e que aqueles cultos eram inerentemente irreconciliáveis com o que quer que a história de Cristo lhes tenha despertado interiormente, seria muito presunçoso de nossa parte censurá-los por seu "exclusivismo" ou por seu "fanatismo". Há momentos

A GRANDE REBELIÃO

em que um tipo de impiedade santa, ou sagrada irreverência, ou ainda ingratidão caridosa, se faz não apenas adequada como necessária. No ano de 389, uma outra história encantadora — ou desagradável, dependendo da sensibilidade — conta como Serena, uma dama cristã casada com Flávio Estilicão (que se tornaria depois regente imperial), entrou um dia no templo palatino da Grande Mãe Cibele, caminhou até o altar da deusa, removeu o colar da estátua e o pôs em volta da própria garganta. Depois se retirou, levando seu furto, enquanto a única sacerdotisa presente, a última das virgens vestais, lhe lançava maldições aos gritos.

Gosto dessa história, devo dizer, apenas por seu significado simbólico. Não faço ideia, obviamente, dos reais motivos de Serena. Ela pode ter simplesmente se encantado pelo colar, pensando que um gesto desnecessário e provocativo de escárnio triunfalista acobertaria seu furto convenientemente. E, sendo honesto, isso só ocorreu um pouco depois do período em que cristãos ainda podiam dizer que sofriam de alguma ansiedade muito residual pelo tratamento perverso que a antiga religião estatal lhes direcionava, ou mesmo pelas mãos do imperador Juliano; no espaço de dois anos, de fato, o tio de Serena, o imperador Teodósio, fecharia os templos dos velhos deuses. Mas há um tipo de pureza emblemática no gesto de Serena que, embora mal-educado, merece ao menos um momento de admiração, ou pelo menos de simpatia. Tratava-se, por assim dizer, de um último ato agradavelmente gratuito de rebeldia despreocupada, de uma manifestação grandiosamente arrogante de confiante desprezo por uma fábula velha e desacreditada, e uma demonstração elegantemente impetuosa da impotência de um torturador derrotado. Há também sempre algo de deselegante na zombaria vingativa, admito — como num cidadão recém--emancipado insultando alegremente a rainha deposta enquanto uma carroça a transporta para a execução na guilhotina, e assim por diante —, mas há algo nisso que também é bastante compreensível. Desde o início, os deuses tinham sido cúmplices sacrossantos nas crueldades de uma cultura irrefreavelmente cruel e, muitas vezes, alegremente sádica (e Cibele era uma abusadora muito pior do que a média); não era só por jamais terem oferecido qualquer espécie de alívio para os sofrimentos de seus adoradores, ou por não os terem instruído sobre como cuidar uns dos outros, mas por somente terem provido uma divina legitimação das práticas, das instituições e dos preconceitos de uma sociedade na qual a lei da caridade não só era uma impossibilidade como um crime contra o bom gosto.

Não se trata de negar que muitos pagãos fossem sinceramente devotados aos deuses; havia coisas apreciáveis, consoladoras e enobrecedoras ligadas ao culto, e a Igreja tomou algumas delas para si nos séculos seguintes. Os deuses invadiram a terrível mundanidade da existência humana com declarações de transcendência, mitigaram o pavor dos humanos em face das violências e vastidões impessoais da natureza quando preencheram o mundo orgânico com inúmeros agentes pessoais a quem se poderia servir e adorar, e (talvez o mais importante) evitaram o tédio ao transmitir àqueles crentes alguma sensação do mistério duradouro e irredutível que reside no fundo do coração das coisas. Mas a benignidade de seu governo, tal como ele era, só nos é visível agora porque foram colocados há séculos nos seus devidos lugares pelo triunfo do "ateísmo" cristão. Enquanto pôde se manter intacta, a ordem espiritual pagã foi circunscrita a certas fronteiras permanentes, nas quais os velhos deuses montaram guarda. Da mesma forma que os deuses deram à imaginação humana um mundo para habitar e histórias para contar sobre ele, também a confinaram dentro desse mundo e dentro de seus limites morais e intelectuais, que não eram nem próximos das imensas e desafiadoras possibilidades que adentraram a cultura humana com o advento do evangelho. E isso exigiu uma disposição para se rebelar contra crenças da Antiguidade e autoridade imensuráveis, a fim de cruzar aquelas fronteiras sem peso na consciência ou medo de retaliação divina.

Assim, ainda soa curioso que, da época dos apóstolos até a conversão de Constantino, conforme as décadas se estendiam pelos séculos, um número tão grande de pessoas (ao menos em qualquer estimativa estatística sólida) tenha escolhido abandonar velhos juramentos e "se juntar à revolução"; e talvez seja sábio se perguntar por que isso ocorreu. Como foi que tantos se desencantaram pela antiga ordem e perderam seu temor pelos velhos deuses? Que parte da experiência cristã os estimulava a quebrar seus pactos de outrora? E por que, com o tempo, toda a cultura ocidental se

A GRANDE REBELIÃO

submeteria a esse batismo? A princípio, com a expansão da Igreja, só alguns poucos judeus aceitaram o convite de afirmar sua libertação dos poderes e principados, assim como alguns pagãos que renunciaram a seus deuses; e sempre haverá, em qualquer tempo e lugar, um destacamento seleto dos corajosos, impulsivos e excêntricos, dispostos a romper com a tradição, abandonar velhas certezas e perseguir modismos exóticos. Contudo, o cristianismo continuou a crescer incessantemente, não apenas por todo o império, mas também para além de suas fronteiras no leste e no oeste e — com o passar dos anos — no norte e no sul, contando em suas fileiras convertidos de todas as classes, todas as crenças, todas as fés e todas as raças do antigo mundo europeu, do bizantino, do Oriente Médio e das bordas do Mediterrâneo.

Obviamente, a ascensão ao poder de um imperador cristão — ou, em qualquer nível, semicristão — alterou abruptamente o curso da história imperial e acelerou o declínio da religião original do império. Mas supor que essa explicação é suficiente para o triunfo definitivo do cristianismo — ou que a nova fé teria sido apenas uma seita insignificante e obscura sem a vitória de Constantino na ponte Mílvia — é sucumbir a uma compreensão quase mágica dos processos históricos. A própria hipótese de um imperador cristão — de um homem capaz de tomar e manter o controle do mundo romano enquanto desposava um credo estrangeiro — atesta que o cristianismo já era muito plausível no início do século IV e sugere que, àquela altura, a Igreja possuía um grau formidável de estabilidade cultural e aceitação pública (em especial na metade oriental do império). Nesse sentido, o mesmo também se deduz das tentativas desesperadas e notavelmente brutais dos antecessores quase imediatos de Constantino pelo extermínio da fé. Não se trata de negar que o cristianismo ainda era uma religião minoritária quando Constantino a adotou, ou que assim pudesse permanecer algum tempo depois de sua conversão. É impossível determinar o número preciso de cristãos do império no começo do século IV, mas era decerto muito menor que o de pagãos. Apesar disso, a expansão cristã tinha se mostrado contínua, e parece claro (mesmo que apenas em retrospectiva) que o eclipse final de seitas e cultos mais fracos, mais difusos e mais fragmentários do mundo pagão estava perto do grau de inevitabilidade histórica. Pode-se até considerar a conversão de Constantino uma interrupção do curso natural da escalada gradual do cristianismo: como se não bastasse, o crescimento cumulativo e inexorável da Igreja nos primeiros séculos parecia apresentar cristãos melhores como um todo, deixando a comunidade livre dos piores efeitos do poder mundano e das disputas internas. Em qualquer grau, é perfeitamente justificável afirmar que, quando Constantino adotou a fé cristã, sua conversão não foi a causa — por maior que tenha sido seu significado —, mas apenas um momento dentro de um movimento que já havia começado a conquistar o império e que, sob determinados aspectos, o superava até mesmo em escopo, começando a transformar as próprias fundações do mundo antigo. Constantino pode ter acelerado esse processo — embora também o tenha retardado, de outras maneiras —, mas era muito mais uma criatura do que o senhor dessa mudança.

Não preciso dizer que essas afirmações são contestáveis, sendo finalmente irrelevantes ao meu argumento. O que não se discute é que, à época da última grande perseguição e da ascensão de Constantino ao trono, os cristãos até poderiam ser uma minoria no império, mas uma minoria forte, grande o bastante para ser vista como ameaça, e também como alternativa crível aos costumes antigos do mundo pagão. Qualquer que pudesse ter sido o rumo da história imperial caso a batalha na ponte Mílvia tivesse outro resultado, o que de fato aconteceu — ou seja, o que passou a ocorrer daquele ponto em diante — foi que incontáveis milhares de pagãos escolheram abandonar os caminhos de seus ancestrais, abraçando uma fé tão radicalmente diferente em sua natureza que até se obrigaram a deixar para trás quase tudo que fosse relacionado às suas velhas identidades religiosas. Isso demandou não apenas mudança de hábitos, mas uma conversão completa da vontade, da imaginação e do desejo. Por que então isso ocorreu? O que tornou essa nova fé — e mesmo os riscos que ela acarretava — tão mais preferível do que aquele mundo de crenças e práticas que atravessou milênios com solene e duradoura majestade?

11. Uma gloriosa tristeza

O passado sempre é, até certo ponto, uma ficção do presente. Nas horas mais melancólicas, é tranquilizante se render às saudosas "memórias" daqueles mundos que nós, como raça ou povo, abandonamos; e, nesses nossos momentos de complacência e elogios a nós mesmos, temos prazer em "recordar" a escuridão da qual emergimos e as barbaridades das quais nos livramos. Não há nada necessariamente inédito aqui: Nietzsche chamava isso de uso da História para as finalidades da vida. E durante os primeiros séculos do longo declínio da cristandade — isto é, do Renascentismo até o começo da era industrial —, tais propósitos normalmente serviam, entre as classes europeias mais cultas, a dois períodos concebidos (e reconcebidos) da história ocidental: era moda cultivar tanto um desdém sarcástico pela longa escuridão de uma Idade Média mítica e estereotipada quanto um devaneio nostálgico de uma Antiguidade que nunca existiu. A atmosfera amena de um novo humanismo, admirável em sua própria autoconfiança, alimentou uma visão muito particular da Antiguidade pagã: um tipo de paraíso perdido, uma cultura de vitalidade, beleza e criatividade superabundantes, erigida sobre os alicerces de uma harmonia sã entre corpo e mente, avivada por um exuberante apego ao mundo e seu inextinguível poder de fecundar e destruir. Os gregos do século de Péricles, em especial, conquistaram uma reputação (não inteiramente imerecida) de vigor intelectual, sabedoria, equilíbrio espiritual e felicidade espontânea; sua época passou a ser vista como a "era dourada" da Europa, para a qual todo luto era pouco.

166 REVOLUÇÃO

Fora certo medievalismo luxuosamente pitoresco de alguns dos românticos, essa helenofilia foi a grande paixão estética e intelectual de gerações inteiras de acadêmicos, filósofos, poetas e artistas europeus, uma febre em geral benigna, que alcançou sua intensidade mais alta da metade do século XVIII ao fim do século XIX, contaminando cabeças esplêndidas, como as de Goethe e Hölderlin, e outras ridículas, como a de Algernon Swinburne. Até Nietzsche, por mais que tenha buscado expor as correntes subterrâneas mais obscuras que nutriram a cultura dos gregos antigos, não pôde resistir ao contágio. Ele afirmou que o sublime gênio da tragédia grega reside na sua habilidade de contemplar, sem qualquer ilusão, as profundezas da vida e o caos e o terror do mundo, e responder a elas não com medo, resignação ou desesperança, mas com afirmações exultantes e supremas obras de arte. Nietzsche acreditava que o mundo pagão como um todo possuía um tipo de força vital agora impossível para nós, nascida de uma disposição implacável para subordinar todos os valores a julgamentos estéticos e, portanto, para distinguir, sem qualquer peso na consciência, o que era bom — ou seja, a força, a euforia, a coragem, a generosidade e a aspereza do espírito aristocrático — do que era ruim — a fraqueza, a debilidade, a timidez, a indignidade, a infelicidade e o ressentimento vingativo das almas servis. De fato, a principal acusação de Nietzsche contra o cristianismo era que ele constituía uma revolta de escravos nos valores: uma visão nova e patologicamente *moral* da realidade, que julgava todas as coisas, nobres ou ordinárias, de acordo com as mesmas categorias perniciosas e vingativas do bem e do mal. Tratava-se, segundo Nietzsche, da monstruosa conspiração contra a grandeza e a beleza que, por fim, levou tanto a alegria heroica dos gregos quanto o esplendor austero dos romanos a afundarem na enchente cristã de despeito, pusilanimidade e misticismo. O evangelho havia nos tirado a saúde de nossos antepassados, reduzindo todos nós a espíritos inválidos.

Um despautério total, obviamente. Muitos de nós somos herdeiros dessa visão animadora e fabulosa do passado ateniense, mas é provável que muitos de nós saibam também que há nisso mais ficção do que história. Contudo, é uma ficção cativante, daquelas que continuam a operar em muitos de nós num nível quase inconsciente. Parte da velha nostalgia classicista se estende até pela cultura popular nos dias de hoje, de formas um pouco mais imprecisas e menos refinadas, a despeito do esquecimento geral de toda a consciência histórica que condena a maioria das pessoas da modernidade recente a um presente perpétuo. Muitos de nós, creio, têm uma vaga ideia de que o *Homo paganus* era um espécime mais animado do que os moralistas espiritualmente aleijados que o sucederam, aproximando-se o quanto podia das nascentes naturais, eróticas, sensuais e místicas da vida; assim, gostamos de imaginá-lo paradoxalmente como alguém mais apegado a este mundo e mais indiferentemente à morte (ou, num certo grau, heroicamente reconciliado com sua inevitabilidade). Gostamos até de imaginar, de um jeito bastante absurdo, que o paganismo é o nome de um jeito de viver mais ligado à natureza, mais aconchegado na Terra, mais à vontade com a carne. Por exemplo, num romance um tanto adolescente e confuso chamado *Juliano*, Gore Vidal retrata o imperador apóstata como uma espécie de defensor da vida terrena, que corajosamente busca restaurar, em sua era, uma admiração do lado bom deste mundo, antes que ele se perca completamente na fria antissensualidade dos cristãos. Na verdade, dificilmente haveria um candidato mais implausível para esse papel, quando se consideram o verdadeiro desprezo "filosófico" de Juliano pelo mundo material e seu anseio por uma fuga definitiva pela prisão do corpo; mas, no universo de Vidal, o paganismo é um tipo de mundanidade elevada, uma ligação mais alta com a força e a fragilidade da vida corpórea, enquanto o cristianismo seria um ódio doentio ao mundo, e assim — como alguém poderia duvidar? — a campanha de Juliano era obviamente para resgatar o caudaloso vigor da cultura pagã dos braços gélidos e asfixiantes do cristianismo. Mas suspeito que, mesmo quando lembramos que essa imagem de um mundo que vivia em sábia inocência — até a chegada da sombra fatal do Sinai — é pouco mais do que uma fantasia da Arcádia, muitos de nós não conseguem deixar de associar a cultura pagã a uma mescla indiscernível entre saúde espiritual e felicidade sem culpa.

A história, porém, pode ser contada de forma bem diferente. É impossível pintar um retrato psicológico de um povo, uma cultura, uma época ou — como neste caso — uma imensa encruzilhada de povos, culturas e épocas; e é inútil tentar. Dito isso, é plausível e igualmente possível optar por ver o mundo pagão como uma melancolia irredimível. Ao longo dos anos, de fato, têm surgido historiadores e classicistas que preferem chamar atenção para a abrangência do elemento "trágico" na cultura da Antiguidade: as trevas assombrando a maior parte de sua mitologia, a brutalidade e o capricho das divindades, a morbidez de certas escolas filosóficas, a tristeza e o desespero com que se contemplava a morte, o medo das forças ocultas na natureza, a dependência religiosa de sacrifícios de apaziguamento e súplica, a violência de muitas das práticas sacras e, acima de tudo, uma obediência quase universal à lei do destino. O grande Jacob Burckhardt (1818-1897), por exemplo, atacou a imagem romântica dos gregos antigos como uma gente de felicidade incondicional e propôs em seu lugar a figura de um povo que positivamente se autotorturava, numa resignação quase inimaginável a dores e desesperança incessantes. E é decerto evidente que, em sentido mais amplo, a antiga cultura pagã — asiática ou europeia, grega ou romana, tanto no primeiro quanto no último estágio — foi marcada por um tipo de desalento onipresente que parece simplesmente ausente da cultura cristã na Idade Média. Isso, claro, é uma generalização suscetível a tantas qualificações e exceções que pode ser apenas uma impressão pessoal e certamente vai na contramão de muitas de nossas imagens recorrentes da miséria e da escassez medievais. Porém, quando se leva tudo em consideração, não seria inteiramente extravagante caracterizar o *ethos espiritual* da Antiguidade (ou seja, seu temperamento religioso e filosófico) como uma forma de gloriosa tristeza.

Ao menos quando vista como um contínuo religioso ou cultualístico, a sociedade pagã como um todo nunca teve êxito — em seus credos, filosofias e leis — em escapar do esquema mitológico imemorial dos indo-europeus, segundo o qual o cosmos era uma espécie de sacrifício perpétuo: um sistema fechado, dentro do qual deuses e mortais ocupavam lugares determinados por necessidades inescrutáveis, sendo inseparavelmente dependentes uns dos outros. De todo modo, esse sistema tinha um senso de economia, um ciclo finito de criação e destruição, ordem e caos, estabilidade e violência, o qual preservava a vida através de elaboradas transações culturais e religiosas com a morte. A natureza era uma coisa a um só tempo infinitamente generosa e infinitamente terrível, cujos poderes deviam ser ao mesmo tempo explorados e aplacados. Os deuses requisitavam sacrifícios — nós os alimentávamos, por assim dizer — e, em troca, eles nos protegiam das próprias forças que personificavam, e nos regalavam com alguma medida de seu poder, a fim de preservar o regime da cidade ou do império, dar legitimidade sacra à hierarquia da sociedade, entregar vitórias na guerra e nos abençoar com boas colheitas e comércio lucrativo. Talvez, num longo retrospecto, as dimensões de um mundo como esse não fossem tão espaçosas como muitas vezes gostaríamos de imaginar. Havia pouquíssima esperança para o indivíduo médio, neste mundo ou além dele; a mobilidade social era baixa, e as aspirações sociais eram consequentemente escassas; e mesmo aqueles que gozavam de poder social ou político pouco podiam fazer para retardar os passos da morte, ou torná-la menos atemorizante. Os grandes artefatos literários da Antiguidade (sem excluir totalmente as comédias e sátiras) eram penetrados por um determinado *pathos* consistentemente reconhecível: a tristeza majestática da *Ilíada*, o sublime fatalismo das tragédias áticas, a lúgubre melancolia da poesia de Horácio, e assim por diante. Pode-se ainda argumentar que todas as grandes escolas filosóficas da Antiguidade refletem algo desse mesmo *pathos*, em registros variáveis; decerto, nenhum deles (com a exceção ocasional e imperfeita de certos platonismos) poderia contemplar para além do universo fechado da necessidade, que envolvia ou um monismo supremo que somente igualava o divino à natureza, ou um dualismo supremo que colocava este mundo em algum tipo de tensão trágica com a realidade divina. De qualquer forma, ninguém pôde imaginar uma origem divina da realidade que transcendesse por completo este mundo, criando livremente e sustentando todas as coisas com base no amor.

Porém, se tudo isso soar como generalizações excessivamente ambiciosas, gostaria ainda de sugerir, no mínimo, que a específica cultura pagã dentro da qual o cristianismo evoluiu estava em avançado declínio moral ou espiritual, por mais que seja difícil medir essas coisas. De qualquer

170 REVOLUÇÃO

forma, não se pode imaginar os atenienses da era trágica — e, neste caso, até mesmo os romanos da República — tendo um prazer tão sincero e persistente nas diversões públicas que se tornaram comuns na era imperial e que provocaram tamanha repulsa dos moralistas cristãos. Por exemplo, no tempo de Nero e seus sucessores, era moda obrigar criminosos convictos a participar de peças escritas sobre temas míticos, em certos papéis de personagens condenados, de modo que a plateia pudesse se distrair com a rara visão de um ator sendo realmente morto no palco (o que, pelo menos, suponho eu, concedia ao pobre homem uma audiência um pouco mais refinada do que a que ele atrairia na arena, ao meio-dia). Claro, toda cultura tem seus teatros da crueldade, onde doentes emocionais podem gozar dos tormentos dos outros por lazer (os nossos são o cinema e o videogame, uma vez que nossa tecnologia nos permite produzir o espetáculo sem a inconveniência de retirar os corpos depois); e muitos povos antigos eram bastante diretos com relação ao prazer que extraíam de humilhações, tortura e execuções públicas de inimigos capturados, criminosos e marginais. Mas, tanto em escala quanto em natureza, o entretenimento preferido pelos romanos tardios sugere uma sensibilidade alimentada por algo muito mais monstruoso do que apenas o apetite humano por malícia lúdica. Eles falam de exato sadismo específico do *voyeur* desinteressado, e não é nada absurdo pensar que a cultura que aceitou tamanha crueldade como rotina — e, no caso, como uma de suas principais fontes de entretenimento público e privado — sofria de um grau bastante acentuado de tédio ou decadência espiritual.

Além disso, parece ter havido um período de intensa curiosidade e anseios espirituais, do tipo que certamente não sugere nada que se pareça com um ambiente generalizado de equilíbrio espiritual e paz, muito menos nenhuma grande inclinação cultural no sentido de afirmar ou celebrar a vida carnal. O mundo da Antiguidade tardia, a partir do qual o cristianismo surgiu, estava — se a religião pode assim indicar — mais do que apenas incomodado por certo desencantamento cósmico, e as espiritualidades que ele incubava estavam impregnadas de um profundo — e muitas vezes quase desesperado — sentimento pelo sobrenatural. Não foi só uma época em que esoterismos orientais, magias, ocultismos e seitas exóticas floresceram; tudo isso já era de se esperar na atmosfera cosmopolita de um grande império. Também foi um tempo em que tanto a religião quanto a filosofia estavam cada vez mais preocupadas em escapar das condições da vida terrena, encorajando um absoluto desprezo pela carne, amargamente irreal e mais pessimista que qualquer coisa que se ache até nas mais exorbitantes formas de ascetismo cristão. Muitas religiões de mistério proporcionavam ritos, sacramentos e conhecimentos secretos que poderiam dar a vida eterna, libertar a alma da escura prisão deste mundo e conduzi-la para longe do alcance dos ciclos infinitos de vida e morte da ordem material. O anseio por salvação muitas vezes tomava a forma de uma busca por um conhecimento secreto ou força mística, e às vezes se fixava em "salvadores", como Simão Mago, o messias gnóstico, ou Apolônio de Tiana, o sábio neopitagórico que operava milagres. Em todo caso, compreendia-se a salvação como uma emancipação da escravidão do universo material. De fato, não é apenas incorreto dizer que o cristianismo importou um preconceito contra os sentidos para o mundo pagão; o que realmente deve ser dito é que, se o cristianismo dos primeiros séculos foi marcado por uma excessiva ansiedade com respeito ao mundo material e a vida no corpo físico, essa atitude migrou da cultura pagã para dentro da Igreja.

Talvez a melhor prova do clima predominante de inquietação cósmica na cultura da Antiguidade tardia seja a ascensão de certas seitas gnósticas, tanto na metade oriental quanto na ocidental do império, durante o segundo e o terceiro séculos: não porque tais seitas fossem necessariamente muito populares (elas muito certamente não o eram), mas porque refletem um tipo muito especial de tendência religiosa e porque eram suficientemente numerosas, variadas e difundidas, o que sugere que essa tendência era característica da época, em certo sentido. Todavia, é preciso ter cuidado onde se pisa ao entrar atualmente no debate sobre os gnósticos, porque alguns acadêmicos contemporâneos — sempre salientando que muitas das seitas gnósticas se entendiam como cristãs — prefeririam dispensar totalmente a categoria do gnosticismo e falar de "cristianismos alternativos", os quais —

por má sorte histórica ou desvantagem evolutiva — não foram capazes de competir com o cristianismo "ortodoxo" ou a "Grande Igreja", que por fim os extinguiu. Na visão de alguns, aquilo que com o tempo veio a se tornar a ortodoxia cristã era, em sua origem, nada mais do que uma variante entre muitas igualmente plausíveis, que conquistou seu status de cristianismo "genuíno" apenas por usar seu poder de Igreja institucional emancipada para eliminar rivais e alterar os registros de modo a fazer com que esses outros cristianismos parecessem meras facções pequenas e aberrantes. Alguns afirmam que mesmo as tentativas dos primeiros defensores da posição ortodoxa, tais como Tertuliano e Irineu de Lyon (c. 130-c. 203), de retratar os gnósticos como dissidências minúsculas devem ser tratadas com suspeição. As igrejas do século II tinham uma diversidade tão desconcertante de crenças e textos canônicos, segundo alguns estudiosos de hoje, que os grupos gnósticos e a ortodoxia deveriam ser considerados cristalizações pouco distintas e um tanto quanto acidentais dentro de um grande mar de possibilidades religiosas.

Na realidade, os primeiros apologistas quase certamente caracterizaram os gnósticos como marginais, excêntricos e esquisitos porque, em comparação com a comunidade cristã em geral, isso representava precisamente o que eram. No mínimo, é assim que uma análise sem preconceitos das evidências históricas nos leva a concluir. Dito isso, é para mim tema de indiferença se alguém prefere falar de facções gnósticas ou cristianismos alternativos, contanto que sejam feitas todas as qualificações necessárias. Antes de mais nada, deve-se enfatizar que o gnosticismo, enquanto fenômeno religioso identificável, não foi achado apenas entre aqueles que se denominavam cristãos, mas também em numerosas comunidades e filosofias claramente extracristãs. A seita dos naassenos, por exemplo, pode ter louvado Cristo, mas também adorava a Deus sob outros nomes, como Dionísio e Átis. Muitas das seitas gnósticas eram na verdade audaciosamente sincréticas, extraídas livremente de pensamentos persas, judaicos, mesopotâmicos, gregos, sírios e egípcios ao mesmo tempo, chegando à completa exclusão de qualquer simbolismo abertamente cristão, em alguns casos. Ou seja, todas as escolas gnósticas pertenciam a um movi-

UMA GLORIOSA TRISTEZA 173

mento religioso maior, cujas origens não eram naturais à tradição cristã. Mais apropriadamente, em oposição a todo esse cristianismo gnóstico estava o que qualquer historiador imparcial teria de chamar de corrente principal e dominante da tradição cristã, cujos argumentos para sua própria autenticidade e autoridade se mostravam sólidos e comprováveis, de uma forma que as afirmações gnósticas não eram. Não que os cristãos gnósticos não compartilhassem muitos temas, preocupações e ideias com os ortodoxos, bem como a rejeição ao governo dos poderes cósmicos; e seguramente havia lugares dentro da tradição cristã (como alguns trechos do quarto Evangelho, por exemplo) em que as distinções entre as formas do pensamento gnóstico e as do ortodoxo são mais uma questão de grau do que de tipo. Além disso, havia uma variedade teológica considerável nas fileiras da ortodoxia, e decerto o gnosticismo não era um movimento intencionalmente subversivo. Porém, mesmo assim, todos os ortodoxos estavam ligados a certas afirmações que os gnósticos estavam igualmente dispostos a rejeitar: que este mundo é a boa criatura do único Deus, que é tanto o Deus dos judeus quanto o Pai de Jesus de Nazaré; que foi esse mesmo Deus que enviou Cristo para a redenção do mundo; que todos os homens e mulheres são chamados a ser filhos e filhas de Deus; que, por morrer e nascer de novo, Cristo exterminou o poder da morte sobre toda a humanidade; e que, enquanto Deus com frequência transmite sabedoria àqueles que a buscam, Cristo não veio para salvar apenas os sábios. Essas eram as crenças adotadas pela vasta maioria daqueles que se denominavam cristãos, e são as únicas crenças que podemos atribuir à Igreja apostólica sem distorcer de forma violenta as provas históricas. Essas também eram justamente as crenças cuja rejeição distingue os gnósticos dos cristãos da Grande Igreja. Além disso, conforme Irineu corretamente afirma, essa tradição maior era a única forma de cristianismo que poderia reivindicar qualquer tipo de abrangência universal ou qualquer continuidade histórica com os próprios apóstolos que não fosse patentemente fictícia.

Ainda assim, se ainda se duvida da força inicial ou da autenticidade da posição da Grande Igreja, a categoria do "gnosticismo" — como distinta do cristianismo "propriamente dito" — permanece válida. Até observadores pagãos pareciam capazes de diferenciá-los. Quando neoplatônicos como Plotino (205-270) e Porfírio atacaram o gnosticismo, não foi como uma espécie de cristianismo, mas o reconheceram, sim, como uma filosofia por si só, cujas principais características a separavam de qualquer outra escolha de pensamento.[1] E, para nossos propósitos, basta reconhecer que o gnosticismo tinha um estilo distinto de especulação — um tipo distinto de consciência e anseio religioso — o qual, embora tenha habitado círculos cristãos ou mesmo vestido trajes cristãos com frequência, ainda se tratava essencialmente de uma forma de teosofia transreligiosa, não especificamente judaica, pagã ou cristã, mas própria dos anseios espirituais de sua era, num sentido mais amplo. Todavia, a natureza desses anseios é difícil de avaliar, a menos que nossa compreensão dos gnósticos se desvencilhe das distorções, muitas vezes sedutoras, encontradas na maior parte da literatura popular sobre seus ensinamentos e que passam a impressão de que eles eram igualitários espirituais, ambientalistas, feministas, panteístas místicos — ou seja, tudo o que eles realmente nunca foram.

A divergência entre o estilo ortodoxo de especulação e o gnóstico ficava óbvia num ponto muito inicial da evolução das escrituras cristãs, mesmo nos exemplos em que a ortodoxia se mostrava hospitaleira aos temas gnósticos. Um contraste muito proveitoso pode ser extraído, por exemplo, entre o Evangelho "ortodoxo" de João e o Evangelho "protognóstico" de Tomé (que é, na verdade, apenas uma coleção de 114 *logia*, ou frases atribuídas a Jesus). O Evangelho de João é, de fato, um texto composto, que provavelmente incorpora textos anteriores de gnósticos ou semignósticos, tornando assim difícil falar dele como um todo. Além disso, seu estilo costuma ser sombrio e perturbador, e definitivamente retrata Cristo como um salvador divino que desce de um mundo superior até um cosmos regido pelo mal — o que é uma imagem tipicamente gnóstica do salvador. Dito isso, ele também muito explicitamente declara que Cristo é o Logos, o princípio original da existência do mundo, que ele é a luz que ilumina todas as pessoas, que o mundo que ele adentra é seu próprio mundo, criado nele (ou seja, em Cristo), que ele não veio para julgar o mundo, mas para salvá-lo, e que o Pai amou tanto o mundo que deu seu Filho unigênito para libertá-lo do mal e

UMA GLORIOSA TRISTEZA

da morte. Em contraste, o Jesus do Evangelho de Tomé é um mensageiro misterioso e obviamente sobrenatural, de maneira alguma ligado à ordem do cosmos material, que vem para guiar uma companhia muito seleta de homens — homens, não mulheres (exceto num sentido equivocado) — para fora deste mundo. E, no todo, o Evangelho de Tomé parece presumir a doutrina padrão dos gnósticos, que afirma que dentro de certos homens habita um tipo de centelha divina, mantida presa num universo do qual ela não é parte verdadeira. Apenas esses homens possuem espíritos imortais, e somente eles estão realmente vivos; todas as outras pessoas já estão na verdade mortas e vão desaparecer — tal qual o mundo e aquele que o governa (*logion* 11). Os abençoados são aqueles poucos homens que vieram a existir antes de terem vindo a existir (19),[2] cujo verdadeiro lar é o divino Reino da luz, de onde eles caíram para dentro deste mundo e para o qual um dia voltarão (49); eles são os eleitos do Pai Vivo, mas somente porque originalmente vieram de sua luz (50). O mundo é apenas um cadáver, e aquele que o conhece como tal se levantou sobre o mundo (56; cf. 80). O espírito, por outro lado, é um grande tesouro que, de algum modo, veio a se alojar na imensa pobreza do corpo (29). Um *logion* (37), de fato, parece comparar o corpo e talvez a alma a vestimentas que se deve abandonar antes que o espírito imortal possa finalmente ver o Filho do Vivente (supondo que esta passagem não seja só uma exortação a algum tipo de nudismo sacramental). E o caminho dos eleitos rumo à verdadeira sabedoria, uma vez que tenham recordado seu verdadeiro lar, não é o de jejuns, preces ou dar esmolas, porque essas coisas são de fato deletérias ao espírito; em vez disso, eles devem curar os doentes em troca de comida (14), caso contrário se tornam meros transeuntes deste mundo (42). O Jesus do Evangelho de Tomé, é preciso ressaltar, não é totalmente desprovido de magnanimidade para com aqueles de fora de seu círculo de eleitos — embora ele concorde com seus discípulos, por exemplo, que Maria Madalena é indigna de viver, por ser mulher, e promete transformá-la em homem, para que ela também (como seus discípulos homens) possa se tornar um espírito vivente (114).

Na realidade, seria difícil imaginar credos menos igualitários e menos dispostos ao cosmos material do que aqueles das principais escolas gnósticas: a valentiniana, a basilidiana, a setianista e outras. A premissa constante em todos esses sistemas era um dualismo inflexível radical: por mais que seus sistemas mitológicos possam se diferenciar um do outro por detalhes específicos, todos ensinavam que o Deus que age para resgatar seus eleitos não é, sob nenhum aspecto, o Deus deste mundo; e que o cosmos material é o mal, ou uma criação defeituosa, seja de deuses inferiores (os *archons*, arcontes ou governantes, que reinam nas esferas planetárias superiores), seja do arconte chefe (o demiurgo maléfico ou incompetente ou "criador do mundo", frequentemente identificado com o Deus do Antigo Testamento), que, movido por ignorância ou inveja, afirma ser o único Deus verdadeiro, ao lado de quem não há outro. A maioria dos homens e das mulheres são criaturas desses deuses ou desse deus, mas alguns poucos são na verdade — nas essências mais internas de seus seres — meros peregrinos neste mundo, centelhas de uma divindade que chegaram a este lugar por azar — ou por causa de um tipo de sabotagem divina na obra do demiurgo — e caíram presos numa armadilha aqui embaixo, incapazes de se lembrar de sua verdadeira pátria.

Seria impossível, além de incrivelmente entediante, tentar descrever as mitologias bobas e bizarramente elaboradas pelas quais as várias escolas explicavam como essas centelhas divinas vieram a cair neste mundo. Muitos falaram de um divino Pleroma — ou seja, a Plenitude — de luz, uma sorte de comunidade pré-cósmica de seres divinos chamados "aeons", gerados na eternidade por um Pai divino que, entretanto, permanecia escondido deles nas alturas inacessíveis de sua transcendência. Foi nesse mundo divino que a catástrofe primordial ocorreu. De acordo com alguns sistemas, o mais baixo dos aeons, Sofia ou Sabedoria, concebeu um anseio ilegal de conhecer o Pai oculto, e dessa forma caiu — no todo ou em parte — da plenitude da divindade. Assim, de uma forma ou de outra, no decorrer de sua queda ou de seu resgate, ela gerou o demiurgo e os poderes inferiores que governam este cosmos (por vezes, a imagética fisiológica empregada para descrever o processo é bem revoltante). Então, como mais uma consequência da tragédia divina original ou como resultado da astúcia divina, centelhas do espírito divino foram semeadas dentro do

UMA GLORIOSA TRISTEZA

maquinário cósmico do demiurgo. Mas, novamente, meu desejo é evitar resumos muito detalhados de qualquer um dos sistemas. As reviravoltas e involuções são intermináveis e muitas vezes sem sentido, a qualidade da invenção é bastante pueril e a sensibilidade mítica frequentemente fica abaixo do nível das histórias em quadrinhos ou da cientologia. Mas nada dilui mais a simpatia pelos gnósticos do que encarar suas escrituras. Há algumas notáveis exceções: *Os Atos de Tomé*, por exemplo, possuem força e unidade dramáticas raras, e seria difícil negar o instigante esplendor de mistério do trecho chamado "Hino da pérola"; e o "Hino a Jesus" d'*Os Atos de João* é sedutoramente enigmático. Em geral, porém, todos os momentos de beleza e profundidade que possam ser encontrados entre os escombros literários dos gnósticos são insuficientes para aliviar a insuperável monotonia do todo. A única virtude real desses textos é seu interesse histórico: eles tendem a confirmar, de forma difusa mas suficiente, os relatos dos primeiros cristãos a respeito da compreensão gnóstica da salvação; eles podem qualificar nossa aceitação daqueles relatos em certa medida, mas não de forma drástica.

De acordo com os sistemas gnósticos mais desenvolvidos, o homem caído é um amálgama infeliz de corpo (*soma*), alma (*psyche*) e espírito (*pneuma*). Os primeiros dois aspectos são partes da criação do demiurgo e portanto ficam sob a influência dos arcontes e daquela lei de ferro do destino — *heimarmene* — pela qual o mundo se guia; o último aspecto, contudo, é pura emanação do divino além e não tem nenhuma relação natural com este cosmos. Assim, quando recorda de si e de sua origem, pode se libertar da tirania dos principados cósmicos. A maioria dos seres humanos, porém, se compõe de apenas um ou dois desses elementos: há os *somatikoi*, brutos desalmados para os quais a morte é apenas dissolução, e os *psychikoi*, que possuem faculdades elevadas de vontade e intelecto além de sua natureza física, mas que entretanto são súditos do demiurgo (segundo certas seitas, cristãos ortodoxos pertencem a essa classe). A salvação propriamente dita, compreendida como um resgate divino dos espíritos caídos, é exclusiva aos *pneumatikoi*, aqueles que são "espirituais" por natureza — embora, ao menos em alguns sistemas, alguns dos *psychikoi* possam receber a vida eterna,

178 REVOLUÇÃO

se voluntariamente se submeterem aos *pneumatikoi*. A própria salvação consiste principalmente num despertar interior, já que o espírito — enquanto não é acordado pelo salvador — dorme nas profundezas recônditas do homem caído, revestido não apenas da carne, mas também da alma — ou melhor, das almas — que os governantes do cosmos criaram para ele. Em alguns sistemas, o espírito é envolvido num tecido de alma separado para cada um dos céus pelos quais passou quando caiu no começo; para ser salvo do renascimento na Terra, ele precisa subir através das esferas, deixar o corpo para trás e então largar a camada psíquica apropriada para cada céu que atravessa. Para alguns sistemas, isso significa descascar apenas sete almas, uma para cada esfera dos arcontes planetários, mas o número não é fixo: a mitologia basilidiana, por exemplo, estabelece o número de céus e almas em 365. E esse voo será repleto de perigos, porque os arcontes prezam muito suas posses e farão de tudo em cada esfera a fim de impedir que os *pneumatikoi* voltem ao Pleroma. Tanto o ser quanto o cosmos são, como se vê, labirintos nos quais o espírito vaga perdido, até que o Cristo ou qualquer outro salvador lhe traga conhecimento sobre si mesmo e o sacuda do sono narcótico no qual ele definha enquanto flutua de uma vida para a outra. Por sua origem divina, o salvador é quase sempre descrito como desprovido de um corpo terrestre real; aparece na forma de um homem, mas só para enganar os arcontes. Porém, ele não precisa de um corpo terrestre real, já que o dom salvador que traz é "gnose", conhecimento, e sua missão é simplesmente instruir seus discípulos nos segredos que vão conduzi-los para casa em segurança. E esse conhecimento muitas vezes não consiste apenas na consciência espiritual, mas também em nomes, encantos mágicos ou formas de tratamento que o espírito precisará conhecer após a morte, em cada esfera planetária, a fim de fugir do arconte que reina ali.[3]

As características de incorrigível mau gosto de grande parte do pensamento e da literatura gnósticos são difíceis de ignorar: o obscurantismo vazio, a mitopoética incontinente, o simbolismo infantil, a recusa doentia ao corpo, a profunda misantropia e assim por diante. Especialmente difícil de aturar é a crueldade ocasional e o triunfalismo insensível da visão gnóstica da realidade. No *Segundo tratado do grande Seth*, por exemplo,

UMA GLORIOSA TRISTEZA

o Cristo gnóstico, falando em primeira pessoa, relata como enganou os poderes deste mundo por fazer Simão de Cirene tomar sua aparência e ser crucificado em seu lugar, enquanto assistia ao espetáculo de cima, rindo. Os sofrimentos de Simão, aparentemente uma mera criatura do demiurgo, nada mais são do que uma ocasião para o divino deleite às custas dos arcontes cretinos. Em momentos como esse, é difícil não sentir que a sensibilidade gnóstica é especialmente adequada para pessoas com alguma interrupção no desenvolvimento. Mas, por trás da grosseria e da infantilidade de muitas crenças gnósticas, reside uma convicção mais perdoável, e até um *pathos* inteligível: uma profunda sensação de que, de certa maneira, ninguém está verdadeiramente em casa neste mundo, e um enorme anseio por fuga. Nesse aspecto, o gnosticismo dos séculos II e III foi simplesmente uma expressão particularmente aguda e colorida de uma angústia espiritual onipresente no império.

Encontra-se, no fim das contas, uma morfologia da salvação muito semelhante à das religiões de mistério daquele tempo. Alguém se iniciava no mitraísmo, por exemplo, para que depois da morte sua alma pudesse reascender pelos sete céus e retornar à esfera das estrelas fixas de onde certa vez saiu, purgado de todas as impurezas que adquiriu dos poderes planetários quando caiu. Num sentido mais amplo, aliás, o fascínio geral da época com astrologia, alquimia, rituais mágicos egípcios e caldeus, ocultismo, necromancia, demonologia e assim por diante se derivou não só de um desejo de dominar as tecnologias secretas do mundo invisível em prol de ganhos pessoais, mas também em busca de um anseio devoto por livramento da escravidão do mundo material e por um encontro íntimo com o divino. Os últimos platônicos, por exemplo, em especial os da época de Jâmblico (c. 250-c. 330) à de Proclo (c. 410-485), empregaram essas técnicas espirituais para se comunicar com *daemons* e deidades bondosos a fim de preparar as almas para a morte, pedir auxílio e deter os malévolos *daemons* das alturas, que poderiam tentar impedir a alma de retornar a Deus.[4]

Além disso tudo, não é difícil discernir um certo grau de desespero em muitas das formas que esse desejo por emancipação espiritual adotou:

por exemplo, a disposição de muitos de encarar disciplinas dentro de um espectro que ia da mera inconveniência ao genuinamente perigoso; ou a credulidade a que até mesmo os mais educados se reduziam. Os mistérios de Mitra eram um desses que envolviam não só variados níveis de iniciação mas também um número impiedosamente imenso de castigos — provações de fogo e água, tortura e perseverança, abnegação e privação — que poderiam até matar o postulante ansioso. Na verdade, o mitraísmo era uma seita militar composta exclusivamente por homens, e jamais devemos desconsiderar o apetite masculino por dores desnecessárias e inúteis provas de coragem; e não devemos ter nenhuma dúvida de que, em muitas épocas e lugares, essas provações não eram tão metafóricas quanto reais. Mesmo assim, está claro que ninguém buscava entrar nesses mistérios com leveza, e poucos teriam se deixado atrair por eles e tudo que exigiam se a ânsia por uma vida longe da tirania do fatalismo cósmico não fosse mais poderosa que qualquer outra razão. E aí também havia o charlatanismo daquele tempo, e a prontidão que muitos tinham para se deixar fisgar. Sabemos de dispositivos mecânicos, ilusões ópticas e químicos combustíveis usados para simular milagres e aparições divinas; magos e seus truques com fogo; bonecos articulados usados para dar a impressão de ídolos que despertavam para a vida pela descida de *daemons*; "megafones" primitivos escondidos para produzir vozes de deuses invisíveis; reflexos luminosos em panelas escondidas com água sobre superfícies reflexivas dos tetos de templos escurecidos; crânios astuciosamente moldados com cera quebradiça que derreteria "milagrosamente" depois de revelar seus sortilégios; abóbadas de templos sombrios repentinamente transformadas em céus estrelados pela projeção de luz sobre as escamas de peixes embutidas na alvenaria; portas de templos capazes de se abrir sozinhas quando um "deus" passava por elas; e assim por diante. Sempre há, é claro, almas especialmente suscetíveis e prontas a investir sua fé em qualquer expediente vulgar que as impressione; mas, do mesmo modo, tais almas em geral se tornaram suscetíveis apenas porque havia uma necessidade prévia e bastante angustiada de acreditar.

A ansiedade espiritual, porém, não estava confinada às fileiras dos crédulos. Os mesmos terrores e melancolias matizaram as disciplinas mais refinadas da libertação espiritual. Até as escolas filosóficas ainda tomavam a visão antiga do cosmos como uma totalidade fechada em si mesma. Os próprios estoicos buscaram encontrar uma maneira de se sentir em casa na grande cidade do universo, mas isso significava uma serenidade comprada ao preço de uma imensa resignação; uma aceitação da natureza limitada da realidade, da necessidade de uma vida substituir a outra, da extinção definitiva e do eterno ciclo do universo; e também significava o congelamento das paixões, um afastamento benigno de todos os desejos, uma reverência filosófica pelo Deus cuja mente perpassa todas as coisas, uma aceitação indiferente tanto do sofrimento quanto da felicidade, como constantes inseparáveis dentro da trama do destino. Os platônicos, em contraste, acreditavam num domínio de visão purificada que transcende este mundo, ao qual a alma pode ascender; mas também essa convicção — talvez de forma paradoxal — requeria algo parecido com o mesmo tipo de resignação da parte do filósofo. Plotino, por exemplo, o maior dos primeiros neoplatônicos, desdenhava dos gnósticos por sua depreciação do universo material e louvava a beleza deste mundo como a mais perfeita que poderia ser produzida pelas obras de uma mente divina sobre o recalcitrante substrato da matéria. Mas também via este mundo como o domínio de uma visão falida, a terra do estranhamento da qual o *nous*, a alma espiritual, deve se afastar a fim de retornar à sua natureza mais alta e à visão eterna das formas celestiais. Há uma espécie de despedida trágica em seu pensamento que só é parcialmente mitigada por suas afirmações da bondade essencial de toda a existência. Mesmo com toda a beleza deste mundo, é preciso fugir dele para finalmente encontrar a suprema beleza eterna na pureza de sua própria glória.

De todo modo, voltando ao meu ponto principal, o cristianismo dos primeiros séculos não invadiu um mundo de alegria solar, vitalidade, leveza e terrenalidade, nem o assombrou, insultando maliciosamente os cinco sentidos ou congelando-o numa apática antinaturalidade. Em vez disso, o cristianismo chegou durante o ocaso de um mundo de desalento espiritual disseminado e anseio religioso não como uma seita de renúncia ao cosmos (a religião e a filosofia da cultura pagã não tinham exclusividade sobre isso), mas como uma religião de boas-novas, de uma nova vida e de tudo isso em abundância. Foi a sociedade pagã que tinha se tornado cada vez mais ascética e privada de alegria, cada vez mais desgastada pelo fardo de si mesma e gradativamente mais ressentida do encarceramento da alma no sistema fechado de um universo governado pelo fatalismo. Foi a sociedade pagã que pareceu incapaz de conceber uma aspiração espiritual mais alta do que uma fuga — mais alta, isto é, do que a emancipação de alguns espíritos escolhidos dos labores de um mudo que seria irredimível de outra forma — e que não soube imaginar, para a impossibilidade da fuga, nenhuma virtude filosófica mais impressionante que a resignação. A Igreja, em contraste, se obrigou a pregar um evangelho de salvação a todas as ordens da criação. Obviamente, o cristianismo, como todas as religiões de mistério, era um caminho de salvação; tão igualmente óbvio era o fato de que compartilhava com outros credos uma fé de que este mundo é governado em grande parte pelo mal. Ao mesmo tempo, porém, essa fé era obrigada a proclamar, de forma muito mais radical que qualquer outro sistema de pensamento, o bem incorruptível do mundo e a beleza original e suprema de todas as coisas, na medida em que compreendia o mundo como criação direta de um Deus onipotente de amor.

Longe de pregar um evangelho de libertação da carne, aliás, a principal proclamação do cristianismo era a ressurreição real de Cristo, em corpo e alma, e a redenção oferecida por essa proclamação consistia numa última transfiguração da carne e da glorificação de toda a criação (conforme diz Paulo no oitavo capítulo de Romanos). De forma singular, o cristianismo rejeitou a morfologia pagã da salvação e, assim, até as práticas ascéticas da Igreja foram inspiradas por temas e expectativas alheios ao pensamento pagão. Quando os cristãos passaram a disciplinar os apetites do corpo por meio de austeridades e renúncias, não foi porque buscavam se libertar da "prisão" ou da "tumba" do corpo — como faziam outras tradições ascéticas —, mas porque encaravam o corpo como uma boa criatura de Deus, a própria casa da alma, um templo digno do Espírito Santo, que só demandava santificação a fim de ser restaurado em sua verdadeira dignidade como um veículo da glória divina e alçado a participar do Reino de

UMA GLORIOSA TRISTEZA

Deus. E o próprio Reino era entendido como uma renovação deste mundo, que talvez se tivesse quebrado para ser depois recuperado, mas ainda uma criação única do único Deus verdadeiro, enfim livre da escravidão da morte. Robin Lane Fox está bastante correto ao notar que, entre todos os autores do século II, "são os cristãos que se mostram mais confiantes e firmes", e que o "magnífico otimismo" de Irineu de Lyon e a felicidade quase inocente de Justino Mártir se destacam como características cristãs distintivas e inconfundíveis.[5] Mesmo os funerais cristãos se apresentavam como procissões triunfantes e celebrações comunitárias de vitória sobre a morte. Embora o cristianismo tenha acrescentado muito ao mundo da Antiguidade tardia, o principal presente ofertado à cultura pagã foi a libertação da ansiedade espiritual, do desespero nascido de um anseio inútil por fuga, da tristeza de ter que abandonar de forma absoluta todo o amor pelo mundo a fim de encontrar salvação, e do medo de que os poderes cósmicos impedissem o espírito de alcançar seu lar celestial. Como Paulo assegurou aos cristãos romanos, nem morte, nem vida, nem anjos, nem principados, nem poderes, nem coisas presentes, nem coisas por vir, nem altitude, nem profundeza, nem qualquer outra coisa criada terá poder de nos separar do amor de Deus em Jesus Cristo, nosso Senhor (Romanos 8:38-39). Isso não quer dizer que a cultura cristã sempre teve êxito total ao resistir à contaminação pela melancolia e austeridade pagãs, ou mesmo que sempre conseguiu expurgar esse componente inoportuno. Mas as "boas-novas" que o evangelho transmitiu ao mundo no qual nasceu e cresceu eram algo que a religião pagã podia esboçar apenas ocasionalmente, mas nunca sustentar, e algo que a filosofia pagã teria achado, na maioria dos casos, vergonhoso de promover: uma profunda e inabalável alegria.

12. Uma mensagem libertadora

Duas questões provavelmente se impõem a esta altura. A primeira é se é possível demonstrar a hipótese de que o evangelho de fato se espalhou pelo mundo da Antiguidade tardia por conta do ineditismo de sua mensagem — ou seja, porque aqueles primeiros que ouviram sua pregação estavam verdadeiramente conscientes da radical originalidade do seu *ethos* — ou se prosperou simplesmente porque era o culto de mistério que, por acaso, tinha os mitos mais envolventes e que, por fim, teve a boa sorte de ser adotado por um imperador. E a segunda questão é se algum efeito social real que se seguiu ao triunfo do cristianismo corrobora a afirmação de que o evangelho transformou substancialmente a consciência moral e espiritual da humanidade ocidental. Nenhuma das duas perguntas gera uma resposta perfeitamente definitiva. Os efeitos sociais de ideias e crenças são em especial difíceis de calcular, já que tendem a se manifestar apenas de forma gradual, ao longo de gerações e séculos, muitas vezes das maneiras mais sutis. Dito isso, mesmo efeitos retardados devem seguir causas imediatas; e medi-los deve ser possível, ainda que parcialmente.

Por acaso, a razão para fazer essas perguntas é que o ambiente de crítica corrente de alguma forma exige que isso se faça. Em gerações anteriores, até os detratores do cristianismo em geral teriam respondido a ambas de modo afirmativo, independentemente das ressalvas que então se sentissem obrigados a adicionar. Todo o argumento de Nietzsche contra a Igreja, para dar um exemplo óbvio, exigia dele que acreditasse que, desde o começo, o evangelho exerceu um apelo único sobre certo elemento social muito particular (os fracos, os ressentidos e os servis) e que, como resultado, a ascensão do cristianismo produziu consequências sociais e culturais não só extensas como catastróficas. Hoje, porém, há uma tendência um tanto contrária entre certos acadêmicos, muitos deles afirmando que as verdadeiras consequências sociais da vitória do cristianismo sobre o paganismo foram poucas e modestas, e que o apelo da nova religião não reside em nenhuma novidade notável em sua mensagem — pelo menos nenhuma de que a maioria de seus convertidos pudesse estar profundamente consciente —, mas, sim, em acidentes sociais e políticos puramente fortuitos da fé. Talvez o mais influente acadêmico do mundo anglófono a defender esse argumento seja Ramsay MacMullen. Embora seus próprios relatos sucintamente condensados da cristianização do império — com suas enormes florestas de notas de rodapé elípticas — gozem de um público leitor necessariamente limitado, eles tiveram grande participação em moldar o trabalho de historiadores menos credenciados, porém mais populares. E isso é sumamente importante porque nenhum outro acadêmico com reputação é tão intransigente quanto MacMullen em seu ataque ao que antes era a visão convencional da revisão moral que o cristianismo fez na sociedade pagã. Para MacMullen, o triunfo da Igreja do tempo de Constantino em diante foi uma questão que se deveu quase inteiramente à ambição social e à coerção legal, enquanto o sucesso da Igreja antes de Constantino não tivera nada a ver com algo intrinsecamente novo no cristianismo, intelectual ou moral, mas foi o resultado ou de uma credulidade vulgar geral (transformada em entusiasmo irracional pelos aparentes ou supostos milagres e exorcismos), ou de pressões sociais exercidas dentro de certos lares. Em sua visão, nenhum conceito geralmente reconhecido da moral ou dos preceitos espirituais do cristianismo, sob nenhum aspecto, teve participação significativa na história da conversão, e a ascensão do cristianismo não deu nenhuma contribuição conspícua à melhora geral das condições dos pobres, dos escravos, das mulheres e dos necessitados.

Não fosse por sua importância específica — ou seja, não fossem seus livros o pano de fundo para um número surpreendentemente grande de polêmicas anticristãs —, eu não destacaria MacMullen para considerações específicas. Mas terei de fazê-lo, já que o retrato que ele faz do sucesso do cristianismo inicial é tão completa e agradavelmente cético que nos convida a ser honestos. No entanto, como também devo salientar, não creio que ele possa ser sempre elogiado pela qualidade de sua análise histórica: com muita frequência, MacMullen parece ser imparcial quando distingue entre verdades gerais e excepcionais, ou quando certifica a relevância de certas comparações que promove, ou quando interpreta textos nos termos das tradições dos quais eles vêm. Nem eu posso garantir a perfeita probidade de seus métodos: seu uso de fontes históricas muitas vezes não é apenas seletivo, mas enganoso. Às vezes, seu método parece consistir principalmente em fabricar confusões a partir de uma mistura promíscua de fontes sem relação ou de uma perambulação desorientadora pelos labirintos de suas notas de rodapé.

Para dar um simples exemplo: nas primeiras páginas de seu *Christianity and Paganism in the Fourth to Eighth Centuries* (Cristianismo e paganismo do quarto ao oitavo séculos, em tradução livre), quando discute as políticas religiosas do imperador Justiniano, MacMullen relata que "aqueles que discordassem [de Justiniano] seriam provavelmente mutilados por ele, isso se não fossem decapitados ou crucificados".[1] O que o leitor é levado a concluir desse trecho, como se lê, é que esses eram os meios que Justiniano adotou para sufocar dissidências religiosas; e mesmo que alguém verifique as notas de MacMullen nesse caso, não será capaz — a não ser que seja um especialista — de dizer a partir das citações fornecidas que tal conclusão é não apenas sem fundamento nos registros históricos como ainda os contradiz plenamente. É certo que Justiniano não goza de uma reputação grandiosa por sua gentileza e que estava bastante disposto a matar quando isso ia de encontro a seus propósitos; mas as suspeitas devem ser levantadas imediatamente pela menção da crucificação, uma punição abolida por Constantino em 315 e que, à época de Justiniano, no início do século VI, seria uma forma impensável de execução, pelo simples motivo de que ofenderia os devotos cristãos. Em sua nota, a única evidência que MacMullen cita para essa afirmação extraordinária é uma passagem da *Cronografia*, de João Malalas (491-578), da qual ele escolhe traduzir o verbo grego *ephourkisen* como "crucificado" em vez de "enforcado", que é o correto.[2] Essa seria em si uma pequena causa para reclamação (pena capital com um outro nome); mas uma preocupação mais importante é que ocorre que o trecho extraído de Malalas tem absolutamente nada a ver com os métodos de Justiniano para obrigar uniformidade religiosa no império — de fato, nem sequer tem a ver com o próprio Justiniano. Refere--se, na verdade, ao rescaldo das grandes rebeliões judias e samaritanas em Cesareia, em julho de 556, nas quais muitos cristãos morreram, muitas igrejas foram saqueadas e uma multidão samaritana roubou e assassinou o governador imperial, Estéfano. A única participação de Justiniano na ação foi ordenar a Amâncio, o governador oriental, uma investigação sobre a revolta; foi Amâncio que, ao descobrir as identidades de muitos dos assassinos, ordenou as execuções, por enforcamento ou decapitação. Em harmonia com a justiça implacável daqueles tempos, ele também mandou cortar a mão direita de alguns dos amotinados, presumivelmente por atos de violência menos graves que assassinato.[3] Mutilação, infelizmente, era uma punição aplicada havia muito pelas cortes romanas, como uma alternativa supostamente humanizada à pena capital.

Novamente, porém, por mais que possamos reprovar a eficiente brutalidade da lei antiga — e as leis criminais sob Justiniano eram em vários aspectos mais misericordiosas do que sob seus predecessores —, essa anedota não é sequer remotamente relevante ante as perseguições de Justiniano contra pagãos, maniqueístas, judeus, cristãos heréticos e assim por diante. As medidas que Justiniano de fato tomou contra pagãos obstinados são narradas por Malalas, breve e precisamente, e são tão desabonadoras que não se faz necessário nenhum enfeite: em 529, houve "uma grande perseguição aos helenos" — ou seja, pagãos — durante a qual muitas propriedades foram confiscadas e algumas pessoas até morreram (como resultado, presume-se, do severo tratamento ou do empobrecimento); além disso, o imperador decretou que aqueles que persistissem nas crenças helênicas seriam excluídos de qualquer cargo no Estado, e que os cristãos heréticos teriam três meses para se converter à confissão "ortodoxa" ou enfrentariam banimento do império.[4] São decretos rigorosos, certamente; mas ainda assim muito longe de crucificações em massa.

UMA MENSAGEM LIBERTADORA

No caso de Justiniano, de quem ninguém gostava ou gosta muito, suponho que se possa afirmar que uma pequena exorbitância não chega a ser uma grande injustiça; seria uma argumentação ruim, mas compreensível. Mas as reputações de homens melhores do que Justiniano também sofrem das liberdades que MacMullen às vezes toma com suas fontes. No começo de *Christianity and Paganism*, ele levanta uma pergunta interessante e perfeitamente legítima sobre se as mulheres achavam o cristianismo uma tradição religiosa mais acolhedora que o paganismo (como a maioria dos historiadores acredita que achavam), e então tenta respondê-la comparando registros de dois julgamentos do quarto século: o primeiro, ocorrido na região egípcia de Tebaida, em 380, refere-se a um homem que matou uma prostituta e, consequentemente, deixou a pobre mãe da vítima sem meios de sustento; o segundo ocorreu na Ligúria e trata de uma mulher acusada de adultério, cujas tortura forense, condenação e sentença de morte são vividamente descritas por São Jerônimo em sua segunda epístola. No primeiro caso, relata MacMullen, o juiz — que ele supõe ser um pagão — exprime sua pena pela mulher assassinada, lamenta a profissão à qual a pobreza a conduziu — bem como o abuso e a desonra sofridos por ela — e concede um décimo das propriedades do assassino à mãe dela — "as leis me sugerem isto", disse o juiz, "e magnanimidade, *philanthropia*". Ele então sentencia o homicida à morte. No segundo caso, porém, pelo menos da forma contada por MacMullen, vemos que o cristão Jerônimo, como os "outros oficiais da Igreja" presentes ao julgamento, "aceita perfeitamente" a "tradição ética" que prescreve que as mulheres sejam "decapitadas por fornicação extramarital", e isso, ele continua, "lança mais dúvidas sobre (...) se as mulheres do império viam ou não os cristãos como uma comunidade mais receptiva do que aquela a que estavam habituadas".[5]

Poderia levantar tais dúvidas, devo admitir, caso a comparação fosse sólida e se os relatos dos dois julgamentos aqui fossem corretos; contudo, não é o caso de nenhum deles. Mesmo que não se soubesse nada além desses dois breves esboços, ainda seria preciso notar que eles se referem a dois crimes muito diferentes, cometidos — ou que se diz que foram cometidos — em duas regiões extremamente diferentes, e processados sob o escrutínio de juízes sobre os quais sabemos muito pouco. Dessa forma, simplesmente não podem ser tomados como epítomes das tradições morais pagãs ou cristãs, respectivamente. Não há sequer uma única razão para supor que o juiz do primeiro caso seja um pagão; é verdade que, no relato, se descreve que ele usou duas vezes o termo "filantropia", muitas vezes preferido (embora dificilmente fosse exclusivo) dos moralistas pagãos, e que numa ocasião exclamou "*nē Dia!*", que significa "Por Júpiter!". Dificilmente essa seria uma prova convincente de suas preferências religiosas. Porém, mesmo que o juiz em questão não fosse cristão, ou apenas nominalmente cristão, não se pode tirar nenhuma conclusão de seu veredicto com relação aos costumes morais da antiga sociedade pagã pela simples razão de que as leis às quais o veredicto se refere e os valores que o juiz professa foram profundamente moldados e matizados, naquela altura do fim do século IV, por preceitos morais cristãos, que haviam se tornado parte do vocabulário ético comum do império, adentrando também o pensamento pagão. A linguagem que o juiz usa, a condolência que ele exprime pela prostituta morta, sua consternação pela vida que ela foi forçada a viver — nada disso deve ser lido como um tipo de expressão pura dos ideais nativos pagãos. Do mesmo modo, as leis que permitiram que o magistrado do segundo caso extraísse confissões sob tortura de pessoas acusadas de adultério e as executasse depois da sentença eram de proveniência pagã, e precediam havia muito os costumes cristãos no império. Além disso, o juiz do segundo caso poderia muito bem não ser cristão; pelo que se sabe, seria muito mais fácil encontrar um magistrado pagão na Itália do que no Egito. Porém, repito: não sabemos quase nada sobre esses homens.

Porém, tudo isso é de menor importância, ao menos comparativamente. Uma razão muito maior para preocupação é o fato de que MacMullen distorceu grosseiramente a carta de Jerônimo, o que é ainda mais infeliz porque — quando lida — aquela carta realmente lança uma luz completamente surpreendente sobre as diferenças entre as sensibilidades da moral pagã, expressas pelos procedimentos legais da corte, e a visão moral cristã que Jerônimo traz para eles. É simplesmente falso que o relato de Jerônimo sobre o julgamento na Ligúria indique, de sua parte, uma aceitação da

UMA MENSAGEM LIBERTADORA

tradição ética que julgava certo condenar adúlteras à morte por espada, ou que revele a presença de outros oficiais da Igreja dando suporte às decisões da corte. Muito pelo contrário. A carta de Jerônimo é uma denúncia longa, pungente e até um pouco enjoativa da injustiça do julgamento e da sentença contra a mulher acusada, bem como uma celebração do "milagre" pelo qual ela foi por fim poupada. Jerônimo retrata o governador que presidiu o julgamento como um sádico impiedoso, e a mulher, como próxima de uma santidade, recusando-se até sob as piores torturas (descritas por Jerônimo com manifesto horror) a negar sua inocência. Mesmo quando seu suposto amante — também réu — tentou escapar da punição acusando-a, diz Jerônimo, ela continuou a sustentar a sua inocência e a dele, sem sucesso; ambos foram condenados, e o jovem foi prontamente decapitado. Porém, quando o carrasco tentou matar a mulher, sua espada o frustrou por três vezes, e a multidão que os testemunhava tentou ir ao resgate dela, até mesmo ameaçando a vida do carrasco; ela, porém, em vez de permitir que o pobre algoz fosse morto em seu lugar, se submeteu a um segundo executor, que — depois de quatro golpes fatigantes — pareceu tê-la finalmente despachado, uma vez que os clérigos presentes a levaram para ser enterrada. Antes que fosse sepultada, porém, ela despertou (ou foi erguida), e, para escondê-la da lei, o clero pôs na sepultura preparada para ela o corpo de uma velha mulher piedosa que morrera naquele mesmo dia. Todavia, quando o rumor da ressurreição da mulher se tornou público, as autoridades retomaram seus desígnios sobre sua vida e só cederam quando um santo homem cristão chamado Evágrio pediu a intercessão do imperador no caso e assegurou seu perdão. Longe de aprovar o julgamento, Jerônimo não fornece qualquer observação moral sobre o incidente além de "onde há mais leis, também há mais injustiça". Também é verdade que, como diz MacMullen, Jerônimo "não oferece comentário sobre a pena de morte para mulheres acusadas de adultério" em sua carta,[6] mas um argumento a partir do silêncio é quase sempre um argumento ruim e, neste caso, seria o mesmo que destacar que Édipo, ao arrancar seus olhos, não faz qualquer objeção fundamentada ao incesto. Com relação aos "oficiais da Igreja" mencionados na missiva, eles de fato são os clérigos que darão à mulher executada um enterro cristão e que fizeram tudo a seu alcance para escondê-la dos tribunais depois que ela reviveu; não foram participantes passivos do julgamento, e sua presença era tudo, menos um sinal de aprovação.

Esse tipo de uso indevido de evidências textuais é simplesmente desnecessário no fim das contas. MacMullen é muito mais interessante e efetivo — e oferece desafios muito mais fortes a certas visões convencionais da história inicial do cristianismo — no ceticismo ponderado com que ele discute a natureza e a realidade da conversão cristã do império. Assim, em sua melhor forma, ele levanta questões que tocam na própria essência do cristianismo enquanto movimento social. Ele parte, como mencionei, da alegação de que a conversão nos primeiros séculos do movimento cristão não foi efeito nem do exemplo de comportamento cristão, nem, em sua maior parte, do conteúdo dos ensinamentos cristãos, mas sim quase totalmente derivado de outras forças acidentais. De fato, afirma ele, a natureza fechada e exclusiva dos mistérios cristãos e das comunidades cristãs dos primeiros séculos teria impedido pessoas ainda não convertidas de ter alguma exposição substancial às práticas cristãs, fossem religiosas ou sociais. Tampouco acredita ele que muitas conversões poderiam ter sido obtidas por meio de argumentos racionais ou simples pregação. Em vez disso, é mais provável que a maior parte das pessoas se deixasse converter no mesmo sentido que Lídia foi "convertida" pelo apóstolo Paulo no livro de Atos: ou seja, o cabeça da família, tendo adotado a fé, prescreve o novo culto a toda a "família", incluindo todas as crianças, escravos e famílias dependentes. Todavia, se for esse o caso, diz MacMullen, obviamente essas pessoas jamais teriam se convertido de fato; conformaram-se, na prática, à sua nova religião, mas não teriam acreditado ou mesmo entendido seus princípios. Com o tempo, muitos talvez tenham genuinamente adotado aquela fé como deles mesmos, pela força do hábito; mas a maioria era apenas de cristãos nominais, somente para assegurar benefícios materiais e sociais.

Com relação àqueles que a evangelização cristã realmente teve o êxito de converter, diz MacMullen, não podemos compreender suas conversões totalmente até que tenhamos feito a adequada distinção entre o conteúdo

UMA MENSAGEM LIBERTADORA

do ensinamento cristão e o tipo de prova usada para recomendá-lo ao seu público original. MacMullen despreza o conteúdo em grande parte como banal, um amálgama de ideias familiares (um Deus supremo que confere bênçãos àqueles que o adoram, a destruição definitiva do mundo) e de outras variadas, com novidades doutrinárias um pouco mais exóticas (a imortalidade de todas as almas, céu para os abençoados e tormento eterno para os iníquos, a guerra entre os reinos da luz e da escuridão, e assim por diante). A *prova* dessas coisas, contudo, ele alega consistir principalmente em uma variedade de maravilhas, como curas supostamente milagrosas e exorcismos. Tudo isso, combinado ao apelo de possíveis bênçãos sobrenaturais, ao terror inspirado pela escatologia cristã e à militância sem precedentes da evangelização cristã, tornou-se o principal veículo de persuasão: não foram os argumentos, nem as doutrinas e, certamente, nem as ideias. E enquanto obviamente podem-se produzir "milagres" em nome de outros deuses além do cristão, os sinais e prodígios brandidos pelos evangelistas cristãos foram associados a um culto que excluía de forma inédita todas as outras fidelidades religiosas: assim, de forma singular, os milagres dos cristãos destruíram crenças mesmo quando criavam outra.[7] Dessa maneira, desde o princípio, o cristianismo se ocupou de extinguir todas as outras crenças rivais.

Há elementos verdadeiros em muitas dessas coisas. Desde os primeiros tempos da Igreja, certamente houve conversões à nova fé que nada tinham que ver com os desejos e inclinações dos convertidos. Porém, é quase com certeza equivocado sugerir que tais conversões foram de alguma forma a maioria, ou mesmo particularmente comuns. Também é verdade que os mistérios cristãos (ou seja, os sacramentos) estavam vedados aos não cristãos, e que muitos ensinamentos cristãos eram desconhecidos aos iniciados. Entretanto, de novo, sabemos tanto por fontes pagãs quanto por cristãs que muitos fundamentos da crença cristã estavam abertos a todos que se importavam com aprender sobre eles, que o comportamento diferenciado dos cristãos — incluindo aí a temperança, a mansidão, a probidade e os atos de generosa solidariedade — não apenas era visível aos seus vizinhos de outros credos como também constituía parte do apelo da nova fé. Mesmo o imperador Juliano, apesar de toda a sua hostilidade aos cristãos, se viu forçado a reconhecer a evidência do que presenciava: "A filantropia [dos cristãos] para com os estranhos, o cuidado que têm com as sepulturas dos mortos e a santidade afetada com que conduzem suas vidas são aquilo que mais disseminou seu ateísmo."[8]

É preciso admitir, de forma incontestável, que é verdade que os primeiros cristãos confiavam muito em curas milagrosas e exorcismos e que, no âmbito da lenda cristã, fizeram-se muitas reivindicações ousadas sobre a força de seu Senhor contra os poderes das trevas. Mas também é igualmente verdadeiro que o processo de se tornar cristão era uma longa e cuidadosa doutrinação, mesmo para os que se converteram facilmente, como nota Robin Lane Fox: "Entre a era apostólica e o século IV, não se conhece qualquer registro histórico de que um indivíduo, e muito menos uma multidão, tenha se convertido à fé cristã por conta de um milagre ou um exorcismo." Mesmo o ministério de Paulo, acrescenta Lane Fox, consistia em pregação exaustiva, instrução e persuasão, com frequência conduzidas no decurso de dias. Logo, imaginar que as pessoas se converteram pela visão de um único prodígio é "encurtar um longo processo" e "subestimar a sagacidade do homem mediterrâneo"; mesmo aqueles convictos de terem genuinamente testemunhado um evento preternatural não teriam motivo para ver no deus cristão mais do que uma divindade poderosa igual a tantas outras; e a memória de alguns maravilhamentos presenciados no passado não teria o poder de fazer homens e mulheres passarem por mortes terríveis por sua fé.[9] Qualquer que tenha sido o apelo exercido pelo evangelho sobre as pessoas da Antiguidade, certamente alcançou nas almas mananciais mais profundos do que a capacidade inata aos humanos de se deixar levar por alguns truques astuciosos.

Obviamente, mais forte que a fascinação presente ou lembrada é o medo do futuro; e aqui confesso que sinto uma simpatia um pouco maior pelas colocações de MacMullen. A ameaça de um tormento eterno apela exclusivamente ao terror espiritual e emocional e, no nível em que os cristãos os empregaram como estímulo à fé, tais argumentos claramente tinham certa vulgaridade. A doutrina do inferno, compreendida em seu sentido

UMA MENSAGEM LIBERTADORA

puramente literal como um lugar da incessante ira divina, é uma ideia que parece reduzir as reivindicações maiores do cristianismo — referentes à justiça, à misericórdia e ao amor de Deus — a um absurdo. Mas, mesmo assim, é preciso tomar cuidado ao fazer as devidas distinções, porque não está totalmente claro se essa ideia era central ou mesmo característica das pregações dos cristãos dos primórdios. Os primeiros documentos cristãos, por exemplo — as epístolas autênticas de Paulo — não contêm traços de uma doutrina de tormento eterno, e o próprio Paulo parece ter vislumbrado apenas uma aniquilação definitiva dos que fazem o mal. Além disso, a evidência dos Evangelhos é muito mais ambígua sobre esse ponto do que a maioria das pessoas imagina: mesmo o retrato alegórico de Cristo sobre o julgamento final, no capítulo 25 de Mateus, permite considerável latitude de interpretação, e teólogos patrísticos tão diferentes quanto Orígenes, Gregório de Nazianzo, Gregório de Nissa e Isaac de Nínive não viram na frase *aiōnios kolasis* (tipicamente traduzida como "castigo eterno", mas possivelmente lida como "correção por um longo período", ou "por uma era", ou ainda "na era por vir") qualquer razão para concluir que o inferno era mais do que um processo temporário de purificação espiritual. De fato, se levarmos a sério o testemunho de muitos dos Pais da Igreja, essa visão "purgatorial" do inferno estava longe de ser a opinião excêntrica de uma minoria de cristãos dos primeiros séculos, especialmente nas bordas orientais do império. Isso considerado, porém, deve-se reconhecer que a ideia de uma punição eterna para os malignos fazia parte dos ensinamentos cristãos desde os primeiros anos. No entanto, também se deve notar que a ideia de um castigo eterno não era um conceito único ou mesmo exclusivo dos cristãos; havia muitos precedentes pagãos. Tratava-se de uma ideia bem-estabelecida entre os platônicos, por exemplo, e não é absurdo sugerir que seu predomínio nos ensinamentos cristãos foi resultado tanto do pensamento religioso convencional que o cristianismo absorveu daquele ambiente cultural quanto de qualquer coisa inata ao evangelho. Seja como for, há dúvidas de que o ensinamento cristão tenha alcançado algum êxito em exacerbar o medo da morte ou da vida após a morte. Todas as provas documentadas sugerem que o apelo especial do cristianismo na sociedade antiga estava em outra parte, em aspectos da fé que o diferenciavam claramente de outras visões coexistentes da realidade.

No todo, creio que é justo dizer que MacMullen não pretende colocar o peso de sua narrativa sobre o conteúdo da crença cristã, mas na credulidade dos convertidos, a qual fora intensificada, segundo ele, por um declínio geral da racionalidade e do ceticismo cultural durante os primeiros três séculos da era cristã, percebido até nas classes mais instruídas (um declínio pelo qual o cristianismo não tinha culpa, para ser exato, mas do qual certamente se beneficiou). Contudo, as evidências que MacMullen apresenta de uma racionalidade superior do pensamento do primeiro século até, digamos, o terceiro século são anedóticas. Por exemplo, ele recorda que, no primeiro século, Plutarco afirmou que as narrativas de eventos sobrenaturais não deveriam ser imediatamente aceitas e que precisavam ser submetidas antes a uma cabal investigação naturalista; também lembra a seus leitores que tanto Plutarco quanto Plínio, seu contemporâneo mais velho, preferiram as explicações naturais em vez das mágicas para os fenômenos da natureza; também nota que, no terceiro século, Plotino — a última grande voz da filosofia antiga — censurou aqueles que acreditavam que feitiços ou exorcismos poderiam curar doenças; e assim por diante.[10] Era esse tipo de racionalidade, alega MacMullen, que estava morrendo enquanto a Igreja se fortalecia. Na verdade, porém, não há motivo sólido para afirmar que a racionalidade era um valor mais apreciado ou que fosse uma prática mais refinada no primeiro século do que no terceiro, ou que se possa simplesmente separar o racional do irracional em qualquer período da Antiguidade. Numa análise minuciosa, esses pagãos ilustrados de uma casta mais antiga mostraram ser homens do mundo antigo tanto quanto os monges do deserto ou os catecúmenos da Igreja. A filosofia natural de Plínio era tão receptiva a superstições quanto ao naturalismo e aceitava certos remédios tradicionais que beiravam a magia solidária. Plutarco passou seus últimos anos como um sacerdote em Delfos escrevendo tratados sobre questões religiosas, tais como o tipo de castigos e recompensas que aguardavam as almas após a morte; Plotino era contrário a feitiços e exorcismos não porque infringiam seus princípios racionalistas, mas

UMA MENSAGEM LIBERTADORA

porque eram incompatíveis com seus próprios conceitos de teologia e demonologia. Pode ser verdadeiro, é claro, que a cultura antiga fosse, via de regra, mais afeita a credulidades do que a nossa (embora eu discorde). Como disse anteriormente, não pretendo fazer qualquer afirmação sobre a plausibilidade ou a verdade da crença cristã, ou da convicção religiosa em geral. Mas a ideia de que a ascensão do cristianismo coincidiu com — ou foi auxiliada por — algum tipo de decadência generalizada da força do pensamento racional do fim da Antiguidade é simplesmente insustentável. E a ideia de que todo o apelo da Igreja a homens e mulheres consistiu em pouco mais do que um espetáculo chamativo de quinta categoria, enfeitado por promessas infantis e mimos, vai de encontro não apenas às evidências, mas também à lógica básica. A verdade sobre os grandes movimentos culturais e religiosos nunca é uma coisa tão simples.

Provavelmente, o jeito mais sólido de determinar qual era a "diferença cristã" — aquilo que distinguia a nova fé entre as demais crenças, o que atraía os que se converteram a ela, o que despertava a ira de seus detratores — é tentar avaliar que diferença social e moral o cristianismo fez, seja para indivíduos, seja para a cultura como um todo. E aqui, pela última vez, é proveitoso convocar MacMullen como um tipo de "testemunha negativa"; porque ele, como uma voz quase solitária entre os acadêmicos sérios, deseja afirmar em linhas gerais que as consequências morais da fé cristã foram insignificantes, na melhor das hipóteses, e malignas, na pior; e que as classes que os historiadores em geral afirmam ter sido especialmente atraídas aos preceitos cristãos — as mulheres, os pobres, os escravos — não eram particularmente suscetíveis à conversão nem propensas a se beneficiar dela. Na verdade, afirma MacMullen, sua sorte pode muito bem ter piorado a partir da conversão àquela nova fé. Afinal, observa ele, assim que se estabeleceram nos mais altos escalões da sociedade, os cristãos se tornaram inclinados ao preconceito de classe como a aristocracia pagã jamais havia sido. Em alguns casos, quando de posse de plenos poderes, os cristãos podem ter mostrado um desprezo até maior para com os que lhes eram socialmente inferiores. Não proibiu o papa Leão Magno (que reinou de 440 a 461), pergunta MacMullen, que escravos recebessem ordenações sacerdotais, para que não desonrassem o posto? Em contraste, não era costume pagão dar aos escravos acesso irrestrito a cultos e templos e permitir que eles formassem suas próprias sociedades de culto, com suas próprias hierarquias sacerdotais? Da mesma forma, não estavam as mulheres cristãs excluídas de todos os postos eclesiásticos significativos, enquanto as mulheres pagãs frequentemente serviam como sacerdotisas na adoração de deidades femininas? E mesmo que as sacerdotisas estivessem longe de ser tão numerosas quanto seus colegas masculinos, não é verdade que, em várias partes do império, se permitia que as mulheres participassem em quase todo o leque de observâncias religiosas possíveis?[11] Com relação aos pobres, indaga MacMullen, será que o ideal cristão de caridade realmente constituía uma melhora muito maior que os ideais da filantropia pagã, e será que isso de fato inspirou uma generosidade maior ou um socorro melhor aos miseráveis? Que dizer daqueles templos pujantes sobre os quais Libânio escreveu tão nostalgicamente por volta de 380, nos quais os pobres outrora podiam se fartar de comida abundante e revigoramento sempre que um rico benfeitor oferecia animais como sacrifício festivo e vinho para celebrações e em cujo tesouro havia recursos para prover assistência aos pobres? Será que a assistência da Igreja cristã aos pobres era realmente algo além da continuação de práticas religiosas e da imitação de virtudes já nativas da sociedade pagã?[12]

Começando pela última das perguntas, a resposta é: não. A imagem da filantropia pagã que MacMullen apresenta é positivamente encantadora, até mesmo idílica, mas — infelizmente — a evidência que ele cita através de Libânio o trai; ela reflete sobretudo o caráter muito restrito e ocasional das práticas de esmola adotadas pelos templos pagãos durante a era cristã, como resultado das tentativas do imperador Juliano de forçar o clero pagão a imitar a assistência da Igreja aos pobres. Se alguma tradição religiosa influenciou outra nessa questão, é quase certo que foi a crença mais jovem que estimulou a mais velha. Deixando isso de lado, porém, é perfeitamente justo chamar atenção para a incapacidade dos antigos cristãos de se portar conforme suas crenças lhes deviam ditar. Mais uma vez, devo

UMA MENSAGEM LIBERTADORA

reafirmar com prazer que a ascensão do cristianismo não transformou a sociedade antiga de cima a baixo; nem livrou a sociedade de suas injustiças imemoriais. Feita essa concessão, porém, mesmo essa afirmação depende de certas observações, tanto factuais quanto conceituais. Para começar, há uma pitada a mais de malícia quando se dá a cultos pagãos um crédito de igualitarismo religioso maior que o da Igreja primitiva — ou mesmo comparável a ela. Com algumas raras exceções, como os mistérios de Baco, a maioria das sociedades religiosas organizadas do mundo antigo admitia apenas um sexo (em geral homens) e excluía os escravos de suas associações com rigor. Obviamente, os templos eram por natureza espaços abertos de adoração e oferendas, e não é possível afirmar com certeza que tipos de restrições sociais eram observados em vários lugares. Contudo, o tipo de culto a que um homem poderia se filiar (ou, mais raramente, uma mulher) era determinado, na maioria das vezes, pelo que ele ou ela era, ou seja, qual posição ele ou ela ocupava. Uma das razões pelas quais os escravos tinham de formar suas próprias seitas é que não tinham permissão de se reunir com seus amos. Em contraste, os cristãos admitiam homens e mulheres, livres ou escravizados, em igual membresia, obrigando-os a louvar juntos. Sob vários aspectos, essa era a inovação mais radical daquela comunidade: transcendia as divisões humanas "naturais" e, portanto, num sentido maior, as anulava. O papa Leão realmente proibiu a ordenação de escravos; ou, melhor dizendo, proibiu a ordenação de escravos e servos que não tivessem recebido a alforria de seus senhores, a fim de evitar que o sacerdócio fosse maculado por homens que ainda não tivessem ganhado a confiança daqueles a quem serviram por anos. Mas a descoberta de que um cavalheiro romano do século V estava por acaso inclinado à hierarquia de classes não deve desviar nossa atenção de outras realidades. Por um lado, a decisão de Leão não era geral: nunca foi adotada no Oriente, que era mais cosmopolita e liberal, e, mesmo no Ocidente, durante a primeira metade do século VI, vários concílios em Orléans declararam as ordenações de escravos perfeitamente válidas. Além disso, um concílio romano de 595 declarou que os escravos não necessitavam obter o consentimento de seus senhores para entrar nas ordens monásticas.

Abordarei o tema da escravidão de forma mais ampla no próximo capítulo; aqui pretendo apenas alertar contra o anacronismo de permitir que nossas próprias premissas culturais determinem nossa compreensão da sociedade antiga. Por exemplo, não é possível entender a posição das mulheres nas associações de cultos pagãos abstraindo as questões de classe social; é simples raciocínio burguês da modernidade recente imaginar que uma mulher no fim da Antiguidade teria como principal preocupação a igualdade de carreira, ou que a existência de sacerdotisas pagãs seja emblemática de uma maior igualdade entre os sexos dentro da religião pagã. Na verdade, a casta sacerdotal das sociedades de culto era composta pelos patronos daquela sociedade. O sacerdócio não era uma carreira, por assim dizer, aberta a todos; na era pagã, tratava-se, em sua maior parte, de um privilégio dos ricos. Portanto, sim, algumas mulheres ricas compraram cultos para si mesmas; e, sim, algumas mulheres da aristocracia e algumas moças prometidas serviram como sacerdotisas e servas em templos de algumas deusas. Mas é impossível comparar significativamente suas vocações às dos sacerdotes cristãos, que vinham de cada estrato social e econômico da sociedade, e que serviam a uma instituição na qual patrocínio não conferia ao benfeitor autoridade religiosa.[13] Atualmente, podemos sentir certo desconforto com a adoção do sacerdócio masculino pela Igreja primitiva, mas nenhuma pessoa daquela época, de nenhum dos sexos, teria considerado tal prática algo injustamente exclusivista — simplesmente não havia uma gramática cultural para tais ideias. Além disso, faz pouco sentido negar aquilo que até os adversários pagãos do cristianismo reconheciam de forma espontânea como verdadeiro: que a nova religião era descomunalmente atrativa para as mulheres, e que muitas delas encontraram nos ensinamentos da Igreja formas de consolo que as velhas religiões não poderiam prover. Celso, conforme salientei, viu no número desproporcional de mulheres entre os cristãos uma evidência da irracionalidade e da vulgaridade do cristianismo. Em seu *Misopogon* (o inimigo da barba, em tradução livre), Juliano censurou os homens de Antioquia por permitirem que suas viúvas esbanjassem suas riquezas em contribuições aos galileus e aos pobres, o que tivera a desafortunada con-

UMA MENSAGEM LIBERTADORA

sequência de inspirar uma admiração geral pelo "ateísmo" dos cristãos. E por aí vai. Francamente, nenhuma pesquisa das provas documentadas sobre o começo do cristianismo dá margem a qualquer dúvida de que se tratava de uma religião à qual as mulheres eram poderosamente atraídas, e que não teria se espalhado tanto, nem tão rápido quanto pôde, não fosse pelo grande número de mulheres em seu rebanho.

Isso não nos deveria surpreender. Sem dúvida, é possível debater se mulheres de berço esplêndido teriam muito a ganhar associando-se aos galileus, mas há pouca discussão em relação aos benefícios que a nova fé conferia às mulheres comuns — ou seja, mulheres que não eram ricas nem socialmente exaltadas — literalmente do nascimento à morte. O cristianismo proibiu tanto a antiga prática pagã da exposição de crianças indesejadas — das quais é possível dizer que, na maioria dos casos, eram meninas — e insistia nas providências comunitárias pelas necessidades das viúvas — tipicamente a classe mais desprivilegiada e indefesa de pessoas na sociedade antiga. Não só a Igreja exigiu que as meninas tivessem o mesmo direito à vida que os meninos como também forneceu os meios para que elas vivessem toda a extensão de suas vidas em dignidade e segurança material. Além disso, maridos cristãos não podiam obrigar suas cônjuges a se submeter a abortos nem a consentir com infanticídio; e embora muitas mulheres pagãs possam ter ficado plenamente satisfeitas ao deixar suas filhas recém-nascidas em montes de lixo ou estradas desertas, a fim de que se convertessem em carniça para cães e pássaros, ou mesmo que fossem adotadas (se tivessem sorte) como enjeitadas, podemos supor que, para a maioria esmagadora das mulheres, não era esse o caso. Maridos cristãos recebiam a ordem de permanecer fiéis às suas mulheres, tal como esperavam que elas lhes fossem leais; eram proibidos de tratar suas mulheres com crueldade; não podiam abandonar nem se divorciar delas; suas mulheres não eram propriedades suas, mas suas irmãs em Cristo. Pode-se até alegar que as virtudes que o cristianismo mais valorizava — compaixão, humildade, mansidão etc. — eram aquelas nas quais as mulheres tinham treinamento superior; e que, talvez por essa razão, a devoção feminina fosse muitas vezes um poderoso modelo da pureza da fé entre os cristãos. Mesmo na segunda metade do século IV, homens cristãos tão proeminentes quanto Basílio de Cesareia e seu irmão Gregório de Nissa podiam olhar para sua irmã, a brilhante e piedosa Macrina, como um tipo ideal da vida cristã.[14] Constatar que os cristãos da Antiguidade não eram pessoas modernas e, portanto, não podiam conceber uma sociedade na qual homens e mulheres ocupassem as mesmas profissões e posições, é tão óbvio quanto completamente imerecedor de censura. A "tecnologia social" da perfeita igualdade de gêneros — ou, de qualquer modo, sua equivalência — estava tão além de suas possibilidades quanto a da luz elétrica. Mas Paulo ensinou aos cristãos que o corpo do homem pertencia à sua mulher tanto quanto o corpo dela pertencia a ele e que, em Cristo, não existe diferença de dignidade entre homens e mulheres. E embora seja tolice imaginar que as mulheres que se converteram ao cristianismo nos primeiros séculos tenham calculado os possíveis benefícios sociais desse ato, seria igualmente tolo dizer que as crenças cristãs não tinham consequências reais no cotidiano delas na comunidade cristã, ou mesmo imaginar que as cristãs estavam inteiramente inconscientes de como sua fé as reafirmava como seres humanos.

Tampouco deve passar despercebido que as reformas legais instituídas por vários imperadores cristãos — em suas tentativas de levar a lei para um alinhamento mais próximo dos preceitos de sua fé — denunciam uma boa vontade para com o bem-estar e os direitos das mulheres com frequência ausentes da legislação pagã. As iniciativas de Constantino a esse respeito, embora não tão radicais quanto poderiam ter sido, nem particularmente consistentes, decerto facilitaram as dificuldades das viúvas, defenderam as mulheres de processos em público, proibiram o divórcio baseado em trivialidades, tornaram ilegais as acusações públicas de adultério e protegeram as moças contra o matrimônio após rapto e "consumação" proléptica forçada. Teodósio e seus sucessores foram além. Por exemplo, o código de leis de Teodósio II (401-450), que incorporou e estendeu as reformas dos imperadores cristãos anteriores, incluiu mudanças na lei do divórcio, a partir de 421, que erradicaram muitas das desvantagens impostas às mulheres. Uma mulher abandonada pelo marido por simples razão de infelicidade doméstica passou não só a ter o direito de reclamar

UMA MENSAGEM LIBERTADORA

de volta seu dote como também o de reter os presentes de noivado dados por ele; ela também ganhou o direito de se casar de novo um ano após a separação, enquanto seu marido estaria condenado à solteirice perpétua (se ele violasse essa proibição, tanto o dote como os presentes de noivado do novo casamento se tornariam propriedade da ex-mulher). Além disso, um marido estava proibido de desperdiçar ou subtrair o dote de sua mulher e, em caso de sua morte, a quantia seria revertida a ela em vez de passar ao inventário dele. De fato, o código tornou a lei de heranças mais equitativa, em geral por assegurar que os bens de uma morta passassem diretamente aos filhos dela. Uma moça forçada pelo pai a se prostituir ficava inteiramente liberada da autoridade dele, e (mais espantoso ainda) uma escrava abusada de forma semelhante por seu senhor deixava de ser sua propriedade. O imperador Justiniano, encorajado em grande medida por sua mulher, Teodora, expandiu direitos e proteções das mulheres no império a um nível completamente inédito.

* * *

As reformas de Justiniano, devo destacar, melhoraram de modo considerável a sorte dos escravos e tornaram a alforria muito menos complicada na letra da lei; e, de fato, muito antes do Código de Justiniano, Constantino tornara ilegal que proprietários de escravos separassem escravos casados em vendas para diferentes senhores e facilitara os procedimentos legais para a manumissão, permitindo que os proprietários concedessem liberdade aos seus escravos por simplesmente ir à Igreja e fazer a declaração de emancipação perante o bispo. É uma triste verdade que a conversão do império ao cristianismo não apenas não resultou na abolição do instituto da escravidão como tampouco chegou a torná-la um debate sério. Nem há qualquer medida empírica pela qual se possa determinar se os senhores cristãos de escravos exibiam compaixão ou liberalidade perceptivelmente maiores do que suas contrapartes pagãs. Em muitos casos, é certo que não. O máximo que se pode dizer com segurança é que, sob os imperadores cristãos, o direito se humanizou mais, embora longe do ideal, e que aqueles que aspiravam à genuína virtude cristã em suas casas tinham razões para levar os mandamentos das Escrituras em consideração e estimar seus servos como irmãos e irmãs em Cristo. A servidão, porém, era uma característica universalmente aceita da economia antiga e da vida familiar; e, no mundo romano, era onipresente, na medida em que escravos ocupavam todos os tipos de postos e "profissões": não só eram trabalhadores braçais como muitas vezes também artesãos, tutores, escribas, artistas, *entertainers*, funcionários públicos, administradores, arquitetos e assim por diante. A posição social do escravo, em suma, era uma das realidades concretas da existência humana; praticamente ninguém poderia conceber uma sociedade que pudesse funcionar sem uma classe de servos e servas, ainda que houvesse aqueles que, como os estoicos e os cristãos, acharam possível deplorar a realidade da escravidão de pessoas, fosse em princípio, fosse em relação às suas expressões mais desumanas. Nem mesmo o apóstolo Paulo, se ele for de fato o autor da carta a Filêmon, fez qualquer apelação explícita à emancipação de Onésimo, escravo de Filêmon; apenas pediu a um proprietário de escravos batizado que reconhecesse que seu escravo batizado realmente havia se tornado seu irmão e alguém que não deveria ser tratado como um serviçal insignificante. No cerne da compreensão de Paulo sobre a ressurreição, já constava que as diferenças entre senhor e escravo tinham sido abolidas em Cristo; mas que essa nova realidade pudesse de fato resultar numa sociedade em que tais diferenças tivessem sido totalmente erradicadas era algo que Paulo obviamente não se dispôs a esperar para este lado do Reino de Deus. Até ali, as implicações explosivas do evangelho permaneceriam, para ele e para muitas gerações posteriores de cristãos, mais como uma questão de escatologia do que de filosofia social. (E, claro, ele dificilmente teria como saber que os cristãos algum dia estariam em posição de moldar o mundo em que viviam.) Mesmo admitindo tudo isso, no entanto, essas implicações não poderiam deixar de se tornar óbvias para os cristãos sinceros, e não se deve ignorar as diferenças palpáveis entre as atitudes de pagãos e cristãos para com os escravos. Pelo menos a Igreja cristã admitia escravos como membros sem distinção e lhes permitia acesso total, obrigando senhores e escravos a adorarem e rezarem juntos, como membros iguais de uma

UMA MENSAGEM LIBERTADORA

mesma casa de fé. Além disso, a exigência de que os senhores cristãos consideraassem seus escravos parentela em vez de propriedade, tratando-os com justiça, mansidão e caridade, é um constante refrão nos escritos de alguns dos maiores Pais da Igreja — Clemente de Alexandria, Gregório de Nissa e João Crisóstomo, para citar alguns —, embora, repito, seja possível apenas especular quão bem-sucedidos os lares cristãos foram ao tentar fechar a inevitável fissura entre mandamento e ação.

O ponto em que não sinto necessidade alguma de fazer qualquer tipo de concessão é diante da sugestão de que haveria alguma semelhança ou continuidade substancial entre as provisões pagãs para pessoas necessitadas e a caridade cristã. Até os críticos pagãos da Igreja tinham noção da espantosa abrangência do esforço cristão pelo bem alheio. Não significa dizer que não havia forma de munificência pagã. Certo tipo de prodigalidade teatral tinha grande espaço na cultura patrícia de honra e boa publicidade, e era de se esperar que homens ricos preocupados com sua reputação oferecessem presentes às famílias de seu círculo em dias festivos e que buscassem renome através de grandes exibições públicas de magnanimidade. Além disso, o Estado fazia ocasionalmente tentativas de melhorar as condições dos pobres, ainda que não necessariamente com base em razões humanitárias. Os imperadores Nerva e Trajano (este em maior escala) providenciaram abastecimentos suplementares de comida (*alimenta*) para as crianças pobres na Itália, na esperança de interromper o declínio da população italiana nativa e assim colher uma safra maior de recrutas não bárbaros para as legiões nos anos posteriores. No fim das contas, porém, não se encontra na sociedade pagã nada remotamente comparável à magnitude da disposição cristã de prover de forma contínua a pessoas carentes, homens e mulheres, jovens e idosos, livres e subjugados.

Desde o princípio, os ensinamentos cristãos posicionaram a caridade no centro da vida espiritual como nenhum culto pagão fizera antes, elevando o cuidado com viúvas, órfãos, doentes, encarcerados e pobres ao nível da mais alta obrigação religiosa. Assim, no fim do segundo século, Tertuliano podia com justiça se ufanar de que, enquanto o dinheiro doado aos templos dos velhos deuses era desperdiçado em banquetes, bebida e seus prazeres momentâneos, o dinheiro dado às igrejas era usado para cuidar dos empobrecidos e dos abandonados, conceder enterros decentes até aos mais miseráveis e atender às necessidades dos idosos.[15] A *Didascalia*, um fascinante documento cristão do século III, descreve entre os deveres de um bispo a responsabilidade pela educação dos órfãos, pela assistência às viúvas pobres e pela compra de comida e lenha para os indigentes, bem como pela estrita vigilância sobre o dinheiro que circula dentro da Igreja, a fim de evitar que viesse de homens culpados por injustiças ou de abuso de escravos, ou para impedir que caísse nas mãos de pessoas não genuinamente necessitadas. Em 251, só a Igreja em Roma tinha mais de 1.500 dependentes em seus registros, e mesmo as pequenas igrejas locais mantinham despensas com provisões para os pobres, tais como azeite, vinho e roupas (em especial, roupas femininas, o que é bastante revelador).[16] Dessa maneira, a Igreja, muito antes de Constantino, tinha criado um sistema de assistência social que nenhuma repartição civil ou religiosa do Estado pagão providenciara: tão logo Constantino se tornou imperador e orientou o patrocínio estatal a essa nova religião, as despensas se tornaram armazéns, e a Igreja se tornou a primeira instituição organizada de bem-estar social da história do Ocidente. Era um grande repositório e redistribuidor de bens, esmolas, dinheiro estatal e heranças; encorajava os ricos a doar, para além dos ditames da prudência, chegando em alguns casos à pobreza voluntária; financiava hospitais, orfanatos e hospedarias. Mesmo quando a Igreja estabelecida negligenciou ou esteve aquém dos ideais de caridade que professava, ainda fazia muito mais pelos carentes do que os deuses de outrora.

Do primeiro século até o quarto, creio que se possa dizer com justiça, nenhum único aspecto dos ensinamentos morais cristãos foi mais consistente, ou mais urgente, do que essa regra da caridade. Na literatura cristã que sobreviveu dos primeiros cinco séculos, antes e depois da transformação da Igreja em culto imperial, o refrão é incessante e mais pungentemente audível nas admoestações dos grandes Pais da Igreja do período pós--Constantino — Basílio, Gregório de Nazianzo e João Crisóstomo — aos

UMA MENSAGEM LIBERTADORA

cristãos abastados: para seguir o Cristo, é preciso amar os pobres e doar a eles sem reservas nem preferências. Em seu auge, a busca cristã pela caridade, antes e depois da conversão de Constantino, foi marcada por um grau de abundante generosidade que as ideias religiosas pagãs simplesmente nunca tinham inspirado. Por exemplo, durante a grande pandemia de peste de 251 a 266, se os relatos perfeitamente críveis dos bispos Dionísio de Alexandria e Cipriano de Cartago forem fidedignos, os cristãos das duas maiores cidades do norte da África, tanto clérigos quanto leigos, se distinguiram por sua disposição de cuidar dos doentes e sepultar os mortos, mesmo ao custo de suas próprias vidas. E, como eu disse, mesmo pagãos resolutos reconheciam as virtudes peculiares dos galileus. Por exemplo, o historiador pagão Amiano Marcelino, que admirava Juliano e não guardava ilusões cor-de-rosa sobre a Igreja, ainda elogiava a fé dos cristãos por ser um credo gentil, essencialmente justo em seus princípios e seus atos.[17]

Uma vez dito tudo isso, porém, parece-me que ainda estamos tocando somente a superfície daquilo que separava o cristianismo das outras religiões do império.

13. O rosto dos invisíveis

Todos os quatro Evangelhos canônicos contam a história do fracasso do apóstolo Pedro na véspera exata da crucificação de Cristo: a promessa de Pedro de jamais abandonar o Cristo; a profecia de Cristo na qual Pedro o negaria naquela mesma noite, não uma, mas três vezes, antes do cantar do galo; a entrada cautelosa de Pedro no tribunal do sumo sacerdote, depois da prisão de Cristo no jardim, e sua confrontação com outros presentes que pensaram tê-lo reconhecido como um dos discípulos de Cristo; e o medo que motivou Pedro a fazer exatamente o que seu mestre profetizou. O Evangelho de João, em certos aspectos o menos suave dos quatro, encerra a história aí; mas os três Evangelhos sinópticos — Mateus, Marcos e Lucas — continuam a relatar que, ao ouvir o galo anunciar o nascer do dia, Pedro se lembrou das palavras ditas por Cristo no começo da noite e, tomado pela agonia, saiu para chorar amargamente.

Para nós, hoje, esse detalhe da narrativa dificilmente soa extraordinário, por mais comovente que nos possa ou não parecer; esperaríamos que Pedro chorasse e certamente esperaríamos que qualquer narrador julgasse o gesto digno de nota. Mas, de certa forma, dentro do contexto da época em que os Evangelhos foram escritos, pode muito bem não haver momento mais estranho ou mais impressionante em toda a escritura. O que para nós é óbvio — a alma ferida de Pedro, a profundidade de sua devoção a seu professor, o tormento de sua culpa, a esmagadora compreensão da morte iminente de Cristo encerrando de antemão a possibilidade de buscar perdão por sua traição — só o é porque somos em geral herdeiros de uma cultura que, em certo sentido, brotou das lágrimas de Pedro. Para nós, esse detalhe narrativo minúsculo e ordinário é inquestionavelmente um ornamento da história, enobrecendo-a, comprovando sua gravidade, acolhendo nossa simples humanidade de forma abrangente. Nesse sentido, todos nós — mesmo os descrentes — somos "cristãos" em nossas expectativas morais do mundo. Para as classes instruídas da Antiguidade tardia, o conto do lamento de Pedro provavelmente pareceria um equívoco estético; pois Pedro, uma pessoa rude, não poderia ser de forma alguma um digno objeto de pena do homem bem-nascido, nem sua dor poderia ter o tipo necessário de dignidade trágica capaz de torná-lo merecedor da percepção de qualquer um. No máximo, a dor de alguém da categoria de Pedro poderia ter lugar na literatura cômica: as lamúrias queixosas de um escravo indolente, as admoestações autopiedosas de um peão sem astúcia, os lamentos angustiados de um taberneiro traído pela mulher, e por aí vai. Num cenário trágico ou épico, as lágrimas de um servo bem poderiam ter oferecido um acompanhamento para as dores de seu amo, como seria o choro compassivo de um cão dedicado. Mas, quando se compara essa cena dos Evangelhos ao tipo de descrição emocional que se encontra nos grandes escritores romanos, cômicos ou sérios, descobre-se — como o grande crítico literário Erich Auerbach notou há meio século — que é apenas em Pedro que se vê, "no mais elevado, profundo e trágico dos sentidos, uma imagem do homem".[1] Mesmo assim, Pedro continua a ser, de todo modo, um camponês da Galileia. Isso não é uma mera violação do bom gosto; trata-se de um ato de rebeldia.

Obviamente, essa não é uma afirmação sobre a intenção explícita de nenhum dos evangelistas. Mas mesmo os mais implacáveis críticos modernos do cristianismo devem estar dispostos a reconhecer que, nesses textos e em outros como eles, vemos alguma coisa começando a emergir de uma escuridão para a visibilidade total, provavelmente pela primeira vez em nossa história: a pessoa humana como ela é, investida de uma dignidade intrínseca e inviolável e possuidora de um valor infinito. Nem mesmo seria implausível afirmar que nossa própria capacidade de falar de "pessoas" como fazemos é uma consequência da revolução da sensibilidade moral que o cristianismo promoveu. Afinal de contas, empregamos essa palavra com uma generosidade esplendidamente indiscriminada, aplicando-a sem hesitar a todos, de qualquer estrato social, raça ou sexo; mas, originalmente, pelo menos em alguns dos contextos mais cruciais, ela tinha uma aplicação muito mais delimitada. No uso específico do Direito romano, a pessoa de alguém era o status de alguém perante a lei, o qual certamente não era invariável de um indivíduo para o outro. O significado original e primordial da palavra latina *persona* era "máscara", e seu uso como termo legal pode muito bem remontar às efígies funerárias de cera pelas quais as pessoas de importância social eram representadas depois de suas mortes e a quais famílias de elite poderiam exibi-las como ícones de seus pedigrees ancestrais. Assim, por extensão, ter uma *persona* era ter um rosto perante a lei — ou seja, ser reconhecido como alguém que possui direitos e privilégios perante um tribunal, ou ser capaz de testemunhar baseado na força de sua própria palavra, ou simplesmente portar uma identidade social respeitável, que os juristas precisariam ter em mente.

Porém, para aqueles nas classes mais baixas — escravos, forasteiros e criminosos de origem plebeia, completos miseráveis e povos colonizados —, a personalidade legal não existia de verdade, ou existia apenas nas mais tênues formas. Sob os melhores dos imperadores pagãos, tais como Augusto, algumas proteções legais se estenderam aos escravos; mas, por si próprios, escravos não tinham direitos reais perante a lei, nem meios adequados de apelação contra seus senhores. Além disso, a palavra deles não tinha peso. Um escravo era tão esvaziado de qualquer dignidade "pessoal" que, quando chamado a depor perante uma corte devidamente indicada, poderia ser submetido à tortura por simples rotina. Pois um escravo era um homem ou uma mulher *non habens personam*: literalmente, "não proprietário(a) de persona", ou ainda, "não possuidor(a) de rosto". Em face da lei, ele ou ela não era uma pessoa no sentido mais completo e apropriado. Ele ou ela nem mesmo gozava de visibilidade maior — ou qualquer tipo de semblante — ante a sociedade em geral. De certo modo, o único rosto adequado a um servo, ao menos até onde a imaginação cultural do mundo antigo foi, era a "máscara de escravo", bruta e maliciosamente grotesca, usada por atores nos palcos cômicos: uma manifestação exata de como qualquer pessoa que fosse propriedade de outra era naturalmente vista.

Nos dias atuais, é claro, temos nossos fanatismos; dificilmente podemos afirmar que avançamos tanto a ponto de não saber nada sobre racismo ou suas expressões mais violentas; não faz muito tempo que o uso de *black-face* e as convenções do *minstrel show** nos eram tão inofensivos quanto a máscara de escravo era para o público da Antiguidade; e decerto não há uma sociedade sem hierarquias de classe. Tudo que podemos alegar em nossa defesa é que temos nomes para as desigualdades sociais que vemos ou lembramos; temos consciência, na maior parte — ao menos aqueles de nós que não são incorrigivelmente estúpidos ou cruéis —, de que elas violam os mais profundos princípios morais que temeríamos não professar; também somos conscientes — a grande maioria de nós, pelo menos — de que eles foram acidentes históricos, que não refletem a essência íntima da realidade ou os decretos imortais dos deuses ou da natureza, e portanto podem e devem ser corrigidos. Mas isso só ocorre porque vivemos no longo crepúsculo de uma civilização formada por crenças, que, embora nos pareçam óbvias ou banais, entraram na sociedade antiga como um meteoro cortando o céu azul. Aquilo que, para nós, é motivo de silenciosa, persistente e perene censura de consciência soava para os povos antigos como um decreto estranho vindo de um reino apartado de qualquer mundo que eles pudessem conceber. Afinal, a consciência, pelo menos em relação aos seus conteúdos particulares, é um artefato cultural, uma contingência histórica, e todos nós hoje no Ocidente, em maior ou menor nível, herdamos uma consciência formada por ideais morais cristãos. Por essa razão, é para nós completamente impossível recuperar qualquer sensação real do escândalo que muitos pagãos sentiram ante a prodigalidade bizarra com a qual os primeiros cristãos estavam dispostos a conceder humanidade total a pessoas, independentemente de classe, condição ou sexo.

---

* Espécie de comédia musical racista, habitual nos Estados Unidos do século XIX, em que brancos se vestiam de negros, usando maquiagem pesada a fim de ridicularizá-los. [*N. do T.*]

O ROSTO DOS INVISÍVEIS

213

É verdade que alguns homens da modernidade foram capazes de induzir um desalento semelhante em si mesmos, ou pelo menos tiveram êxito em uma imitação daquilo. Nietzsche, por exemplo, fez o máximo que pôde para compartilhar da nobre repulsa pagã ante os sórdidos sedimentos sociais que a Igreja primitiva continuamente dragava para dentro de suas basílicas (ainda que o filósofo, filho de um pastor de classe média como era, jamais tenha se tornado o exímio especialista em desdém patrício que imaginava ser). Mas para ouvir aquele tom de alarme nos registros mais ricos, puros e espontâneos, é de fato necessário recorrer aos pagãos propriamente ditos: Celso, Eunápio de Sardes, ou o imperador Juliano. O que eles viram, conforme assistiam ao movimento cristão do topo alto e estreito de suas sociedades, não era a compreensível ebulição de anseios humanos havia muito sufocados, mas a própria ordem do cosmos desabando sobre sua base, sugando tudo para uma ruína geral, na miséria obscena de uma humanidade comum. De que outra forma eles poderiam interpretar o espetáculo, senão como um tipo monstruoso de impiedade e degeneração ruidosamente perverso? Em seu tratado *Contra os galileus*, Juliano reclamou que, desde o princípio, os cristãos incharam suas fileiras com as pessoas mais cruéis, desrespeitosas e desprezíveis, enquanto ofereciam somente o batismo como um remédio para suas vilezas, como se apenas água pudesse lavar a alma. Eunápio teve nojo dos deuses simplórios que a Terra estava criando como resultado da subversão cristã da boa ordem: homens e mulheres da espécie mais deplorável, justamente torturados, condenados e executados por seus crimes, mas glorificados após a morte como mártires da fé, tendo suas relíquias veneradas no lugar dos velhos deuses.

O ultraje dos pagãos, porém, era a glória da Igreja. Vicente de Lérins, no início do século V, celebrou a severa tutela moral dos mosteiros de sua Gália natal precisamente por ser tão corrosiva em sua consciência de classe: eles ensinavam humildade aos filhos da aristocracia, disse ele, e esmagavam neles os costumes do orgulho, da vaidade e do luxo. Durante o segundo século, é provável que as desvantagens sociais e legais das classes mais baixas de Roma tenham se tornado ainda mais pesadas do que tinham sido nos séculos anteriores, com os preconceitos de classe ainda mais acentuados do que o costumeiro no mundo helenístico, ou no começo da era romana. Durante o mesmo período, porém, os cristãos não apenas pregavam como vez por outra ainda formaram algo como uma verdadeira comunidade de almas, que transcendia todas as divisões naturais e sociais. Nem mesmo o estoicismo, a mais moralmente admirável das escolas filosóficas pagãs, teve um sucesso tão arrebatador em fazer da indiferença à classe social uma virtude espiritual. A própria lei da Igreja era uma inversão da pirâmide natural, pois Cristo prometera que o primeiro seria o último, e o último, o primeiro. A *Didascalia*, por exemplo, estipulava que o bispo nunca deveria interromper seu ofício para cumprimentar uma pessoa de alto escalão que tivesse acabado de entrar na Igreja, para que o clérigo não fosse visto como alguém que faz diferenciação entre as pessoas; mas, ao ver um homem ou uma mulher pobre se unir à assembleia, o mesmo bispo deveria fazer tudo em seu poder para dar espaço ao recém-chegado, mesmo que o próprio clérigo tivesse que se sentar no chão para isso. O mesmo texto também deixa claro que a Igreja primitiva podia muitas vezes ter organizado suas congregações em grupos diferentes, separados por idade, sexo, estado civil e assim por diante, simplesmente por uma questão de conveniência, mas que o status social não era o padrão pelo qual se atribuía a alguém um lugar entre "os irmãos".[2] Homens de alta estirpe — literatos, bem-sucedidos, abastados e livres — tinham de conviver com escravos, trabalhadores e artesãos, sem ver qualquer demérito nisso.

Não quero exagerar as virtudes dos primeiros cristãos neste relato. Não se acha perfeição em nenhuma instituição humana, e assim sempre ocorreu com a Igreja. Mesmo em seus dias inaugurais, algumas diferenças sociais se provaram extremamente difíceis de exterminar: os escravos cristãos de um cristão proprietário de escravos ainda eram escravos, mesmo que fossem irmãos de seu senhor em Cristo. E, depois de Constantino, enquanto a Igreja se tornava a mais lamentável das coisas — um pilar da sociedade respeitável —, ela também aprendia com bastante facilidade a tolerar muitas das injustiças que supostamente condenava. A Igreja empoderada nunca foi mais do que meio cristã, mesmo em seus melhores momentos; com muita frequência, ela foi muito menos que isso. Porém, não devemos subestimar o

O ROSTO DOS INVISÍVEIS

quão extraordinário era o *ethos* religioso dos primeiros cristãos em relação à ordem social, nem deixar de lhes dar crédito pelos esforços que de fato empreenderam em apagar as diferenças de dignidade social que tradicionalmente separavam as pessoas das diversas castas entre si, mas que tinham sido (segundo acreditavam) abolidas em Cristo. No fim das contas, os críticos pagãos da Igreja primitiva estavam certos ao verem a nova fé como um movimento essencialmente subversivo. Na verdade, sob esse aspecto, eles podem ter sido até um pouco mais perspicazes do que os próprios cristãos. O cristianismo pode nunca ter sido uma revolução no sentido político: não se tratava de uma facção convulsiva, violenta ou intencionalmente provocativa, que tinha "outra visão" da política para sugerir; mas nem por isso a mudança que ele promoveu foi algo meramente local, transiente ou finito. A visão cristã da realidade era nada menos que — para usar as palavras de Nietzsche — uma "transvaloração de todos os valores", uma completa revisão das categorias morais e conceituais pelas quais os seres humanos compreendem seus lugares no mundo, os outros e a si próprios. Tratava-se — de novo nas palavras de Nietzsche, embora sem o escárnio dele — de uma "revolução escrava da moralidade". Mas também foi, no que diz respeito aos cristãos, uma revolução escrava "vinda de cima", se se pode imaginar coisa parecida; porque foi levada a cabo por um salvador que, conforme dito por Paulo na sua epístola aos Filipenses, trocara voluntariamente sua "forma de Deus" pela "forma de um escravo" e, assim, derrubou os poderes que reinavam nas alturas.

Talvez ainda mais impressionante do que o episódio das lágrimas de Pedro — pelo menos no que se refere ao seu cenário cultural — é a história de Cristo diante de Pilatos, especialmente conforme narrada no Evangelho de João. Novamente, uma imensa distância histórica se interpõe entre nós e a era em que o texto foi produzido; e, novamente, o significado moral da cena é um para o qual a maioria de nós está preparado para assentir, ao menos emocionalmente; portanto, não podemos *sentir* sua estranheza ou o ineditismo de suas implicações metafísicas. Para os seus primeiros leitores, porém, o que uma cena como essa poderia transmitir? De um lado da ação, está um homem de berço nobre, investido da completa autoridade do Império Romano, encarregado da responsabilidade de impor a *pax romana*, num país bárbaro, a uma população nativa inculta, intratável e muito inclinada a fanatismos religiosos. Do outro lado, está um pobre homem da colônia, possivelmente demente, de origens obscuras e ambições insondáveis, alguém que, quando lhe perguntam se ele é o Rei dos Judeus, responde com invocações vagas e enigmáticas de um Reino que não é deste mundo e de alguma misteriosa verdade misteriosa, da qual ele diz que foi chamado a dar testemunho. Na grande hierarquia cósmica dos poderes racionais — que desce do Deus Altíssimo até o mais baixo dos escravos —, o lugar de Pilatos é particularmente elevado, um pouco mais perto dos céus do que da Terra, e está imbuído de um toque de esplendor dos deuses. Em contraste, Cristo não tem qualquer tipo de aspiração natural à clemência de Pilatos, nem direitos garantidos que pudesse reivindicar; dito da maneira mais simples, ele não tem pessoa perante a lei. Uma figura desse quadro goza de perfeita influência sobre vida e morte, enquanto a outra nem sequer pertence mais a si mesma. E a assimetria do quadro se torna ainda mais forte (e talvez ainda mais absurda) quando Jesus é levado perante Pilatos pela segunda vez, depois de ter sido açoitado, envolto numa capa de soldado e coroado com espinhos. Aos ouvidos de qualquer pessoa da Antiguidade, a pergunta de Pilatos ao seu prisioneiro — "De onde vens?" — poderia quase certamente ter soado como uma indagação perfeitamente pertinente, ainda que obviamente sardônica, a respeito do pedigree de Cristo, e uma recordação pontual de que, em comparação com Pilatos, Cristo era um ninguém. E a admoestação ainda mais explícita de Pilatos num momento posterior — "Eu tenho poder para te crucificar" — teria soado como um tipo de golpe retórico de misericórdia. Contudo, a afirmação de Cristo declarando que Pilatos não tem qualquer poder que não lhe tenha sido dado por quem está acima teria soado apenas como a insolência cômica de um lunático.

Será que alguma testemunha antiga dessa cena, reconhecendo como o destino distribuiu aos seus personagens seus respectivos lugares na ordem das coisas, teria duvidado de qual lado deteria a "verdade" total das coisas?

O ROSTO DOS INVISÍVEIS

Afinal de contas, será que existe, num mundo sustentado por hierarquias imutáveis de privilégio social, outra medida da realidade além dos cálculos relativos do poder, quais sejam: Quem tem autoridade para julgar os outros? Quem detém o direito de matar? Isso tudo, de fato, Pilatos já havia comunicado no seu primeiro interrogatório de Cristo e com sucinta eloquência, quando perguntou: "O que é a verdade?" — esperando a resposta sem precisar de nenhuma. Nietzsche, que entendia — melhor do que qualquer crítico ou defensor moderno do cristianismo — quão vasta era a confrontação de mundos concentrada nessa cena, falou por praticamente toda a cultura antiga quando decretou que a pergunta de Pilatos era a única frase louvável que se poderia encontrar em todas as Escrituras cristãs, um momento brilhante de nobre ironia que, por causa da curiosa desatenção do evangelista, se fixou de forma anômala no pântano gelado do Novo Testamento, como uma libélula cintilante que foi preservada num âmbar particularmente escuro.

Tenho que admitir, contudo, que a maioria de nós hoje simplesmente *não consegue* ver Cristo e Pilatos dessa forma. Chegamos tarde demais no tempo para pensar como homens e mulheres antigos, e poucos de nós, espero, seriam tão infantis para desejar isso. Embora possamos tentar, jamais seremos capazes de ver a humanidade alquebrada, humilhada e condenada como algo por si só evidentemente desprezível e ridículo; em vez disso, num sentido muito real, estamos destinados a vê-la abarcando o próprio mistério de nossa humanidade: uma sublime fragilidade, a um só tempo trágica e magnífica, lastimável e maravilhosa. Obviamente, é claro, muitos de nós são bastante capazes de olhar para os sofrimentos dos outros com indiferença e até desdém. Mas o que quero dizer é que mesmo o pior de nós, educados sob a sombra do cristianismo, não tem a capacidade de ignorar tais sofrimentos sem violentar previamente sua própria consciência. Perdemos a capacidade para a insensibilidade inocente. Vivendo como vivemos no saldo de uma revolução tão significativa que seus efeitos ainda persistem no mais íntimo das nossas naturezas, não podemos *simplesmente*, ou ingenuamente, desviar nossos olhares da humilhação da vítima para admirar a grandeza do perseguidor; e somente por essa razão nos falta todo tipo de consciência imediata da inversão radical de perspectiva que ocorreu nessas páginas. Visto de dentro da totalidade fechada de certa visão pré--cristã da realidade, porém, o veredicto de Pilatos é essencialmente justo: não porque a pena imposta é de certo modo proporcional ao "crime" (o que isso quer dizer, afinal?), mas porque reafirma a ordem natural e divina da realidade, ao consignar um homem desprezível a uma morte apropriadamente indigna e por restaurar a ordem através da destruição do agente da desordem. Pois, no fim, os deuses amam a ordem acima de todas as coisas. O Evangelho de João, porém, aborda o confronto entre Cristo e Pilatos de uma posição de vantagem sem precedentes na cultura humana: a fé na Páscoa. E o resultado desse novo ângulo de abordagem, considerando--se sobriamente, é ligeiramente ultrajante. Ao que parece, Deus, longe de aprovar o veredicto de seus supostos representantes terrenos — gentios ou judeus, sacerdotes ou procuradores, imperador, generais ou juízes —, anula totalmente o julgamento deles, e de fato vinga e devolve à vida o próprio homem que eles "justamente" haviam condenado no interesse da tranquilidade pública. Isso é um surpreendente realinhamento de toda a perspectiva, uma histórica inversão de todos os valores, uma rebelião contra a realidade. Mais uma vez, ninguém jamais demonstrou uma percepção mais aguçada da magnitude dessa subversão do que Nietzsche, nem a deplorou mais amargamente; mas Nietzsche não viu, por trás dessa audácia cristã, nenhuma razão mais profunda que o simples ressentimento, e aqui, certamente, sua percepção falhou. O ressentimento é, por sua natureza, rude e pesado; por si próprio, pode destruir, mas não criar; e o que quer que essa perspectiva inversa ou reversa fosse, ela claramente era um poderoso ato de criatividade, uma grande reimaginação das possibilidades de existência humana. Ela não teria sido possível se não fosse sustentada por uma felicidade genuína e generosa.

Esse novo mundo que vemos vir à luz nos Evangelhos é aquele no qual a totalidade da grande arquitetura cósmica de prerrogativa, poder e proeminência é abalada e passa até a ser substituída por uma nova ordem positivamente "anárquica": ou seja, uma ordem na qual vemos a glória de Deus revelada num escravo crucificado e na qual (por conseguinte) somos intimados a ver os esquecidos da Terra como os próprios filhos dos céus. Nessa

O ROSTO DOS INVISÍVEIS

ordem chocante e absurdamente desordenada (por assim dizer), mesmo a zombaria que sobreveio ao Cristo — a paródia de coroa e o manto — adquire um tipo de opulência irônica: na contraluz lançada sobre a cena no túmulo vazio, torna-se de uma vez por todas claro que não são as "ambições" de Cristo que são risíveis, mas aqueles emblemas de autoridade terrena cujos simulacros foram pendurados sobre seus ombros e encravados em sua testa. Podemos ver agora a vaidade dos reinos e impérios em sua forma mais aguda, e o absurdo dos homens que envolvem a si mesmos em trapos, se adornam com espalhafato cintilante, se promovem com títulos estúpidos e assim reivindicam licença para governar sobre os outros. E ainda assim a figura do Cristo parece somente crescer em dignidade. É tentador descrever essa visão da realidade — na falta de uma alternativa melhor — como um humanismo total: ou seja, uma visão de humanidade em seu escopo mais profundo e mais amplo, que encontra a plenitude da nobreza, do mistério e da beleza na figura humana — a pessoa humana — em cada instância singular da natureza em comum. Assim visto, a suposta descida do Cristo da "forma de Deus" à "forma de um escravo" não soa tão paradoxal, mas sim uma perfeita confirmação de que a imagem divina mora em cada alma. E, uma vez visto dessa forma, o mundo jamais poderá voltar a ser o que era.

* * *

É claro que isso levanta novamente questões muito óbvias com relação ao fracasso geral da Igreja em traduzir, depois de Constantino, esse "humanismo total" naquilo que, num longo retrospecto, nos parece ser simples justiça social. Não que se deva permitir que tais perguntas degenerem em santimônia barata. Seria um anacronismo quase perfeito perguntar, por exemplo, por que a sociedade pós-constantiniana se satisfez com meros avanços legais (de natureza frequentemente inconsistente) nas condições dos escravos, em vez de promover a completa abolição da escravatura enquanto instituição. Cristãos do quarto ao sexto séculos, dos quais muitos tinham sido de toda forma apenas "levemente batizados", certamente teriam achado mais simples persuadir as montanhas a trocar de lugar com as

220 REVOLUÇÃO

nuvens do que se imaginar capazes de substituir todo o sistema econômico e social de seu mundo por outro sistema melhor. Mesmo assim, é preciso admitir que a Grande Igreja da era imperial não era exatamente heroica em sua visão das implicações sociais de seu credo. Como regra, apenas alguns indivíduos extraordinários — alguns santos — estavam dispostos a levar os princípios de sua fé em suas conclusões mais desconcertantes.

Não obstante, o que deveria nos surpreender realmente, por sua improbabilidade, não é que tão poucos cristãos se comportassem de modo perfeitamente consistente com suas crenças, mas sim que tais crenças tenham sequer chegado a existir, em primeiro lugar. Cada revolução histórica verdadeira é primeiramente uma revolução conceitual, e a magnitude de toda grande revisão das condições ou premissas da vida humana (sem falar do tempo que isso requer para dar frutos históricos) se determina pela magnitude daquela conquista "espiritual" prévia. Assim considerada, a ascensão do cristianismo foi seguramente uma convulsão de imensidão inédita até hoje sem igual. Naturalmente, quando voltamos nossos olhares aos primeiros séculos da Igreja emancipada em buscas de sinais de vitalidade revolucionária, fazemos isso de nossa posição privilegiada como homens e mulheres modernos, e assim tendemos a pensar que vemos apenas brilhos fugidios em meio a uma escuridão em geral sem escapatória. Se formos um pouco mais atentos, conheceremos um número de mudanças adicionais, gradativas — mas substanciais — que ocorreram dentro de algumas das instituições e tradições da Antiguidade. Mesmo assim, se isso é tudo que vemos, perdemos o que é mais essencial. Considerando a hierarquia de valores que começaram a achar sua expressão naqueles séculos, o que deveríamos ser capazes de discernir em retrospectiva é um gigantesco deslocamento tectônico na cultura espiritual comum às mentes e vontades dos homens e mulheres antigos. Afinal, há mais do que uma diferença formal entre a alma que apenas ignora seus pecados e a alma que é obstinadamente impenitente; e o mesmo é verdadeiro na sociedade como um todo. Uma vez que uma pessoa ou um povo passa a reconhecer um mal tal como ele é, ainda que esse mal continue por algum tempo, no todo ou em parte, a mudança mais radical já se deu. A partir

O ROSTO DOS INVISÍVEIS

221

daí, tudo — penitência, regeneração, perdão, rebelião, reconciliação — se torna possível. Pois aquilo que significa ser humano foi, de algum modo, irrevogavelmente alterado.

Tome-se por exemplo novamente aquilo que para nós se constitui como o caso mais óbvio de negligência cristã nos primeiros séculos da igreja constantiniana: a persistência da escravidão. Mesmo que, como eu já disse, seja anacrônico esperar que pessoas antigas vissem aquela instituição como uma característica dispensável ou mesmo acidental da sociedade, e mesmo que seja igualmente anacrônico pensar na escravidão na cultura romana antiga como um corolário perfeito dos sistemas escravistas que floresceram nas Américas no início da era moderna, ainda é inteiramente razoável se impressionar com a capacidade de tantos cristãos antigos de acreditarem que todos os homens e mulheres deveriam ser seus irmãos em Cristo e, ao mesmo tempo, que certos homens e mulheres deveriam ser sua propriedade legal. Porém, em termos puramente históricos, a maior maravilha seria que existissem uns poucos que reconhecessem a contradição. E eles existiram.

É preciso admitir que as atitudes de muitos dos Pais da Igreja em face da escravidão foram da aceitação resignada (na melhor das hipóteses) ao aval prudente. Todos eles consideravam a escravidão uma marca do pecado, é claro, e todos podiam ter algum conforto no conhecimento de que ela desapareceria completamente quando a criação fosse restaurada no Reino de Deus. Eles até compreendiam que essa expectativa necessariamente envolvia algumas implicações morais no presente. Mas, para a maioria deles, o melhor que poderia ser esperado num mundo decaído (fora certas reformas legais) era um espírito de caridade, mansidão e consideração familiar da parte dos senhores e um espírito de longanimidade da parte dos servos. Basílio de Cesareia acreditava ser necessário defender a sujeição de alguns homens a outros, baseado em que nem todos somos capazes de se orientar de forma sábia e virtuosa. João Crisóstomo sonhou com uma sociedade perfeita (provavelmente escatológica) na qual ninguém daria ordens a ninguém, celebrou a ampliação dos direitos e proteções legais aos escravos e investia contra os senhores cristãos que ousassem humilhar ou bater em seus escravos. Agostinho, com sua visão mais sombria, fria e brutal do mundo decaído, tinha aversão à escravidão, mas não achava sábio poupar sempre a vara de açoitamento, pelo menos não quando o bem-estar da alma deveria ter precedência sobre o bem-estar da carne. Cada um deles sabia que a escravidão era uma coisa essencialmente condenável — o que era em si um avanço considerável em inteligência moral em relação ao *ethos* da Antiguidade pagã —, mas a condenação, de fato, seria algo reservado para o fim dos tempos; nenhum deles julgou possível converter a certeza escatológica numa agenda para o presente. Mas isso dificilmente surpreende. Todos os três eram criaturas de seu tempo; não deveríamos esperar que tivessem enxergado muito além das fronteiras do mundo que conheciam. Dada a característica inerentemente inquieta da imaginação moral humana, é simplesmente natural que alguns dos valores morais do passado pagão tenham perdurado por tanto tempo na era cristã, tanto quanto um certo conjunto de valores morais cristãos continuam a gozar hoje em dia de uma autoridade tácita e, em geral, despercebida nas mentes e culturas que não acreditam mais na narrativa cristã.

No entanto — atrapalhando bastante qualquer cálculo convencional de probabilidade histórica —, há Gregório de Nissa, o irmão mais moço e mais brilhante de Basílio, que destoava profundamente, a ponto de parecer oriundo de uma moldura de realidade completamente diferente. Pelo menos, em nenhuma busca feita nos escombros literários da Antiguidade — sejam eles pagãos, judaicos ou cristãos — é possível encontrar outro documento remotamente comparável, em tom ou conteúdo, ao quarto sermão de Gregório a respeito do livro de Eclesiastes, que ele proferiu durante a quaresma de 379, e que compreende uma longa passagem que condena a escravidão, de forma inequívoca e indignada, *como uma instituição*. Significa dizer que, nesse sermão, Gregório não está simplesmente tratando a escravidão como um luxo ao qual os cristãos não deveriam ceder além do necessário, nem se limita a denunciar as injustiças e crueldades das quais os proprietários de escravos eram com frequência culpados. Tudo isso seria naturalmente esperado, já que as admoestações e as exortações morais ao arrependimento eram parte do repertório quaresmal de qualquer homiliasta competente. Além disso, desde 321, quando Constantino

O ROSTO DOS INVISÍVEIS

concedeu às igrejas o poder de certificar legalmente as alforrias (o poder de *manumissio in ecclesia*), senhores cristãos muitas vezes aproveitavam a Páscoa como ocasião para emancipar seus escravos, e Gregório sem dúvida esperava encorajar seus paroquianos a seguir o costume. Mas se tudo que ele queria era recomendar a manumissão como higiene espiritual, ou como gesto de benevolência, poderia ter feito isso de maneira eficaz (talvez até com mais sucesso do que o obtido) se usasse um tom consideravelmente mais ponderado do que aquele que de fato encontramos em seu sermão. Pois nele Gregório dirige sua raiva não ao abuso da escravidão, mas ao seu uso; não reprova seus paroquianos por destratarem seus escravos, mas pela ousadia de imaginar que teriam algum direito de possuir outros seres humanos, para início de conversa.

É impossível exagerar na ênfase dessa distinção. Por vezes, acadêmicos que se debruçaram sobre esse sermão conforme suas expectativas de retórica do quarto século tentaram interpretá-lo como pertencente a algum padrão de oração penitencial, talvez um pouco mais hiperbólico em parte de sua linguagem, mas, por fim, com a intenção única de imprimir nas consciências de seus ouvintes a necessidade de humildade. O problema de tal abordagem, de fato, é que um padrão do qual nenhum outro exemplo existe dificilmente constitui um padrão, seja lá em que sentido for. Mais precisamente, a linguagem de Gregório no sermão é simplesmente inequívoca demais para ser lida como qualquer outra coisa diferente do que ela é. Não há espaço nela para que os cristãos donos de escravos se consolem com o pensamento de que eles seriam, em qualquer grau, amos piedosos, generosos o bastante para libertar o servo incidentalmente digno, mas sábios o suficiente para saber quando precisam continuar a exercer a gestão das almas menos responsáveis. Gregório certamente poderia ter feito assim: começar sua diatribe (que não é uma palavra assim tão forte) com uma breve dissertação exegética sobre um simples versículo, bastante comum, Eclesiastes 2:7 ("Adquiri servos e servas, e tive servos nascidos em casa"): um texto que pareceria convidar apenas algumas imprecações estimulantes contra a luxúria e a preguiça, e nada mais. À medida que embala em seu tema, porém, Gregório vai muito além disso. Para absolutamente qualquer um, diz ele, presumir um controle sobre qualquer outra pessoa é a mais repugnante arrogância imaginável, uma afronta e um roubo contra Deus, o único a quem todas as pessoas pertencem. Além disso, continua ele, privar outra pessoa da liberdade concedida por Deus a todos os seres humanos é violar e, de fato, subverter a lei de Deus, que de maneira explícita não nos dá semelhante poder sobre os outros. A que preço, prossegue Gregório na indagação à congregação, alguém poderia alguma vez dizer que adquiriu a imagem de Deus — aquilo que toda pessoa é — se apenas Deus possui recursos iguais a tal tesouro? Na realidade, diz Gregório, ligando diretamente seu argumento à vindoura festa de Páscoa, uma vez que o maior presente dado por Deus é a perfeita liberdade que nos foi garantida pela ação salvadora de Cristo no tempo, e uma vez que as bênçãos de Deus são totalmente irrevogáveis, escravizar homens e mulheres é algo que não está nem mesmo ao alcance de *Deus*. De qualquer modo, pondera Gregório, é sabido que, quando um escravo é comprado, suas posses materiais também vêm junto; mas Deus deu o domínio sobre a criação a cada uma das pessoas e não há quantia suficiente para a compra de tamanho legado. Portanto, diz ele à congregação, vocês podem imaginar que a troca de moedas pela escritura de posse realmente lhes confere superioridade sobre alguém, mas estão enganados: todos nós somos iguais, presas das mesmas fragilidades, capazes das mesmas alegrias, beneficiários da mesma redenção e sujeitos ao mesmo julgamento. Somos, portanto, iguais em todos os aspectos, mas — diz Gregório — "vocês dividiram nossa natureza entre escravidão e controle, tornando-a a um só tempo escrava de si mesma e senhora de si mesma".

De onde vem essa linguagem? Podemos tentar identificar algumas das influências imediatas do pensamento de Gregório. Sua irmã Macrina, por exemplo, era uma teóloga e contemplativa consideravelmente consumada, que convenceu sua mãe (que também era mãe de Gregório e Basílio) a viver uma vida comunitária de serviço, orações e devoção com os servos; e Gregório reverenciava Macrina. Porém, mesmo o exemplo de sua irmã não pode dar conta da veemência puramente intransigente do sermão de Gregório, ou da lógica em que ele se baseia — a qual, tomada por valor de face, parece direcionar inexoravelmente rumo à abolição. Mas também há outros mistérios na linguagem de Gregório. Por exemplo, o que significa a queixa de que os donos de escravos dividiram nossa natureza humana em comum por seus atos? Para responder essa questão integralmente, é necessário investigar profundamente a metafísica de Gregório (e, por acaso, ele era um filósofo de originalidade considerável), mas aqui isso não é necessário. Basta-nos dizer que Gregório obviamente não consegue entender a natureza humana do modo que, por exemplo, Aristóteles a compreendia: apenas como um conjunto invariável e abstrato de propriedades, do qual qualquer homem ou mulher constitui uma expressão mais perfeita ou mais degenerada. Para Aristóteles, é exatamente o conhecimento da natureza humana que nos permite sentenciar que alguns seres humanos são exemplares deficientes da espécie e, portanto, adequados apenas para servir como ferramentas vivas de outros homens (tal como ele define os escravos tanto na *Ética a Nicômaco* e na *Ética a Eudemo*). A natureza humana, entendida dessa forma, é simplesmente o índice ideal das espécies, que nos permite organizar nossa compreensão da existência humana pelas divisões exatas e óbvias de autoridade: a superioridade da razão sobre o apetite, de fato, mas também da cidade sobre a natureza, do homem sobre a mulher, do grego sobre o bárbaro e do senhor sobre o escravo. Para Gregório, em contraste, toda a noção de natureza humana foi totalmente impregnada da luz da Páscoa, "contaminada" pela inversão cristã da ordem social; para ele, nossa natureza é, antes de tudo, nossa comunidade na humanidade de Cristo, aquele que, por ter descido à mais abjeta das condições, morrendo uma morte de criminoso apenas para ser ressuscitado como Senhor da história na própria glória de Deus, tornou-se para sempre o rosto dos invisíveis, a *persona* pela qual cada um de nós foi alçado à dignidade como "co-herdeiro do Reino".

Talvez essa seja toda a explicação de que precisamos — ou podemos esperar encontrar — para o sermão de Gregório. Pessoas modernas de pendor secularista — que acreditam que as raízes de suas preocupações com a igualdade humana não descem no solo da história para além da chamada era do Iluminismo — muitas vezes tendem a imaginar que seus valores não são nada mais do que os impulsos racionais de qualquer consciência sã libertada dos preconceitos. Mas isso é absurdo. Não existe nada que se pareça com uma moral "iluminada", se com isso se pretende falar de uma ética escrita no tecido da nossa natureza, a qual qualquer um pode acessar simplesmente pela luz da razão imparcial. Existem, em vez disso, tradições morais, moldadas por eventos, ideias, inspirações e experiências; e nenhuma moral é desprovida das contingências das histórias culturais particulares. O que quer que venha às nossas cabeças quando falamos de "igualdade" humana, somos capazes de presumir o peso moral desse conceito apenas porque, nas mais profundas camadas históricas de nossa consciência ocidental compartilhada, guardamos a memória de um momento inesperado de despertar espiritual, uma resposta intelectual satisfeita e perplexa para um único evento histórico: a proclamação da Páscoa. Foi por conta de sua fé no Cristo ressuscitado que Gregório pôde declarar no seu comentário sobre as Beatitudes, sem qualquer ironia ou ressalva, que se os cristãos realmente praticassem a misericórdia que o Senhor deles lhes ordenou, a humanidade não aceitaria mais nenhuma divisão dentro de si mesma entre escravos e senhores, pobreza e riqueza, vergonha e honra, debilidade e força, pois todas as coisas seriam geridas em comunidade e todas as pessoas seriam iguais umas às outras. No sermão que pregou na Páscoa de 379, Gregório retomou muitos dos temas do Eclesiastes que abordou na quaresma, incluindo aquele do ódio moral à escravidão; a Páscoa, deixa claro, é um tempo de celebrar toda forma de emancipação, e assim ele une perfeitamente o tema de nossa libertação dos domínios da morte à sua renovada convocação à alforria dos escravos. Não há nada forçado, em hipótese alguma, nessa associação de ideias, pelo menos não para qualquer um que realmente acredite que Jesus de Nazaré, crucificado por Pôncio Pilatos, é o Senhor.

Desnecessário afirmar que, por um lado, é um tanto deprimente que aquilo que resplandece no sermão de Gregório, cegando-nos como o clarão de um relâmpago, parece ter se reduzido a uma cintilação pálida e frágil no decorrer dos séculos, quase perdida na escuridão da imensa tragédia histórica do cristianismo institucionalizado. Por outro lado, muito disso depende de como escolhemos contar a história daqueles séculos. Afinal, a

O ROSTO DOS INVISÍVEIS

escravidão gradualmente desapareceu no Ocidente durante a Idade Média, e não apenas por razões econômicas (embora tais razões não possam ser minimizadas ou ignoradas). Pelo menos, numa sociedade composta por homens e mulheres batizados, os princípios cristãos não puderam deixar de ser corrosivos, se não catastróficos, em seus efeitos sobre a economia escravista e, na realidade, sobre todas as formas de servidão forçada. De fato, há algumas provas cabíveis desse efeito. Por exemplo, em 1256, a cidade de Bolonha decidiu pôr todos os trabalhadores forçados da cidade sob jurisdição eclesiástica e então lhes concedeu a liberdade; e o governo municipal chegou a essa decisão em bases explicitamente cristãs.[3] Mas é claro que episódios localizados são de importância apenas limitada. Teria sido muito mais impressionante, obviamente, se homens e mulheres medievais tivessem obtido um sucesso muito mais amplo, por todas as cidades e vilas, no sentido de criar o tipo de justiça social que o evangelho parece exigir. Também teria sido amável da parte deles se tivessem descoberto a cura do câncer. Mas a realidade é uma substância particularmente inerte e intransigente. O que é notável sobre o incidente como a alforria em massa de Bolonha é que ela dá testemunho do fermento espiritual de toda uma cultura religiosa e da capacidade de uma sociedade cristã — mesmo quando constrangida pelas mais severas limitações materiais e conceituais — de se ver comovida, perplexa, incomodada e talvez até atormentada por ideais morais que a sociedade antiga jamais pôde imaginar, a ponto de agir conforme esses ideais, em detrimento de seus próprios interesses econômicos. Isso nos permite também ver com mais clareza a continuidade de certo impulso contestador — muitas vezes oculto, mas definitivamente inextinguível — dentro da visão moral do cristianismo para com a realidade (do tipo que veio outra vez à tona, por exemplo, nos grandes movimentos abolicionistas dos séculos XVIII e XIX).

De qualquer forma, o certo é que, em seu sermão, Gregório rompeu com todos os precedentes conhecidos, o que só ocorreu porque um instante puro de penetrante clareza — uma grande interrupção da História e das histórias tediosamente repetitivas que os homens e mulheres contam sobre si mesmos e sobre suas prerrogativas e privilégios e glórias e relevâncias — permitiu a ele ver a verdadeira medida do valor humano e do amor divino, precisamente onde toda a sabedoria mundana teria dito que nada seria encontrado. Todos os mitos oportunistas da humanidade e todos os seus romances de poder foram destroçados na Páscoa, ainda que boa parte dos cristãos não pudesse compreender isso inteiramente. Três anos depois do sermão do Eclesiastes, Gregório escreveu um tratado contra os ensinamentos do teólogo "semiariano" Eunômio. A certa altura do seu raciocínio, Gregório destaca que Eunômio afirma que Cristo não poderia de fato ser Deus no sentido mais completo, porque Paulo descreve Cristo como alguém que assumiu a forma de um escravo. A isto, a resposta indignada de Gregório é dizer que a escravidão — assim como o pecado, a doença e a morte — é uma consequência de nosso distanciamento de Deus e que, em Cristo, Deus vivencia a maior das escravidões, à qual todos os seres humanos estão presos, a fim de purificar nossa natureza, removendo dela a escravidão (junto com todos outros males). Nesse texto em particular, o raciocínio de Gregório não necessariamente se estende além da expectativa escatológica; mas a importância moral de tratar a escravidão como um mal especificamente derrotado pelos atos salvadores de Cristo se estende com clareza. Quando os povos ocidentais vieram a crer que o veredicto de Deus sobre todas as pessoas já havia sido transmitido em Cristo — pelo lado de Cristo na cena, por assim dizer, em vez do de Pilatos —, cruzaram uma fronteira no tempo que, uma vez ultrapassada, continuaria constantemente a se afastar deles, mesmo que nem sempre estivessem muito dispostos a ir mais longe do que já tinham ido. Em alguns momentos críticos da história, o passado (inclusive o passado mais recente) se torna de uma só vez terra estrangeira, imensuravelmente remota. Para os povos que vieram a crer na Páscoa, mesmo que só por um breve momento cultural, não era mais possível acreditar, em perfeita inocência, que a justiça divina reconhecia o poder de uma pessoa sobre outra; pois, ao passarem a crer na ressurreição de Cristo — para sua grande consternação provavelmente, mas talvez também por sua salvação —, descobriram que a forma de Deus e a forma da pessoa humana lhes haviam sido reveladas de uma única vez, por completo, e dali para todo o sempre, na forma de um escravo.

14. A morte e o nascimento dos mundos

As revoluções violentas, repentinas e calamitosas são aquelas que menos realizam. Embora possam ter êxito em reordenar as sociedades radicalmente, no geral não conseguem transformar culturas. Podem sobressair na destruição do passado, mas são em geral impotentes para criar um futuro. As revoluções que genuinamente alteram a realidade humana nos níveis mais profundos — as únicas revoluções reais, melhor dizendo — são aquelas que primeiro convertem mentes e vontades, remodelam a imaginação e reorientam o desejo e derrubam as tiranias de dentro da alma. Nos seus primeiros três séculos, o cristianismo foi uma revolução da última espécie: gradual, sutil, demasiado pequena e um tanto incipiente no início, introduzindo de forma lenta na cultura ao redor sua visão das realidades divina, cósmica e humana, muito mais pelos atos do que pelas palavras, e simplesmente resistindo século após século. É provável que tenha sido um fenômeno amplamente urbano, apelando aos moderadamente abastados e educados bem como aos pobres, embora, com o passar do tempo, tenha conquistado patronos e simpatizantes na nobreza. Conforme já destaquei, era um tanto chamativo por sua indiscriminação geral com relação a posições sociais de seus convertidos e por ser, em especial atraente às mulheres, entrando nas casas possivelmente através das esposas e filhas. Aguentou injúrias e boatos, mas com o tempo conquistou a admiração de muitos por seu zelo caridoso, mesmo para com os descrentes. As perseguições foram esporádicas, por vezes ferozes, mas seu efeito final foi refinar e fortalecer a fé. Conforme a nova crença dominava os instrumentos da filosofia e atraía de forma crescente conversões entre os filosoficamente educados, ela adquiria a capacidade de articular sua visão das coisas com claridade, riqueza e persuasão cada vez maiores. E só então, depois de muitas gerações, imediatamente depois de um último período especialmente brutal de perseguição, recebeu de forma inesperada a garantia não só de segurança política, mas também de influência política.

É impossível dizer com verdadeira certeza quantos cristãos havia no império na aurora do quarto século, ou que fração da população constituíam. Não podemos determinar qual foi a taxa de conversão nos séculos anteriores nem medir a intensidade da fé entre os convertidos. Além disso, a distribuição dos cristãos era irregular; a Igreja em Roma era bastante grande, mas o solo mais fértil para o crescimento do cristianismo estava no Oriente. Parece plausível que, em algumas cidades do leste, como Éfeso, Antioquia e Esmirna, os cristãos estivessem em maioria. Mesmo àquela altura, a população do campo permanecia mais pagã, em geral. Alguns tons de triunfalismo da parte dos antigos cristãos ou de alerta da parte dos seus contemporâneos pagãos podem nos inclinar a imaginar um grande movimento de massas na direção da Igreja: em 112, Plínio escreveu sobre uma vila ao norte de Ponto que não tinha compradores para a carne de animais sacrificiais, supostamente por conta do número de cristãos da região; em 197, Tertuliano se vangloriou de que os filiados a uma fé tão jovem "já enchiam o mundo"; Diocleciano ficou muito incomodado com o número de "justos" no império; em 312, o imperador Maximino Daza, no curso do ato que revogou a perseguição das igrejas orientais, explicou de forma envergonhada que a política de perseguição tinha sido adotada no início apenas porque "quase todo mundo" tinha abandonado a adoração dos deuses. Porém, não se deve levar esses pronunciamentos ao pé da letra; a fim de atrair atenção, um movimento não precisa ser grande, mas apenas suficientemente substantivo, inspirar confiança em seus membros e atormentar seus inimigos. Há também muitas evidências episódicas de que o paganismo perdurou. "Helenos" podiam ser achados entre as classes privilegiadas dois séculos ou mais depois da adesão de Constantino e, tanto no Oriente quanto no Ocidente, partes das províncias permaneceram bastante pagãs, por muito tempo. Mesmo entre os batizados, velhos

A MORTE E O NASCIMENTO DOS MUNDOS 231

hábitos não foram rapidamente abandonados: já corria o ano de 440 quando o papa Leão ficou desolado com a visão de cristãos romanos nos degraus da basílica de São Pedro baixando suas cabeças em reverência ao sol nascente, como se fosse o próprio Sol Invictus; em 495, o papa Gelásio I não conseguiu demover os romanos de celebrar a Lupercália, o antigo "festival dos lobos" de purificação e fertilidade, durante o qual jovens homens corriam nus pelas ruas. E decerto é de alguma importância que, em avançado século VI, Justiniano ainda tivesse que recorrer à tamanha coerção com mão pesada para sufocar velhas crenças.

Então o que podemos dizer do tamanho da população cristã do império no ano 300? Entre historiadores modernos, as estimativas começam de 4% da população inteira do império até um máximo de 10%. Eu tendo ao último número, ou algo até um pouco maior, somente porque suspeito que haja certo limite demográfico crítico abaixo do qual a religião cristã ainda seria muito marginal para soar como opção plausível para um homem com as enormes ambições de Constantino (a menos que de fato acreditemos que a conversão dele ocorreu inteiramente sem cálculos políticos). A ferocidade da Grande Perseguição, a capitulação patética de Galério em seu leito de dor, a adoção final do Deus cristão por Constantino — tudo isso sugere, no mínimo, que o cristianismo tinha se tornado àquela altura não apenas um movimento inevitável, mas uma força cultural e social genuinamente potente. Mas isso ainda não passa de conjectura da minha parte. O que é certo é que, por volta de 350, muitos cristãos se convenceram de que seus números tinham alcançado mais da metade da população do império de cerca de 60 milhões, e a maioria dos historiadores costuma interpretar isso como evidência de uma repentina onda de novas conversões na esteira da de Constantino. Por outro lado, o sociólogo Rodney Stark defende de forma bastante convincente que tamanha alteração na proporção demográfica teria na verdade derivado de forma natural de uma taxa de expansão mais ou menos aritmeticamente constante em relação aos séculos anteriores, o que sugeriria que a conversão de Constantino não teria sido a causa principal da cristianização do império, mas, sim, o seu sintoma mais agudo.[1]

232 REVOLUÇÃO

Porém, sem qualquer prova estatística real (e nenhuma existe de fato), qualquer modelo puramente matemático da taxa de conversão continua a ser, no máximo, um palpite sofisticado. Talvez uma abordagem melhor do tema fosse uma tentativa mais puramente histórica de determinar, a partir dos eventos do quarto século, até que ponto o cristianismo ou as ideias cristãs já tinham começado a permear e a moldar a sociedade do império. Nesse aspecto, talvez nenhum episódio seja mais instrutivo do que aquele da curta e surpreendente carreira do sobrinho de Constantino — Juliano, o Apóstata — e do fracasso de seu grande plano para restaurar a adoração dos velhos deuses entre os povos do império. Obviamente, pode-se supor que, caso tivesse vivido mais, Juliano poderia ter obtido êxito em deter ou impedir o avanço triunfante do cristianismo ao longo da história, ou ao menos em despertar um entusiasmo um pouco mais ardente entre seus súditos para o grande reavivamento que ele vislumbrava; mas, sinceramente, duvido que a derradeira derrota de seus desígnios possa ser atribuída unicamente à brevidade de seu reino (361-363). Num sentido muito real, mesmo que tivesse sucesso, ainda assim ele teria fracassado, pela simples razão de que o "paganismo" que pregava tinha sido tão completamente saturado por ideais e esperanças cristãs e tão colorido por uma sensibilidade cristã que jamais teria formado um sistema estável de pensamento ou crença por si só. A religião de Juliano só poderia ter sobrevivido se imitasse os lados fortes do cristianismo; mas aí ela seria uma contradição e um mistério para si mesma, cuja única solução seria um retorno à fé em Cristo.

Se o repúdio de Juliano ao cristianismo fosse apenas uma questão de prudência executiva, poderia ter sido uma política essencialmente sólida. É provável que Constantino nunca tenha compreendido bem quão volátil e imprevisível era a força que ele introduziu na política imperial quando adotou o cristianismo, mas seus filhos certamente compreenderam. Constâncio II (317-361), em particular, parece ter entendido que a Igreja — com seu apetite por dogma preciso e suas pretensões a um tipo de última palavra a que nenhuma instituição secular poderia aspirar — era tudo, menos um

A MORTE E O NASCIMENTO DOS MUNDOS

aliado perfeitamente submisso à corte imperial. Por compartilhar pouco ou nada da fé de seu pai, Constâncio também era mais bem preparado para reconhecer a necessidade de incorporar com segurança as repartições da Igreja dentro do aparato do Estado. Para isso, ele começou a corromper o clero com apadrinhamentos, propriedades, benefícios, imunidades especiais e privilégios despropositados. Também convocou uma série de sínodos através dos quais seria imposta uma teologia oficial cada vez mais elaborada aos fiéis; até o pagão Amiano expressou certo asco ante a complexidade afeminada (como ele a entendia) de doutrinas com a qual o imperador procurou obscurecer uma fé essencialmente lúcida e descomplicada. E, ao impor penas legais aos dissidentes da teologia da Igreja imperial — que calhou de ser ariana, em vez de nicena (ou seja, "católica") —, Constâncio conquistou para si a especial distinção de ter inaugurado a história de mortíferas perseguições dentro do cristianismo institucional. Ao fim, porém, ele descobriu que a intransigência dos cristãos verdadeiramente devotos era invencível. Por exemplo, a obstinação perversa de Atanásio de Alexandria (c. 293-373) — o grande defensor da ortodoxia nicena, que suportou pelo menos cinco exílios de sua sé em vez de se sujeitar à doutrina ariana, e que chegou a denunciar Constâncio como precursor do Anticristo — deve ter servido como um sério lembrete à corte imperial de quão fragmentada e indomável essa religião de verdadeiros crentes realmente era. Será que algum pagão sensato teria se voluntariado a sofrer tanto por questões de interesse tão rarefeito e de tão poucas consequências? E alguma facção pagã teria mostrado o destemor daqueles cristãos nicenos em Alexandria que assinaram seus nomes numa censura pública ao imperador por seus desvios da fé verdadeira? Se Juliano tivesse decidido encerrar o flerte da corte com essa religião de fanáticos volúveis, simplesmente em nome da ordem pública, ninguém de fato o teria reprovado.

O próprio Juliano, contudo, era também um verdadeiro crente, e seu desencanto com o cristianismo chegou cedo na vida. Além disso, sua formação na fé era superficial; o tutor e guardião de seus primeiros anos era o bispo ariano Eusébio de Nicomédia e, segundo Eunápio, o conhecimento de Juliano a respeito das Escrituras logo superou o de seus professores.

234 REVOLUÇÃO

Mas ele não tinha motivos para amar o credo de seu primo Constâncio, que, ao ascender ao manto púrpura, massacrou a família de Juliano por serem potenciais adversários do trono. E, de acordo com Amiano, Juliano vira muitas das selvagerias com que os cristãos poderiam tratar uns aos outros para cogitar qualquer ilusão exorbitante com respeito à santidade pessoal certificada ou produzida pelo batismo. A verdade, porém, é que Juliano não era apenas avesso ao cristianismo; caso fosse, podia apenas ter mergulhado num cinismo ainda mais calculista que o de seu primo. Em vez disso, ele era genuína e reverentemente seduzido pelo paganismo, em especial o neoplatonismo místico — e mágico — que aprendeu com Máximo de Éfeso, e sua conversão, em 351, quando tinha cerca de 20 anos, foi sincera e irrevogável. Foi também motivada por um amor real e verdadeiro pela civilização helenística, bem como por uma tocante incapacidade de reconhecer que os rituais religiosos daquela civilização estavam em sua maior parte esgotados. De todos os imperadores da dinastia constantiniana, somente Juliano está livre de qualquer suspeita de má-fé. Sem dúvida, ele também era o mais estimável e atraente do bando: um devoto adorador dos deuses, um ávido acadêmico, um líder militar de inesperado brilhantismo e intrépida coragem e um bom escritor — algumas vezes, até primoroso; quando foi apontado César do Ocidente, em 355, ele se mostrou um governante consciencioso, genuinamente preocupado com o bem-estar de seus súditos; ao se tornar Augusto (imperador) em 360, provou ser um soberano suave e tranquilo, modesto, discreto, capaz de autoironia, possuidor de uma sagacidade atenta e magnânimo com aqueles que não ofendiam suas preferências em religião. Era vingativo em seu tratamento com os cristãos, é verdade, mas isso pode ser atribuído a uma previsível cegueira emocional; e ele certamente não demonstrou nenhuma para as inclinações assassinas de seu primo.

Contudo, Juliano também era um entusiasta espiritual, e isso é parte da contradição peculiar de sua psicologia religiosa. Sem insistir muito no ponto, ele era pagão do mesmo jeito que um cristão ideal deveria ser cristão. Não estou me referindo ao caráter obviamente arrebatado de sua devoção pessoal aos deuses; isso, por exemplo, era bastante comum em

A MORTE E O NASCIMENTO DOS MUNDOS

muitos dos cultos salvacionistas da Antiguidade tardia. Com relação à sua austeridade privada — vestes grosseiras, barba desgrenhada, higiene um tanto desagradável e abstinência geral —, elas eram tão cristãs quanto platônicas. Mas havia um elemento mais proselitista, moralista e ativista em sua abordagem da religião que só pode ser descrito como zelo evangé-lico. No centro de sua visão espiritual havia uma experiência de *metanoia*, arrependimento, um humilde retorno ao coração pródigo do Deus Altís-simo que chama suas crianças errantes de volta para casa; e ele parece ter acreditado verdadeiramente que o ardor emocional com o qual buscava essa reconciliação com o mundo divino poderia ser transmitido aos seus companheiros pagãos como uma experiência de imediato convencimento e profundidade. Além disso, pode não ser exagerado dizer que muitos as-pectos do tipo de neoplatonismo que ele praticou — com seu amálgama de teurgia e sistema metafísico, fé e dialética, adoração e contemplação, súplica e autoabnegação, revelação e razão — já eram influenciados pela atraente síntese cristã entre o comum e o privado, o intelectual e o emocional, o filosófico e o devocional, o institucional e o ético.

Infelizmente (e notoriamente), Juliano também era extraordinariamente crédulo, por vezes até de modo vulgar. Ao que parece, Máximo foi capaz de impressioná-lo com os ritos teúrgicos de Hécate, incluindo a técnica "esotérica" de dar vida à estátua da deusa. Isso era possível, suspeita-se, com um mecanismo autômato do tipo que era muitas vezes empregado por charlatães religiosos. De fato, as inúmeras visões e mensagens divinas que Libânio atribui a Juliano podem muito bem ter sido induzidas, ao menos em muitas ocasiões, por nada mais sobrenatural que quartos escuros, calhas que cuspiam fogo, fios invisíveis e megafones escondidos (embora, novamente, os deuses possam ter de fato aparecido uma vez ou outra). Além disso, sua mente acolhia todo tipo imaginável de mistificação ou fascínio ocultista. E sua paixão pela matança sacrifical de centenas de bois, dos quais ele participava com frequência usando as próprias mãos, beirava o genocídio. Apesar de seus dons intelectuais inatos, seus escritos filosóficos são um monturo sincrético de superstições, mitos e obscurantismo metafí-sico. É evidente que as religiões de mistério exerciam um apelo considerável sobre ele, que pode ter se submetido a mais de um renascimento ritual, levando em seu peito mais de um *corpus* de revelações secretas. Ele parece ter desenvolvido uma predileção especial pelo culto metrôaco da Grande Mãe ou Cibele, cuja adoração quixotescamente esperava que pudesse de uma vez por todas eliminar a mancha do ateísmo cristão do império, e a quem consignou um lugar de devoção pública igual aos de Zeus ou Apolo.[2]

Mais por resultado de seu ardor religioso, penso eu, do que por estratégia política, Juliano se transformou, logo depois de se tornar imperador, num perseguidor, bem ao seu jeito modesto, mas cada vez mais impaciente. Já mencionei seu édito confiscando as licenças de ensino dos professores cristãos de literatura clássica, retórica e filosofia, bem como sua dura política de preferência por pagãos em detrimento dos "galileus" em todas as indicações de governo. Ele também proibiu a distribuição de patrimônio às igrejas. Parte de sua legislação anticristã, contudo, pode ter sido simples justiça: ele revogou os privilégios especiais e isenções que Constâncio concedeu ao clero cristão; anulou os subsídios estatais às igrejas; mandou demolir muitas das igrejas que foram erigidas sobre santuários pagãos ou próximas deles; comunidades cristãs locais foram obrigadas a indenizar o custo de restauração dos templos que saquearam ou destruíram; e algumas igrejas — revertendo uma história anterior de roubo impune — foram convertidas à força em templos pagãos, incluindo duas basílicas sírias nas quais se instalaram imagens de Dionísio. Porém, quando tais medidas provocaram protestos, não relutava em usar de violência. Por exemplo, ele ordenou a retirada das relíquias do mártir cristão Bábilas do bosque de Dafne em Antioquia, onde ficava um antigo santuário de Apolo, a fim de purificar o local da poluição produzida pelos ossos pútridos (os quais, ao que parece, silenciaram os oráculos dos deuses); quando cristãos locais manifestaram seu ressentimento formando um cortejo fúnebre para conduzir as relíquias ao seu novo lugar de repouso e cantando hinos contra a idolatria enquanto caminhavam, Juliano ficou tão irritado que mandou prender alguns deles, torturando-os a fim de obter informação sobre as identidades dos líderes da agitação. (Dias depois, o templo apolíneo pegou fogo, provavelmente de forma intencional, mas nenhum culpado jamais

A MORTE E O NASCIMENTO DOS MUNDOS

foi encontrado.) Juliano era rápido e duro para punir violências contra os pagãos, mas paciente e brando ao punir violências contra os cristãos. Um bom número de distúrbios pagãos causadores de mortes cristãs receberam não mais do que uma vaga reprimenda oficial. Quando Jorge, bispo de Alexandria, foi linchado por uma multidão, Juliano se satisfez com uma censura bastante mansa aos cidadãos por seu zelo compreensível, embora excessivo e indecoroso. No fim das contas, porém, as medidas de Juliano contra os "galileus" parecem quase benevolentes em comparação com aquelas tomadas por Constâncio contra "heréticos" e "helenos".

A sincera crença de Juliano nos seus esforços de restaurar os antigos costumes dificilmente pode ser posta em dúvida; entretanto, é preciso questionar se ele chegou a perceber o tanto de diferenças que sua versão de paganismo curiosamente tinha em relação às religiões da Antiguidade. Frequentemente se tem sugerido (embora também com frequência se tem negado) que ele esperava criar um tipo de "igreja" pagã no formato cristão, organizada de forma central, uniforme em princípios básicos e rigorosa na moral. Ele certamente conseguia usar um tom um pouco pontifício quando dava instruções aos sacerdotes pagãos em matérias de fé e moral. Sua paixão por espetáculos sacrificiais suntuosos pode indicar uma ânsia por formas de adoração que pudessem rivalizar com a liturgia eucarística em teatralidade cerimonial e poder de arrebatamento. E outros aspectos de sua política religiosa talvez sugiram ainda um desejo por um culto imperial idêntico ao cristianismo nas capacidades de unir todos os níveis da sociedade num credo comum e de ter apelo igual às pessoas de alto e de baixo nível intelectual. Mas, fossem essas ou não suas intenções conscientes, é certo que sua visão de um paganismo renovado era quase que absurdamente "galileia" na coloração. Em sua "Carta a um sacerdote", descreve seu clérigo pagão ideal como piedoso, sóbrio e modesto, amante de Deus e de seu próximo sobre todas as coisas, e doando generosa e alegremente a todos que viessem em necessidade, mesmo que com poucos recursos. Afinal, argumenta ele, foi a negligência com os pobres por parte da classe sacerdotal pagã que permitiu, no passado, que a filantropia cristã se tornasse uma isca tão atraente aos indigentes e aos de mentalidade frágil.

238 REVOLUÇÃO

Seja como for, afirma ele, todos nós certamente devemos querer imitar a benevolência dos deuses, que derramam as generosidades da Terra para ser compartilhadas por todos em comunhão; a pobreza é unicamente causada pela ganância dos ricos, que acumulam essas bênçãos divinas para si em vez de dividi-las com seus vizinhos; nós precisamos doar de forma magnânima aos pobres, naturalmente dando preferência aos mais virtuosos entre eles, talvez, mas entendendo que é um ato piedoso cuidar até de quem é vil: "Porque damos à humanidade deles, e não ao seu caráter." Pela mesma razão, devemos ser generosos em cuidar daqueles que estão encarcerados. Em sua vigésima segunda epístola, escrita para Arsácio, sumo sacerdote de Galácia, Juliano assume às vezes um tom positivamente invejoso: nenhum judeu é tão desprezado por seus correligionários a ponto de ter que mendigar; os "galileus" — para nossa desgraça — sustentam não apenas os seus pobres como também os nossos; e nós nem sequer damos aos nossos. É por sua "pretensão" de benevolência e santidade, afirma ele, que os cristãos conquistam tantos recrutas para sua causa. Ainda assim, precisamos imitá--los. Por exemplo, sugere, sacerdotes pagãos deveriam criar albergues em cada cidade para abrigar aqueles em necessidade, "não apenas os nossos, mas também outros carentes de recursos". De forma geral, para o bem de todos, temos que ensinar a nossos companheiros helenos como servir aos outros de maneira voluntária e generosa.

É preciso perguntar: o que esse homem, iludido de forma tão dolorosa e pungente, pretendia alcançar por meio dessas exortações? Será que ele realmente imaginava que o tipo de caridade que gostaria de recomendar poderia ter algum argumento convincente fora da gramática moral peculiar da fé cristã? Onde ele imaginava encontrar na cultura pagã os recursos morais para tal ética? Hospitalidade para estranhos, comida e esmolas para mendigos: de fato, eram tradições antigas dos helenos, conforme ele reforçou. Mas dar a todos indiscriminada e livremente, sem considerar caráter, com base no amor à humanidade deles; visitar prisioneiros, provisionar os pobres com o tesouro dos templos, alimentar incessantemente os famintos, fornecer abrigo a quem quer que tivesse necessidade; amar a Deus e ao próximo como o bem mais elevado, pobreza sacerdotal,

A MORTE E O NASCIMENTO DOS MUNDOS 239

filantropia cívica universal — tudo isso emana completamente de uma outra fonte. Juliano acreditava de fato que o ardor de sua fé incendiaria outros se os sacerdotes pagãos apenas se empenhassem num tipo de imitação superficial do comportamento cristão que ele ordenava? Será que ele de fato não conseguiu entender que os cristãos haviam sido capazes de superar os pagãos em benevolência porque a caridade ativa integrava organicamente sua crença — na verdade, era central para ela — de um jeito que jamais ocorreu aos pagãos? Conforme observa Gibbon:

> O gênio e a força de Juliano foram insuficientes para a empreitada de restaurar uma religião destituída de princípios teológicos, preceitos morais e disciplina eclesiástica; que acelerou rapidamente para a decadência e a dissolução, não sendo suscetível a qualquer reforma sólida ou consistente.[3]

No fim, é provável que os planos de Juliano não fossem bem-sucedidos nem se ele tivesse um reino tão longo quanto o de Constantino: alinhados contra ele estavam não apenas as forças teimosas do fanatismo cristão, mas também as irredutíveis legiões da indiferença pagã. Ele conta ao sumo sacerdote Teodoro que os judeus conhecem as tradições de seus pais, observam as leis de sua fé e preferem até a morte à violação das prescrições kosher; mas nós, helenos, lamenta ele, somos tão desinteressados nas nossas próprias tradições que já esquecemos totalmente quais leis nossos ancestrais de fato estabeleceram. Durante sua passagem por Antioquia, pouco antes de sua morte, ele se desanimou não só pela animosidade da maioria cristã, mas também pela apatia dos pagãos locais, que viam muitas das peculiaridades da religião de Juliano — suas mortificações, seu moralismo, a extravagância de suas liturgias sacrificiais, seu apetite aparentemente insaciável por maltratar vacas — como estridentes e alarmantes. Juliano, por sua vez, se queixava dos antioquenos pela imensa decepção que lhes impingiram quando, a fim de realizar seu sonho de garoto de assistir ao festival apolíneo local, correu ansiosamente para o antigo templo de Apolo no bosque de Dafne — esperando hinos, bolos, libações, incensos suaves, procissões, sacrifícios e jovens piedosos trajando vestimentas de um branco imaculado — e encontrou um velho e solitário sacerdote que não tinha nenhum sacrifício a oferecer a não ser o ganso que ele mesmo havia trazido de casa. Mas essa não foi a única frustração dessa monta sofrida pelo jovem imperador. Quando ele peregrinou até a cidade anatólia de Pessino, "berço" de Cibele, só conseguiu induzir alguns habitantes a participar de ritos da deusa por meio de suborno. Episódios dessa espécie são dolorosamente emblemáticos do elemento difuso de fantasia no projeto de restauração religiosa de Juliano. Uma religião pagã que ainda fosse vital e viável não teria exigido a ressuscitação exagerada, artificial e traumática que ele tentou; nem algumas poucas décadas de predominância cristã teriam reduzido uma tradição verdadeiramente robusta a uma condição tão débil. A tradição cultural do paganismo ao cristianismo estava ocorrendo naturalmente — e inexoravelmente — por séculos, e Juliano (chegando um pouco tarde àquela altura) nada poderia fazer para reverter isso. O que ele desejava era simplesmente impossível. Não se pode fazer das cinzas fogueira.

* * *

Com a morte prematura de Juliano durante a campanha contra o Império Sassânida, o inevitável curso da história imperial foi retomado, começando a se mover na direção de um acordo religioso que Constantino certamente não podia ter previsto e que Constâncio seguramente teria deplorado. Os sucessores de Juliano de fato restituíram muitas das políticas imperiais para a Igreja, mas não estavam necessariamente ansiosos para imitar Constâncio em sua incubação de uma Igreja estatal, nem sua gentileza asfixiante para um clero submisso. Por exemplo, o imperador Valentiniano I (321-375), que reinou a partir de 364, restaurou muitos dos privilégios e isenções do clero, mas também tomou medidas para evitar abusos do poder eclesiástico e dar um fim à corrupção dentro da Igreja. Se Constâncio havia permitido que os homens preservassem propriedades e imóveis (e os lucros advindos deles) quando entrassem no sacerdócio, Valentiniano por sua vez insistiu em

A MORTE E O NASCIMENTO DOS MUNDOS

alienação total e uma regra condicionante de pobreza clerical. Ele também reativou a lei de tolerância religiosa universal do Édito de Milão, em lugar da legislação antipaganismo de Constâncio. Mas, no fim, as relações entre Igreja e Estado continuaram em contradição incômoda. Tertuliano certa vez proclamara com orgulho que ninguém poderia servir a Deus e a César, já que os exércitos de Cristo e os do demônio nunca poderão se reconciliar; segundo ele, os cristãos não reconhecem nenhuma comunidade menor que o mundo inteiro nem qualquer lealdade a não ser a Cristo. Agora, porém, o impossível era uma realidade concreta. Duas entidades sem nenhuma compatibilidade natural, mais propensas a se enfraquecer ou se corromper do que a se fortalecer, estavam agora tão completamente entrelaçadas que uma separação tinha se tornado inconcebível. Dada a incompatibilidade intrínseca delas, cada uma agora teria que ceder alguma parte de sua essência para sobreviver, e cada uma teria que lutar por supremacia sobre a outra. Nesse caso — entre mútuas vantagens e desvantagens individuais —, ambas ganharam.

O momento crítico no qual efetivamente se decidiu o futuro molde dessa ligação improvável veio durante o reino de Teodósio I, de 379 a 395. Teodósio era, com certeza, um cristão católico convicto, que considerava a teologia de Niceia mandatória para a Igreja como um todo e que acreditava que era obrigação do monarca cristão aproximar o máximo possível as leis em seus domínios da consonância com os preceitos morais de sua fé, assegurando a autoridade da ortodoxia entre seus súditos. É claro que isso não significa que ele fosse insensível à vantagem política de uma igreja imperial unificada. E seu desejo de introduzir um espírito de leniência cristã nas leis do império, permitindo muitos avanços genuínos e admiráveis, não o impediu de recorrer aos métodos mais draconianos quando as necessidades financeiras ou militares de seu império sitiado estavam em jogo. E, contra suas legislações mais humanitárias, deve ser posta na balança a desigualdade do tratamento que dava a pagãos e heréticos. No ano 380, proclamou que o cristianismo católico era a fé oficial do império. Em 381, tornou proscritos os ritos pagãos para o propósito de adivinhação em qualquer altar, fosse público ou privado. Em 382, converteu todos os templos pagãos remanescentes em museus imperiais e fez de suas posses meros objetos de arte. Aboliu em 385 todos os tipos tradicionais de previsão do futuro. Em 388, adotou uma política de destruição de templos e dissolução de sociedades pagãs. Em 389, aboliu o velho calendário de festas pagãs. Em 391, proibiu definitivamente a restauração do altar de Vitória no Senado romano, encerrou todos os subsídios restantes que iam para festivais pagãos e reiterou o fim dos sacrifícios de sangue. Em 392, proibiu todas as oferendas a quaisquer deuses, tornou a haruspicação — adivinhação por meio da inspeção de entranhas de animais sacrificados — equivalente à traição e ameaçou com multas e confiscos aqueles que usassem altares públicos para sacrifício ou adoração de imagens esculpidas. Em 393, acabou com os Jogos Olímpicos. Quanto aos cristãos dissidentes, em 383 e 388 impôs multas pesadas aos heréticos e proibiu suas reuniões e ordenações. Medidas mais severas seriam ainda tomadas por seus filhos, após sua morte.

Tudo isso talvez tenha sido de grande benefício para a Igreja institucional, mas foi obviamente uma catástrofe quase irreparável para o cristianismo. Não que tenha sido um momento de perfeita vitória do Estado também. É tentador ler essa história como nada além da deprimente crônica sobre como o grande apogeu da interrupção revolucionária do cristianismo foi por fim subjugado e absorvido por uma sociedade que, como preço de sua vitória, estava disposta a se submeter ao batismo nominal; e sobre como a Igreja se reduziu a um instrumento do poder temporal e da ordem mundana; e sobre como o evangelho foi feito cativo, subvertido por mecanismos de Estado. Tudo isso, claro, é bastante verdadeiro até certo ponto, mas também há mais coisas nessa história. O aspecto mais notável do édito de Teodósio em 380 era que ele não apenas havia oficializado uma preferência imperial em questões, ou que meramente havia identificado a Igreja cristã de forma geral como culto imperial. Ele identificava um corpo de doutrina específico, determinado e preservado pela autoridade de uma hierarquia específica de bispos, como um índex do verdadeiro cristianismo, ao qual até o poder do império estaria então, em certo sentido, logicamente subserviente. Constâncio tinha apenas usado a teologia como um meio de criar um clero e uma laicidade servis; ele certamente nunca quis conceder qualquer tipo de

A MORTE E O NASCIMENTO DOS MUNDOS

autonomia institucional à Igreja. Teodósio, no entanto, professou lealdade a um conjunto de dogmas e a uma instituição que, sozinha, tinha autoridade para interpretá-los e amplificá-los. Não é possível resumir numa simples fórmula o que tudo isso significava, mas definitivamente implicava alguma relativização da autoridade moral e legal do Estado. Por mais que Teodósio fizesse da submissão aos ensinamentos católicos um sinal de verdadeira fidelidade ao Estado, ele também tornou a legitimidade do Estado em certo sentido dependente de sua fidelidade à Igreja.

Algumas das implicações de um compromisso tão radical podem talvez ser contempladas na famosa história da humilhação de Teodósio no inverno de 390 pelas mãos do formidável bispo de Milão, Ambrósio (um homem cuja totalidade da carreira na Igreja foi marcada por uma intransigência quase perfeita, para o bem e para o mal, onde quer que estivessem em jogo questões de fé ou de "princípios" eclesiásticos). Naquele ano, consta que Teodósio peregrinava por Milão quando lhe chegaram notícias de Tessalônica a respeito de uma rebelião na qual alguns cidadãos, em protesto pelo justo encarceramento de um famoso cavaleiro de corridas, tinham assassinado brutalmente o governador imperial e seus assistentes. Teodósio ordenou uma dura retaliação militar, e cerca de 7 mil habitantes de Tessalônica foram massacrados por seus soldados no hipódromo da cidade. Teodósio certamente não previra tamanha carnificina e logo se arrependeu do que tinha feito, mas Ambrósio não se satisfez com demonstrações privadas de vergonha. Para que o bispo voltasse a admitir a presença do imperador na celebração eucarística na catedral de Milão, Teodósio teria de se penitenciar por seu crime em público. De fato, Ambrósio não permitiria nem mesmo que o imperador entrasse na catedral, a menos que chegasse como penitente. De forma inacreditável, depois de decorridas muitas semanas, Teodósio se submeteu à autoridade de Ambrósio, foi à igreja em trajes simples, confessou abertamente sua culpa e implorou a Deus sua absolvição. Isso foi algo inédito. Os velhos cultos nunca haviam exercido um poder como esse, nem se arrogaram uma posição sacra mais elevada que aquela do próprio imperador. Aqui, porém, possivelmente pela primeira vez na história do Ocidente, o poder supremo do Estado se rendeu ao poder ainda mais alto da Igreja, e assim foi dada uma espetacular demonstração da transcendência do divino sobre as leis humanas. Estava claro então que a única comunidade sagrada e verdadeira era a Igreja, da qual mesmo o soberano temporal era apenas um membro e na qual o próprio império era somente uma região "localizada". Esse mesmo drama, ou algo muito parecido com ele, seria encenado repetidamente ao longo da história da cristandade, e muitas vezes — embora nem sempre — o poder temporal sairia vitorioso sobre o espiritual. Mesmo assim, estabeleceu-se um princípio no dia da penitência de Teodósio: o Estado jamais poderia gozar de novo da autoridade ou da legitimidade divina e inquestionável que possuía antes da ascensão do cristianismo. Se, por parte de Teodósio, a imposição da ortodoxia católica ao império foi em certo aspecto a maior derrota da revolução cristã (como de fato foi), também foi um golpe irremediável na soberania do Estado. E isso, pelo menos, a Igreja legou ao futuro. De alguma maneira, a fermentação, a fecundidade e a instabilidade da história recente do Ocidente — política, social, ideológica e assim por diante — nasceram no momento em que o infeliz casamento entre Igreja e Estado também começou, de forma muito inesperada, a dessacralizar o Estado. Claro que, daquele ponto em diante, era inevitável que essas duas ordens aliadas, mas essencialmente incompatíveis, continuariam a lutar por vantagens, uma contra a outra. E somente no começo do período moderno essa luta seria decidida, com a redução da Igreja a um culto *de* Estado, como parte da transição do Ocidente para o culto *ao* Estado da modernidade recente.

Creio ser justo afirmar que, em muitos aspectos, Juliano foi sábio por lamentar o fim da ordem pagã, por detestar a ascensão do barbarismo em sua época e por reconhecer que o bizarro culto asiático de mistério ao qual Constantino concedeu seu favor estava, de certo modo, destinado a arruinar o mundo que ele tanto amava. E talvez tenha sido uma tragédia para o cristianismo que Juliano não tenha obtido sucesso em extinguir a igreja estatal emergente antes que ela pudesse assumir suas dimensões definitivas (tanto quanto poderia ter sido melhor, considerando-se todos os aspectos, que Ambrósio tivesse perdido para Teodósio). Mas, falando

A MORTE E O NASCIMENTO DOS MUNDOS

puramente em termos práticos, a velha civilização já agonizava havia muito tempo, e naquela era de dissolução — fé em declínio, atritos demográficos, esgotamento cultural, decadência econômica, constantes pressões militares e assim por diante — a nova religião trouxe consigo a possibilidade de uma nova civilização, que daria continuidade à sua antecessora, porém com muito mais vigor. O cristianismo produziu uma síntese única do gênio helênico e do judaico; reuniu as energias da cultura imperial sob a tenda de uma lógica religiosa capaz de alcançar todos os níveis da sociedade e de nutrir quase todas as aspirações espirituais; tornou a adversidade cotidiana mais tolerável por iluminar este mundo com a luz de um reino eterno imune às vicissitudes das sociedades terrenas; a cada alma que buscasse o reino de Deus, prometeu uma acolhida eterna; deu ao curso da história humana um significado e um contorno; sua grande narrativa épica de queda e redenção, pecado e santificação, encarnação divina e glorificação humana proporcionou à imaginação humana um novo universo para vagar, expandir e florescer; e injetou na cultura que herdou uma consciência moral muito mais profunda, muito mais rica e muito mais terrível, algo que jamais havia existido no mandato dos velhos deuses. Além disso, a Igreja estabelecida forneceu à metade ocidental do velho mundo romano uma instituição que conseguiria resistir à longa noite dos reinos bárbaros e que abrigaria — em seus mosteiros — os vestígios de uma civilização perdida. Contudo, ela deu ao Oriente uma força com autoridade para um novo império, uma nova civilização romana e cristã, capaz de preservar muito do passado helenístico, mas dotada de um gênio artístico, intelectual, religioso e moral inteiramente particular. E tanto para o Ocidente quanto para o Oriente, em virtude de sua transcendência sobre qualquer ordem nacional ou imperial, ela proporcionou meios para forjar alianças e absorver inimigos.

No fim, porém, é possível se distrair facilmente com os grandes eventos importantes da história de hierarquias e governos, bispos e príncipes. A revolução cristã à qual este livro se refere tem muito pouco a ver com o triunfo da ordem católica institucional, exceto na medida em que esta última possa ser compreendida como um imprevisto e, em retrospectiva, como uma consequência ambígua da primeira. Não me interesso muito pela Igreja do império nem pelo império da Igreja. A verdadeira revolução foi algo que ocorreu em níveis muito mais profundos — ainda que em geral muito mais humildes; suas vitórias reais foram tão sutis que muitas vezes são quase invisíveis; ela avançou não apenas por meio da conversão de indivíduos, mas também pela transformação lenta e tácita dos valores ao seu redor; e só se tornou objeto de genuína preocupação imperial depois de ter conquistado sua principal vitória através daqueles que ninguém teria imaginado que fossem capazes de ameaçar os alicerces da antiga ordem. Comparada com essa inacreditável reforma nos fundamentos e na essência das compreensões predominantes de Deus, humanidade, natureza, história e do bem moral, a resposta delinquente dos poderosos da Terra era apenas de menor importância. O sinal mais verdadeiro do triunfo da revolução foi, conforme eu disse, o reinado de Juliano. Não por sua derrota pessoal: uma lenda velha e bastante maldosa sobre seus últimos momentos — cobrindo sua mão com o sangue que jorrava de seu flanco ferido, mostrando-a ao sol e gritando "Tu conquistaste, galileu!" — é nada mais do que uma mentira vingativa. Na realidade, suas últimas horas foram adornadas por uma comovente profissão de fé de sua parte, cheia de gratidão ao divino e livre de qualquer traço de rancor ou autopiedade. A prova real daquilo que o evangelho forjou em seus primeiros três séculos está no próprio Juliano, quando ele estava no completo esplendor de seu auge pagão. De Constantino a Teodósio, o imperador de sensibilidade mais genuinamente cristã — em sentimento moral, anseio espiritual e têmpera pessoal — foi Juliano, o Apóstata. Pelo menos ninguém merece maior admiração do cristão de boa vontade. É apenas uma das grandes ironias da História que tudo o que Juliano queria da fé que escolheu — libertação pessoal e purificação, uma cultura espiritual unida, uma civilização reavivada, regeneração moral para si e para seu povo — só foi possível através da ação no tempo da religião que ele desprezava tão desesperadamente. E nada, penso eu, dá melhor evidência a respeito de como foi grandiosa e completa a vitória da revolução cristã no momento em que foi alcançada.

15. Humanidade divina

Acreditamos na natureza e na história. Na regularidade racional da primeira e na genuína abertura da segunda para o inaudito. A ordem física, sabemos, é governada por leis uniformes, escritas no próprio tecido do espaço e do tempo; e o curso das eras, acreditamos nós, se move numa única direção, de uma época para outra, desenvolvendo-se constantemente, assumindo configurações materiais e culturais que ninguém pode prever e avançando de maneira implacável na direção de uma conclusão inexorável, embora imprevisível. Nenhuma das duas convicções é em si extraordinária, mesmo que os povos de muitas épocas não tenham subscrito nenhuma delas. O que é notável é que nos agarramos às duas simultaneamente; e essa confluência peculiar de duas certezas um tanto incongruentes é uma das formas mais contundentes pelas quais nos diferenciamos dos homens e das mulheres da Antiguidade.

No nível comum de sociedade e religião, a cultura pagã era em sua maior parte desprovida de conceitos discerníveis de natureza ou história, pelo menos do modo como as compreendemos hoje. O indivíduo médio tinha todos os motivos para crer que todas as instituições conhecidas e as tradições de seu mundo eram mais ou menos imutáveis, além de imbuídas de alguma espécie de necessidade divina ou cósmica. Portanto, não havia realmente a história como tal, embora possa haver relatos, orais ou escritos, que recontem certas flutuações previsíveis na fortuna terrena: a ascensão e queda das gerações, expansão ou contração de territórios, sucessões dinásticas, guerras e conquistas, presságios e lamentações. Atrás disso tudo, claro, está uma pré-história mítica e vasta: teogonias, cosmogonias, a fundação da cidade e assim por diante. Havia obviamente um sentimento de tempo e do tempo passado, mas não havia o conceito de futuro como o plano das possibilidades ainda não realizadas; havia apenas a expectativa de um presente repetido, ou de alguma coisa inconsequentemente diferente, de forma mais ou menos interminável. Com relação à natureza, qualquer ignorante sabia do ciclo perene de suas recorrências, a invariável sequência das estações e das rotações siderais, o aumento e a míngua da lua, o pousio, a semeadura e a colheita, nascimento e morte e tudo mais. Isso, porém, não é o mesmo que acreditar que o mundo possui uma base ou estrutura perfeitamente racional. A ordem natural também era a moradia de poderes numinosos, às vezes de caprichosos espíritos elementares, gênios, *daemons*, deuses e deusas (de acordo com seus vários aspectos locais) e forças ocultas, todos eles esperando para receber honras, invocações, súplicas e apaziguamento. Mar e terra, correntes e florestas, montanhas e vales e toda a criação animal e vegetal constituíam uma ecologia tão espiritual quanto física, encharcada de beleza, mistério e ameaça. E o culto dos deuses era tanto uma adoração da morte quanto da vida. Alguns deles, como o de Dionísio ou o de Cibele, exigiam ocasionalmente loucura, embriaguez e êxtases violentos como tributo.

Nos mais elevados níveis da cultura intelectual pagã, havia naturalmente historiadores e filósofos naturais e, entre aqueles inclinados a uma verdadeira "adoração racional" a Deus, existia um costume firmemente estabelecido de ver a ordem natural como um sistema com uma coerência interna de causas ordenadas (embora não fossem estritamente, como regra, causas materiais). Mas por "crença na história" não me refiro simplesmente à capacidade de construir narrativas dos episódios humanos do passado, ou mesmo de extrair epítomes edificantes de verdades humanas mais ou menos estáticas. Refiro-me à consciência de uma "flecha do tempo", um sentimento de que a humanidade como um todo atravessa uma *terra incognita* temporal, por meio de uma série de passos muitas vezes irrepetíveis, na direção de um futuro que pode muito bem ser diferente do passado e também pode ainda trazer a essência do passado para uma síntese nova e imprevista — ou fracassar nesse sentido. Acreditar na história é admitir

HUMANIDADE DIVINA

que o tempo humano obedece a uma certa lógica narrativa, que acomoda tanto a divisão quanto a resolução, e que se move rumo a um fim bem diferente de seu começo. Nada disso encontramos entre os pagãos. A única filosofia da história conhecida na Antiguidade era uma que simplesmente assimilava a história na natureza: seus ciclos e repetições, uma vasta regularidade pontuada por reviravoltas. Ou seja, de uma perspectiva filosófica, história e natureza compartilhavam a mesma ausência de significado. Para o platônico tardio, por exemplo, tudo que fosse sujeito à mudança — aqui embaixo, no mundo das dessemelhanças — era na melhor das hipóteses um reflexo escuro e distante de uma ordem dos esplendores eternos, a verdadeira pátria do espírito e para a qual a mente só poderia subir na medida em que se despojasse da mutabilidade e da contingência; a identidade mais íntima de uma pessoa era puro intelecto, para o qual sua psicologia pessoal e seu corpo eram secundários e até mesmo acréscimos um tanto acidentais que tinham que ser postos de lado antes que alguém entrasse em perfeita união com o Uno. Para o estoico, o cosmos inteiro, com suas alegrias e dores, grandiosidades e abismos, era um ciclo de criação e dissolução, eternamente repetido, sem começo nem fim, e a mais alta das virtudes filosóficas era o cultivo do perfeito distanciamento, uma alma imune aos efeitos do tempo e natureza.

Porém, à medida que a mitologia pagã era deslocada pela cristã, com o imenso épico de criação e salvação do cristianismo se tornando, para homens e mulheres antigos, a única história verdadeira do mundo, a forma conceitual da realidade necessariamente também mudou para eles. Para crentes comuns, a vitória de Cristo — seu triunfo sobre os poderes do ar, os espíritos elementares, os demônios, a própria morte — havia purificado o mundo natural de seus mistérios mais aterrorizantes e domado seus agentes espirituais mais impulsivos. As velhas divindades, da mais espetacularmente cósmica à mais tipicamente local, se encontravam rebaixadas ao status ou de demônios, ou, se tivessem sorte, de lendas (embora uma civilização cristã mais relaxada e generosa as tenha recebido de volta nos últimos séculos, adequadamente castigadas e contritas, como figuras alegóricas, personificações da natureza ou da arte, metáforas poéticas, motivos ornamentais e pedaços de um bricabraque de fantasia). Para os mais educados e os inclinados à filosofia, a doutrina da criação *ex nihilo*, por ação livre de Deus, elevou o princípio da transcendência divina a altitudes completamente vertiginosas. Isso produziu uma visão de que este mundo é uma dádiva gratuita do amor divino, boa por si só: não somente o reflexo defeituoso de um mundo mais elevado e mais verdadeiro, não uma emanação necessária da natureza divina ou uma economia sacrificial da qual o divino de algum modo se alimenta, mas uma realidade com uma coerência interna que, por sua própria autonomia, dá um testemunho eloquente da beleza e do poder do Deus que a fez. E a história agora adquiriu não apenas significado, mas uma importância absoluta, já que foi dentro do tempo que todo o drama da queda, da encarnação e da salvação se desenrolou e ainda se desenrolava. A divisão absoluta entre verdade temporal e verdade eterna tinha sido não apenas quebrada, mas aniquilada.

Tudo isso provavelmente parece bem óbvio; observações semelhantes são feitas com bastante frequência, de uma forma ou de outra, muitas vezes como um prelúdio para alguma afirmação mais ambiciosa com relação à energia única ou ao poder de inovação injetados pelos princípios cristãos na cultura ocidental. Este último tópico me entedia, devo confessar. Trata-se de uma discussão que se dá muitas vezes em tons de confiança infundada, como se a mais simples das tarefas fosse discernir precisamente quais ideias imateriais moldaram quais acontecimentos materiais e como elas os moldaram, ou discriminar quais desenvolvimentos históricos foram necessários e quais foram fortuitos. Em geral, qualquer monoteísmo filosoficamente sofisticado terá vantagem sobre qualquer politeísmo irreflexivo no que tange a estimular uma cultura de investigação científica. Mas, historicamente falando, a cultura pagã e a cristã nutriram igualmente ambas as formas de religião, a primeira sendo característica das classes mais cultas e a última, das mais rudes, e tanto numa quanto noutra — como seria de se esperar — a ciência era uma busca dos muito cultos, sendo suscetível a períodos de criatividade e de estagnação. Também de forma geral, um povo que acredita que a história tem propósitos e que há a possibilidade de novos desenvolvimentos históricos redentores está mais inclinado a conceber

HUMANIDADE DIVINA

e concretizar grandes projetos sociais, políticos e econômicos do que os povos sem tais crenças. Mas as culturas pré-cristãs também geraram novas formas de associação política; Roma, por exemplo, saiu de forma bastante ágil de uma monarquia para a república e, depois, para um império sem o poderoso ímpeto da história cristã de salvação como suporte. E a menos que os apologistas cristãos estejam ansiosos para aceitar crédito pelo que não é creditável, afirmando que sua fé pavimentou o caminho para todos os grandes movimentos políticos da história do Ocidente — incluindo os mais hediondos —, só deveriam assumir o risco de reivindicar consequências políticas e econômicas das crenças cristãs usando de muita cautela, e em voz baixa.

O que me interessa — e o que considero ser genuinamente demonstrável e importante — é o conjunto particular de valores morais e imaginativos engendrados em inúmeras consciências devido a crenças cristãs. Que tais valores tiveram consequências sociais e políticas, certamente não nego; sinto-me bastante seguro quando afirmo, por exemplo, que o abolicionismo — como causa puramente moral — não teria vindo à tona com facilidade em nenhuma cultura não cristã que eu conheça. Isso é muito diferente, porém, de afirmar que, de forma exclusiva ou inevitável, o Cristianismo leva ao surgimento da democracia, do capitalismo ou da ciência empírica. Na verdade, significa dizer que a versão cristã para a realidade introduziu no nosso mundo uma compreensão do divino, do cósmico e do humano que não havia tido um equivalente exato ou próximo em lugar algum, e que isso tornou possível uma visão moral sobre a pessoa humana que nos assombra desde então, século após século.

Pode ser que a natureza verdadeiramente distinta da compreensão cristã da realidade tenha começado a assumir uma forma conceitual concreta apenas no curso das grandes disputas doutrinárias dos séculos VI e V (e, por extensão, do VI e do VII), quando teólogos foram obrigados por exigências de debate a formular suas crenças da forma mais lúcida e completa que lhes fosse possível. A controvérsia dogmática daqueles anos constitui a um só tempo um dos vexames mais peculiares e uma das glórias mais peculiares da tradição cristã. O vexame não se deriva (conforme disseram certos críticos, como Gibbon) da natureza extremamente abstrata ou desnecessariamente precisa dos argumentos sobre a Trindade ou a pessoa de Cristo, mas do rancor e da violência incidental que os cercavam. E a glória reside nas notáveis visões e revisões conceituais que envolviam aqueles debates, e na maneira pela qual eles deram forma a uma filosofia singularmente cristã.

Não se pode entender os debates trinitários do século IV em particular sem algum conhecimento da imagem metafísica da realidade que muitas das principais tradições intelectuais daquele tempo — pagãs, judaicas e cristãs — compartilhavam em algum grau. Especialmente no grande centro intelectual do Império Oriental, Alexandria, uma compreensão bastante uniforme (pelo menos em termos de morfologia geral) da relação entre Deus e a realidade baixa teve influência por séculos. De acordo com essa visão das coisas, toda a realidade se organizava numa hierarquia de seres, cuja "forma" poderia ser descrita como uma pirâmide, com uma natureza puramente material em sua base e o Deus Altíssimo ou o Eterno no seu topo. Entre o lugar mais baixo e o mais alto, ademais, havia uma pluralidade de agentes intermediários, poderes e substâncias, mas para os quais não haveria relação entre alto e baixo e, portanto, nenhum universo de todo, espiritual ou material. Deus era entendido como aquela suprema realidade da qual todas as realidades menores vinham, mas também como contido dentro dessa hierarquia num certo sentido, como a mais elevada das entidades. Aliás, tal era sua magnificência e sua pureza no lugar mais alto da pirâmide das essências que ele literalmente não poderia entrar em contato direto com a ordem imperfeita e mutável aqui embaixo. De certo modo, era um Deus limitado por sua própria transcendência, firme "lá" no seu lugar próprio dentro da economia da existência. Portanto, para criar ou revelar algo sobre si, ele era obrigado a gerar um tipo de deus secundário ou menor, através do qual pudesse atuar, uma versão de si mesmo economicamente "reduzida", que serviria como seu instrumento ou substituto na criação, sustentando e governando o universo das coisas finitas. Para Filo (20 a.C.-50 d.C.), filósofo judeu do primeiro século, esse princípio divino

HUMANIDADE DIVINA

secundário poderia ser chamado de "Filho" de Deus, ou "Sabedoria", ou *Logos*. O termo *Logos* veio a gozar de um apreço especial entre cristãos, sendo adotado pelo autor do prólogo do Evangelho de João para identificar o Cristo pré-encarnado. O neoplatônico Plotino, por razões peculiares à sua metafísica, preferiu o termo *Nous* ("intelecto" ou "espírito"). E escolas diferentes usavam nomes diferentes. Como regra geral, a forma articular *ho Theos* — literalmente "o Deus" — era um título reservado para o Deus Altíssimo ou Deus Pai, enquanto a forma sem artigo *theos* era usada para designar essa divisão secundária. Essa diferenciação, de fato, se preservou no prólogo de João, cujo primeiro versículo poderia ser legitimamente traduzido como: "No começo era o Logos, e o Logos estava com Deus, e o Logos era um deus."

Portanto, era totalmente natural para muitos cristãos — em especial aqueles dentro da Alexandria ou em sua órbita — pensar em Cristo como a encarnação desse ser divino derivativo que, embora funcione em todos os aspectos como um Deus para nós, ainda é um ser menor que o Pai. Esse entendimento dos domínios divinos — de que o Pai está para sempre além do alcance dos seres criados, enquanto o Filho é uma expressão necessariamente atenuada da divindade, capaz de "tocar" este mundo, sendo o Espírito no máximo uma emanação ainda menor, ou um anjo do Filho — é chamado "subordinacionismo" por historiadores do dogma. Mas, para muitas gerações dos primeiros cristãos, isso teria soado apenas como o significado direto da Escritura e a forma mais filosoficamente respeitável de sua fé.

A crise que levou ao primeiro "concílio ecumênico", o Concílio de Niceia, foi provocada pelo sacerdote alexandrino Ário (c. 250-336). Embora viesse a ser lembrado por muitas gerações posteriores de cristãos como o protótipo de todos os hereges, ele era, em muitos aspectos, um teólogo alexandrino bastante conservador, a quem muitos de seus contemporâneos prontamente se uniram por ser um defensor daquilo que consideravam ortodoxia. A grande indiscrição de Ário, por assim dizer, foi seguir a lógica do tradicional subordinacionismo alexandrino até um de seus possíveis fins e, então, declarar abertamente suas conclusões. Em geral, aqueles que estavam habituados a pensar em termos alexandrinos se permitiam uma imprecisão generosa para tornar velada a questão do status metafísico exato da relação entre o Filho divino e o Pai. Alguns falavam do Logos como tendo sido "emanado" ou "gerado" diretamente pelo Pai, portanto, numa relação contínua com o Pai ou participando nele. Outros, porém, muitas vezes devido a uma preocupação de preservar um sentido apropriado da total transcendência de Deus sobre a realidade inferior, pensavam no Filho como uma criatura, a mais elevada de todas as criaturas — para ser exato, o "primogênito da criação", tão esplendorosamente glorioso e poderoso quanto possível e, para todos os efeitos e propósitos, Deus para nós. Ainda assim, apesar disso, não o Deus propriamente dito, mas um "Anjo do Poderoso Conselho" ou grande "Sumo Sacerdote Celestial", liderando toda a criação em sua adoração ao Pai invisível, que está para sempre oculto na escuridão inacessível. Ário e os assim chamados arianos subscreveram essa última visão, aparentemente em sua definição mais austera; ao que parece, eles até negaram que o Filho divino sempre existiu.

Decerto não há nenhuma necessidade aqui de uma reconstrução histórica dos debates e concílios daqueles anos. Basta-nos entender que a derrota definitiva da posição de Ário era claramente inevitável. Não porque ele tenha se baseado em fundamentos das escrituras mais fracos que aqueles de seus opositores. Os arianos podiam apresentar um bom número de passagens bíblicas para sustentar seu argumento, inclusive o primeiro versículo de João. E aquilo que podemos denominar como "partido niceno" podia responder citando passagens que parecem corroborar suas opiniões, como João 20:28, em que o apóstolo Tomé aparece para se dirigir ao Cristo resurrecto como "meu *Deus*", na forma articular: *ho Theos*. E cada lado podia apresentar argumentos bastante convincentes sobre por que as outras interpretações dos versículos em questão eram falhas. Aqui nenhum lado detinha a vantagem. Por fim, porém, a posição ariana era indefensável simplesmente porque reduzia a uma incoerência a história cristã de redenção conforme tinha sido compreendida, proclamada, rezada e vivida por gerações. Isso foi entendido com clareza particular por todos os grandes

HUMANIDADE DIVINA

pais nicenos que, nas décadas que se seguiram ao concílio, continuaram a lutar contra o arianismo e seus derivados teológicos, muitas vezes a despeito da oposição da corte imperial. Para Atanásio, Basílio de Cesareia, Gregório de Nazianzo, Gregório de Nissa e muitos outros, cabia principalmente à questão da salvação determinar como a identidade de Cristo deveria ser concebida. E temos que considerar que eles compreenderam a salvação não da maneira meio empobrecida de muitos cristãos modernos, como um tipo de transação legal extrínseca entre o divino e o humano, pela qual uma dívida é cancelada e a alma redimida recebe um certificado de entrada no pós-vida; antes, viam a salvação como nada menos do que uma união viva e real entre Deus e suas criaturas. Estar salvo significava se juntar ao próprio Deus dito em Cristo, ser de fato divinizado — ou seja, nas palavras de 2 Pedro 1:4, tornar-se um dos "participantes da natureza divina". Numa frase lapidar preferida, em uma ou outra versão, por vários dos Pais da Igreja, "Deus se tornou homem para que o homem pudesse se tornar deus". Em Cristo, acreditava o partido niceno, o humano e o divino haviam se reunido numa perfeita e indissolúvel unidade e, por nela participarem, os seres humanos podem tomar parte da divindade dele.

Nessas condições, a salvação só seria possível se, em Cristo, o próprio Deus tivesse descido até nós. Pois se fomos criados para nada menos que uma real e íntima comunhão com o Deus eterno — se de fato for nosso esse destino tão magnífico —, então o fim a que nos destinamos é aquele ao qual nenhuma simples criatura jamais poderia nos alçar, por mais elevada que fosse. Somente Deus pode nos unir a Deus. Portanto, se é Cristo quem nos une ao Pai, então o próprio Cristo não deve ser menos que Deus e tem de ser igual ao Pai em divindade. Por essa mesma lógica, conforme os debates doutrinários da segunda metade daquele século deixariam claro, o Espírito também tem que ser Deus de Deus, coigual ao Pai e ao Filho. Pois é somente pela ação do Espírito — nos sacramentos, na Igreja, no nosso próprio viver de íntima santificação — que nos unimos a Deus: e somente Deus pode nos unir a Deus. Essa é uma ideia no mínimo estranha, ousada e luminosa, do tipo que não pareceria facilmente recomendável às mentes das pessoas da Antiguidade: não só Deus está entre nós como também nós — salvos por estarmos incorporados dentro da vida trinitária do Pai, do Filho e do Espírito Santo — estamos no meio de Deus.

Descontando-se o seu significado espiritual, acrescente-se ainda que as determinações doutrinárias do século IV são notáveis por algumas implicações metafísicas bastante extraordinárias. O que emergiu desses debates foi a gramática de uma compreensão inteiramente nova, não apenas de Deus, mas da natureza da realidade criada. Enquanto, no velho e agora obsoleto modelo alexandrino, Deus era entendido principalmente como um mistério impenetrável, a uma distância impossível dos seres criados, para quem o Logos funcionava como uma espécie de emblema externo e embaixador, e de quem o Espírito era um emissário ainda mais remoto e subordinado; agora Deus era compreendido como uma viva plenitude de relação interna e dinâmica, um movimento infinito de conhecimento e amor, em quem o Logos é a própria automanifestação infinita do Pai para si mesmo, enquanto o Espírito é a infinita alegria consumada daquela vida de perfeito amor. E assim, na revelação de Deus e Cristo, através do Espírito, o próprio Pai se fez conhecer às criaturas. Para ser mais preciso aqui, com a adoção dessa linguagem de Deus como uma Trindade, toda uma tradição metafísica foi implicitamente abandonada. Não era mais possível conceber Deus, no sentido "apropriado", como um Ser Supremo inacessível, residente no topo da escala das essências, que só age à distância sobre a criação, através de uma série ainda mais remota de delegados, e que estaria ele próprio contido dentro da economia do alto e do baixo. Se todas as ações de Deus através do Filho e do Espírito são nada menos do que ações imediatas do próprio Deus, na plenitude de sua identidade divina, então a criação e a redenção são obras igualmente imediatas de Deus.

Nesse ponto, um entendimento novo e mais desenvolvido tanto da transcendência divina quanto da bondade na criação tomou forma. Por um lado, a imagem um tanto absurda e mitológica da transcendência como uma ausência sublime, como a pura supremacia de um discreto superser

HUMANIDADE DIVINA

"lá" no ápice da realidade, foi substituída por uma compreensão mais convincente da transcendência enquanto a perfeita liberdade de Deus sobre as limitações, sua capacidade de estar ao mesmo tempo infinitamente além e infinitamente dentro da realidade finita; pois um Deus de fato transcendente jamais poderia estar confinado apenas no topo da hierarquia das coisas. Por outro lado, baniu-se certo *"pathos* da distância" do entendimento filosófico da criação, porque não se tratava mais — como certa vez foi — de a realidade finita ter que ser entendida como algo defeituoso ou tragicamente cortado da nascente da existência e da verdade: esse mundo não é um mero domínio do estranhamento, para sempre alheio a Deus, de onde a alma tem que fugir para ser salva; e Deus não reside para sempre além do alcance das naturezas finitas. O mundo é bom, belo e verdadeiro em si mesmo; é, de fato, o próprio teatro da ação divina. E tudo isso, aliás — e não se trata de uma contradição —, deriva precisamente da afirmação da real diferença entre o divino e o ser criado. No velho modelo, a verdadeira distinção entre o Pai gerando o Filho e Deus criando o mundo era um tanto indiscernível; o Logos era, em certo sentido, apenas o primeiro movimento numa espécie de pululação em cascata de seres inferiores, com cada nível de existência sempre mais remoto e afastado de sua fonte mais alta. Agora, contudo, com a plena transcendência de Deus e a integridade inerente à criação restabelecidas como deviam, não era mais necessário pensar que este mundo é uma distorção, ou uma diluição da realidade divina, que deveria ser negada ou abandonada a fim de conhecer o divino em sua própria natureza.

É difícil exagerar, penso eu, o tamanho da diferença que essa visão das coisas produziu num nível puramente pessoal e psicológico. Num sentido muito importante, isso libertou o anseio espiritual daquele resíduo de melancolia de que falei antes: aquela tristeza trágica, ainda que gloriosa, que vinha da crença de que a jornada da alma até Deus exigia uma despedida quase que infinitamente resignada, um afastamento de todas as particularidades da identidade finita do indivíduo e de tudo que se liga a ela, inclusive toda a criação e todos aqueles amados pelo indivíduo. No sistema metafísico anterior, o inverso da descida metafísica do poder de Deus ao longo da escala de seres, da pureza da existência divina até a escuridão da natureza mutável, era a elevação da mente até Deus pelo mesmo trajeto, que necessariamente envolvia o abandono metódico de tudo que fosse realmente pessoal dentro do ser. Para o neoplatônico devoto, por exemplo, o anseio por libertação espiritual também era um desejo de se emancipar tanto da identidade inferior quanto do tempo e de todos os acessórios mais baixos. A pura essência íntima do ser — o *nous* — precisava ser extraída das imundícies e limitações da alma vivente e da carne animal. Em contraste, mesmo para o cristão mais inclinado à ascese ou de temperamento mais platônico, a personalidade não podia ser encarada simplesmente como uma condição que nos distraía da eternidade. Trata-se da imagem de Deus dentro de nós e reflete realmente a vida interior de conhecimento e amor que se chama Deus. Além disso, ela é o lugar onde Deus nos encontra, não apenas no drama do pecado e da redenção, livre-arbítrio e graça, mas na encarnação do Logos eterno, a pessoa divina que assume nossa humanidade a fim de que nós, como pessoas humanas que nele renasceram, possamos assumir sua divindade.

Para o pensamento cristão, o significado total desse último ponto só veio à tona completamente com as controvérsias em relação da pessoa e da natureza do Filho encarnado que começaram no fim do século IV, ganharam sua primeira "resolução" esmagadora em meados do século V e não alcançaram sua última culminação até o VII. De diversas maneiras, esses debates cristológicos constituem um vexame ainda maior para a memória cristã do que aqueles que os precederam: como se não bastassem os incidentes de violência popular terem sido mais numerosos, e os episódios de perseguição imperial, mais selvagens, o resultado do IV Concílio Ecumênico de Calcedônia, em 451, foi uma Igreja fragmentada — dividida em sua maior parte por terminologias em vez de fé. Ao mesmo tempo, a evolução do dogma cristológico precisa ser lembrada como uma das mais extraordinárias conquistas intelectuais da tradição cristã. Mais uma vez, o principal motor da definição dogmática era a teologia da

HUMANIDADE DIVINA

259

salvação e mais uma vez a preocupação central era como a Igreja poderia afirmar de forma coerente que, em Cristo, o divino e o humano haviam sido perfeitamente reconciliados e imediatamente unidos. O Concílio de Niceia já tinha proclamado que Cristo era inteiramente divino; mas, para que sua encarnação criasse uma humanidade verdadeiramente divina, ele também precisava ser inteiramente humano. Gregório de Nazianzo se pronunciou sobre a questão num aforismo muito elegante em sua "Epístola a Cledônio": "O que não foi assumido não pode ser curado, mas aquilo que foi unido à sua divindade foi salvo." Ou seja, se algum aspecto natural de nossa humanidade compartilhada — corpo, mente, vontade, desejo — esteve ausente do Deus encarnado, logo, da mesma forma, nossa natureza nunca entrou em comunhão com a dele, nem foi remodelada nele. Tanto foi assim que, buscando essa lógica até as consequências mais radicais, os teólogos que participaram dos debates cristológicos foram conduzidos a um entendimento cada vez mais profundo de quão humano o Cristo foi; e, nesse processo, eles necessariamente se viram atraídos por um entendimento cada vez mais profundo sobre o que é, para cada um de nós, ser humano e para uma investigação cada vez mais precisa de todos aqueles terrenos escondidos no íntimo, onde Deus (como eles acreditavam) nos havia unido a ele mesmo.

Não é exagero dizer que o que se seguiu, no decorrer dos séculos, foi a maior busca metafísica do ser empreendida até aquele momento no pensamento ocidental. Em cada passo, o processo era guiado pela convicção de que Cristo não tinha entrado para a História como uma espécie de fantasma furtivo, que meramente tomara para si a aparência externa de um homem para ensinar a cada um de nós como libertar sua quintessência espiritual da casca da alma inferior ou da prisão degradante do corpo, mas como um ser humano no sentido mais pleno, trazendo-nos salvação dentro da própria complexidade de nossa existência terrena. Em consequência disso, muitos aspectos da experiência humana — os quais muitas filosofias antigas podem ter desprezado por considerá-los acidentes em nossa natureza que nem sequer mereceriam atenção — passaram a ser vistos como essenciais para quem somos e para o que somos. No nível mais básico, a crença de que o próprio Deus tinha realmente assumido a carne humana dissipou certa ressalva antiga no tocante ao corpo, certa convicção piedosa de que o material e o carnal são um tipo de corrupção dentro da qual Deus jamais poderia habitar. Não era apenas o fato de que, para o cristão, o corpo era muito mais do que apenas um acessório transiente ou um invólucro degradante da alma peregrina; tratava-se do verdadeiro veículo da divinização em Cristo, tão essencial para nossa humanidade quanto a vontade racional, que seria corrigido apenas para poder se redimir e se glorificar. Ainda mais impressionante foi o contínuo "esclarecimento" cristológico do funcionamento interno e externo do ser. Como se pode imaginar, era necessário antes determinar que Cristo tinha possuído uma mente genuinamente humana. Mas então, conforme as tentativas teológicas se sucediam a fim de encerrar as polêmicas daqueles séculos com a produção de uma posição satisfatória para todos os lados, excluindo do Cristo encarnado alguns pequenos elementos defeituosos da personalidade humana — digamos, uma "energia" (funcionamento) naturalmente humana ou uma vontade naturalmente humana —, tornou-se necessário definir como aquele elemento era de fato fundamental para a plena complexidade da nossa humanidade e, portanto, indispensável à dele. E, em cada distinção, outras distinções ainda mais finas podiam ser apontadas. Esse processo atingiu sua maior sofisticação no século VII, através do pensamento de Máximo, o Confessor, cujas meditações sobre as maneiras pelas quais as várias energias de nossas pessoas concretizam nossas naturezas — ou sobre a diferença entre os atos naturais e os deliberativos da vontade em nosso íntimo — atingem uma sutileza quase inesgotável e, muitas vezes, uma perspicácia surpreendente.

Há, porém, uma implicação ainda mais fabulosa do entendimento cristão da salvação em Cristo. A formulação definitiva da cristologia adotada na Calcedônia foi a de que, na pessoa única do Logos encarnado, duas naturezas — a humana e a divina — subsistiram juntas, completas e inalteradas, em perfeita harmonia e sem se fundir. Em termos puramente históricos, não se pode dizer que tal formulação é a expressão definitiva da certeza cristã da plenitude da humanidade e da divindade do Cristo, em razão das diferenças terminológicas que mencionei antes: a Igreja de

HUMANIDADE DIVINA

Alexandria (a Igreja copta), por exemplo, devido a uma compreensão muito particular da palavra "natureza" na tradição das escolas filosóficas da cidade, rejeitou a linguagem do concílio. Disto isso, a teologia do concílio não divergia da alexandrina em absolutamente nada. Qualquer que fosse o enunciado, a intuição essencial das grandes igrejas permanecia a mesma: que Cristo é uma pessoa divina, que possui de forma perfeita tudo que se atribui a Deus e tudo que se atribui à humanidade, sem roubar nada da integridade dela, e que permite que cada ser humano se torne um participante da natureza divina sem que deixe de ser humano. A conclusão bastante extraordinária a ser tirada dessa doutrina é que a personalidade de alguma forma transcende a natureza. Uma pessoa não é só um fragmento de alguma categoria maior, seja cósmica ou espiritual, uma expressão mais perfeita ou mais defectiva de um dado conjunto abstrato de atributos, à luz dos quais seu valor, sua importância, sua legitimidade e seu lugar adequado serão julgados. Esse homem ou essa mulher não são meros espécimes de um conjunto geral do que é humano; em vez disso, a natureza dele ou dela é apenas uma manifestação e uma parte daquilo que ele ou ela é, ou pode ser. E a personalidade é um mistério irredutível, de alguma forma anterior e mais amplo do que tudo que a limitaria ou definiria, capaz de exceder até sua própria natureza de modo a adotar outra natureza, ainda mais gloriosa. Essa imensa dignidade — essa infinita capacidade — é inerente a qualquer pessoa, independentemente das circunstâncias que possam por ora parecer limitá-la a um ou outro destino. Nenhuma visão ocidental anterior sobre o ser humano é remotamente semelhante a essa, e nenhuma outra teve um sucesso tão fecundo em abraçar de uma vez toda a extensão da finita natureza humana, em toda a complexidade de suas dimensões internas e externas, enquanto simultaneamente afirmava a possibilidade transcendente e a estranha grandeza presentes em cada pessoa.

Devo fazer uma pausa para salientar que não é minha intenção sugerir que as decisões dogmáticas da Igreja imperial ou os argumentos teológicos apresentados pelos teólogos nicenos e calcedônios provocaram de alguma forma o despertar daquilo que às vezes chamam de "personalismo" ou "humanismo" cristão. A cultura cristã não se formou em torno da formulação nicena nem se dedicou à tarefa de desenvolver o conceito de Máximo sobre a vontade deliberativa como um programa especial para a filosofia, o direito ou as artes. Quando encontramos, digamos, as intensas reflexões de Gregório de Nissa sobre a mutabilidade inerente e a finitude dinâmica da natureza espiritual, ou a delineação delicadamente precisa de Evágrio Pôntico para as diferentes motivações e causas ocultas dentro do intelecto e da vontade, ou a descoberta de Agostinho a respeito das multiplicidades inter-relacionadas entre a vida mental e a emocional, não estamos encontrando as consequências de decisões conciliares ou de compromissos dogmáticos. Em vez disso, conforme o cristianismo permeou e então absorveu a antiga civilização na qual nasceu, uma nova atmosfera moral, espiritual e intelectual veio a existir, dentro da qual todas essas coisas naturalmente tomaram forma, e cujas determinações dogmáticas particulares foram nada mais do que cristalizações especialmente concentradas. E aquela atmosfera foi gerada antes de mais nada pela história de Deus e da criação contada pelos cristãos: esse épico estranho e fascinante do Deus-homem, de uma divina fonte de toda a existência que também é um amor que se autoderrama, de um universo físico restaurado e glorificado como um Reino eterno de amor e conhecimento, e de um Deus que habita entre nós para que possamos habitar nele.

É desnecessário dizer (ao menos deveria ser) que foi somente dentro da compreensão expansiva dessa história que aconteceram todas aquelas grandes revisões do pensamento humano que viriam a definir os ideais, o *ethos* e as realizações de uma civilização cristã. E essas revisões ocorreram em cada nível da sociedade, ainda que de forma gradual, irregular ou imperceptível. Foi essa história — e, de forma apenas secundária, a metafísica espantosamente sofisticada que surgiu dela — que quebrou de maneira inédita o elo de necessidade que quase toda escola filosófica da Antiguidade presumiu entre este mundo e o seu princípio mais elevado ou divino, e que arrombou primeiro o sistema fechado ou a "economia predestinada" dentro da qual a realidade estava contida. O pensamento cristão ensinou

HUMANIDADE DIVINA

que o mundo inteiro era criação de Deus, convocado do nada, não por alguma necessidade dele, mas pela graça; e que o Deus que é Trindade não exigiu nada para ser adicionado a sua comunhão, sua generosidade ou sua alegria, mas criou apenas por amor. Em certo sentido, Deus e o mundo foram ambos libertos: Deus agora era compreendido como plenamente transcendente — e portanto imanente — à ordem que criou, e o mundo agora era entendido inteiramente como uma dádiva. E isso necessariamente alterou a relação entre a humanidade e a natureza. Esse mundo, como agora se acreditava, não era mais uma mera ilusão básica nem dessemelhança, nem um dínamo quase divino de energias ocultas, nem um deus, nem uma prisão. Como uma obra graciosa do amor transcendente, deveria ser recebido com gratidão e usufruído como um ato de prazer divino, lamentado como uma vítima do pecado humano, admirado como uma manifestação radiante da divina glória, reconhecido como uma criatura igual; poderia ser justamente apreciado, cultivado, investigado, desfrutado, mas não temido nem rejeitado como perverso ou deficiente, e certamente não deveria ser adorado. Dessa e de outras formas, a revolução cristã simplesmente deu o mundo à cultura ocidental *enquanto* mundo, desmistificado e, portanto (de forma apenas aparentemente paradoxal), repleto de maravilhas a explorar. O que talvez seja muito mais importante é que isso também deu àquela cultura um conceito coerente da humanidade propriamente dita, dotada de dignidade infinita em todos os seus "momentos" individuais, cheia de poderes e mistérios a ser decifrados e estimados. Isso propiciou uma imagem inimaginavelmente exaltada da pessoa humana — feita à imagem divina e destinada a tomar parte da natureza divina — sem que isso diminuísse ou degradasse a realidade concreta da natureza humana, fosse ela espiritual, intelectual ou carnal. Isso também produziu a ideia (que nenhuma sociedade jamais incorporou integralmente) de uma ordem política totalmente subordinada à caridade divina, a verdades superiores a qualquer Estado e a uma justiça que transcendia todos os governos e poderes terrenos. Em suma, a ascensão do cristianismo produziu consequências tão imensas que quase se poderia dizer que um novo mundo se iniciou: "inventou" o humano, legou-nos nosso conceito mais básico de natureza, determinou nossa visão do cosmos e nosso lugar nele, e nos moldou a todos (em um ou outro grau) nos mais profundos níveis de consciência.

Todos os fracassos e glórias das civilizações que nasceram dessa revolução, porém, tudo aquilo por que a cristandade enquanto realidade material e histórica possa ser louvada ou culpada perde importância diante de um triunfo ainda mais singular da tradição cristã. A força definitiva e o máximo significado do movimento cristão dentro do mundo antigo não podem ser medidos simplesmente pela riqueza da arte e da arquitetura da cultura cristã que se seguiu, a humanidade ou desumanidade relativa de suas sociedades e leis, a criatividade de suas instituições econômicas ou científicas, ou a longevidade de suas instituições religiosas através das eras. A "cristandade" foi apenas a forma exterior, às vezes majestática, mas sempre defeituosa, de interação entre o evangelho e a difícil substância dos costumes humanos. A vitória mais vital e essencial do cristianismo está na estranha ternura, impraticável e irreal das intuições morais que ele conseguiu semear nas consciências humanas. Se por vezes nos vemos chocados pelo modo casual com que homens e mulheres da Antiguidade destruíram ou ignoraram vidas que nós consideraríamos inefavelmente preciosas, faríamos bem em refletir que — em termos puramente pragmáticos — eles tinham uma disposição mais "natural" para com a realidade. Exigiu-se um momento de extraordinário despertar de algumas almas privilegiadas, e depois séculos de imersão total e incansável da cultura na história cristã, para tornar até os melhores de nós conscientes do (ou pelo menos capazes de acreditar no) compromisso moral que temos com todas as outras pessoas, no esplendor e na dignidade irredutível da humanidade divina dentro deles, naquela profundidade dentro de cada um deles que potencialmente toca no eterno. À luz da lei absoluta de caridade do cristianismo, passamos a ver aquilo que anteriormente não conseguíamos: uma criança com autismo, síndrome de Down ou qualquer outro tipo de deficiência, por exemplo, para quem o mundo pode ser uma perpétua perplexidade, que pode muitas vezes provocar pesar e que só rara ou brevemente nos traz algum encanto ou deleite; a mulher ou o homem abandonado,

HUMANIDADE DIVINA

infeliz e falido, que jogou sua vida fora; os sem-teto, os completamente empobrecidos, os enfermos, os psicologicamente doentes, os fisicamente incapacitados; exilados, refugiados, fugitivos; e até os criminosos e os marginais. Rejeitá-los, ignorá-los ou matar qualquer um deles seria, num sentido muito real, o mais puramente prático dos impulsos. Ser capaz, porém, de ver neles não só algo de valor, mas qualquer coisa potencialmente divina, que possa ser estimada e adorada, é a mais rara e mais enobrecedora das capacidades irrealistas desenvolvidas na alma humana. Olhar para uma criança que nossos antigos ancestrais teriam encarado como de certo modo inconveniente, ou como um fardo inútil, a qual certamente teriam abandonado à própria sorte, e ver nela em vez disso uma pessoa digna de todo afeto — resplandecendo a glória divina, ameaçando nossas consciências com uma exigência absoluta, evocando nosso amor e nossa reverência — é se libertar de uma mera existência elementar e daquelas limitações naturais que as pessoas pré-cristãs tomaram como se fossem a própria definição da realidade. Somente alguém profundamente ignorante em História e inclinações humanas inatas poderia duvidar de que foi apenas por consequência da força revolucionária do cristianismo dentro da nossa história, dentro do próprio coração de nossa natureza partilhada, que qualquer um de nós pode experimentar essa liberdade. Mas também nos enganamos caso duvidemos de quão frágil é essa visão das coisas, de quão capciosa é essa verdade que só a caridade pode conhecer e de quão facilmente negligenciável é esse mistério que só a caridade pode penetrar.

Tudo isso, agora que me despeço desta etapa do meu argumento, desperta algumas perguntas em mim. Parece óbvio que a grandeza ou a maravilha de uma civilização se mede pelos ideais espirituais que a movem; e os ideais cristãos se mostraram quase ilimitados em fertilidade e dinamismo cultural. E ainda assim, como mostra a história da modernidade, a criatividade desses ideais pode, em certos lugares e épocas, se exaurir ou ser cerceada, caso as circunstâncias sociais e materiais não mais lhes sejam propícias. Não posso deixar de pensar então: o que fica para trás quando a força do cristianismo sobre a cultura definha? Por quanto tempo mais persistirão nossas predisposições éticas mais amáveis — das quais muitas me parecem estar se deteriorando com enorme rapidez — quando a fé que lhes deu lógica e sentido tiver finalmente se esgotado? Talvez, como disse o apóstolo, o amor resista a todas as coisas e seja eterno; mas, enquanto realidade cultural, até o amor requer uma razão para sua primazia entre as virtudes, e o mero costume de ser solícito a outros não necessariamente sobreviverá quando sua razão não mais for encontrada. Se, como afirmei nestas páginas, o "humano", tal como hoje o compreendemos, é uma inegável invenção do cristianismo, não é lógico concluir que uma cultura que se torne realmente pós-cristã também vai se tornar, em última análise, pós-humana?

PARTE 4

Reação e retirada: a modernidade e o eclipse do humano

16. O secularismo e suas vítimas

Como a religião envenena tudo é o subtítulo bastante petulante que Christopher Hitchens deu ao seu livro (muito petulantemente intitulado) *Deus não é grande*. Naturalmente, não se esperaria dele que esbanjasse mais esforços de pensamento na capa de seu livro do que no texto perturbadoramente confuso que deambula de forma embriagada por suas páginas — trombando numa conexão lógica perdida aqui, escorando-se num erro histórico ali, tropeçando por toda parte em todas as malditas confusões conceituais espalhadas pelo tapete —, mas, ainda assim, é de se imaginar como ele esperava que qualquer leitor reflexivo interpretasse uma frase igual àquela. Será que ele realmente quis dizer *tudo*? Isso se aplicaria então — atendo-nos apenas a coisas cristãs — aos hospitais da Antiguidade e da Idade Média, aos leprosários, aos orfanatos, às casas de misericórdia e aos albergues? À regra de ouro, a "ama teus inimigos", a "não julgue para não ser julgado", às admoestações proféticas contra a opressão dos pobres e aos mandamentos de alimentar, vestir e confortar os necessitados? À música de Palestrina e Bach, à *Pietà* de Michelangelo, a *"ah!, bright wings"*,* aos mosaicos da Basílica de São Marcos, à Bíblia de Amiens e a todos aqueles vitrais de um deslumbrante azul em Chartres? Ao movimento abolicionista, aos movimentos de direitos civis e aos recentes esforços para libertar escravos sudaneses? Etc. etc.? Certamente não faz sentido dizer que, uma vez purgadas da toxina da fé, todas essas coisas seriam melhores do que

---

* Citação de "God's Grandeur", poema de Gerald Manley Hopkins (1844-1889), poeta e padre jesuíta inglês. [*N. do T.*]

já são; não fosse pela fé, pelo que claramente se nota, muitas delas sequer teriam existido. E já que nenhuma dessas coisas parece estar fora da categoria de "tudo", conclui-se que Hitchens está dizendo (supondo que ele realmente quis dizer algo) que elas estariam fora da categoria mais específica de "religião". Seja como for, isso estaria de acordo com uma das estratégias retóricas especialmente preferidas pelos círculos dos Novos Ateus: qualquer coisa de que eles não gostam — mesmo que se encontre num contexto puramente secular — ganha o rótulo de "religião" (assim, por exemplo, todos os totalitarismos do século XX são "religiões políticas", pelas quais os secularistas não precisam se responsabilizar), enquanto afirmam simultaneamente que tudo que é bom nas artes, na moralidade ou em qualquer outra esfera — mesmo que tenha emergido dentro de um contexto totalmente religioso — tem uma conexão apenas acidental com crenças religiosas e, na verdade, é propriedade comum aos humanos (assim, por exemplo, o impulso pela caridade brotará indubitavelmente em qualquer lugar onde uma sociedade "iluminista" se tenha enraizado). Da mesma forma, toda injustiça que parece derivar de um princípio secularista é obviamente um abuso daquele princípio, enquanto todo mal que esteja envolto numa batina é uma expressão inquestionavelmente pura da própria essência da religião.

Conforme já me queixei, a tribo dos Novos Ateus é um tanto decepcionante. O fato de que perdemos a capacidade de produzir uma descrença profunda provavelmente fala mais do que gostaríamos de saber sobre o estado relativamente insípido da nossa cultura. O melhor que podemos esperar são argumentos encontrados apenas no mais vulgar dos níveis intelectuais, redigidos num tom infantil e criticamente pomposo, desprovidos de quase todos os resquícios mais precários da erudição histórica ou do rigor silogístico: Richard Dawkins apresentando, de forma triunfal, argumentos "filosóficos" que um calouro de graduação no meio de seu primeiro curso de lógica desmontaria num instante, Daniel Dennett insultando a inteligência de seus leitores com propostas para a invenção de uma pseudociência boba da "religião", Sam Harris guinchando, prendendo

O SECULARISMO E SUAS VÍTIMAS

a respiração e sacudindo seus brinquedos na expectativa de que os adultos na sala fiquem intimidados, Christopher Hitchens berrando para as cortinas e os vasos de plantas enquanto torce para que ninguém perceba o fracasso de suas afirmações na tentativa de se conectarem entre si de modo a formar algum tipo de argumento coerente. Não se pode invejar a popularidade de suas ladainhas, obviamente: o sensacionalismo vende mais do que a razão. Contudo, ainda é possível se maravilhar com a complacência impensada deles: o materialismo doutrinário — que é, no fim das contas, uma teoria metafísica da realidade que, quase com certeza, é logicamente impossível — e o secularismo igualmente doutrinário — que, como até o menos atencioso poderia notar, é uma tradição histórica tão encharcada de sangue humano que dificilmente se poderia dizer que sua superioridade ética foi comprovada. E mesmo que alguém se disponha a perdoar os Novos Ateus pela estranha insensibilidade que parece isolá-los de toda a angústia decente em relação às suas posições, ou mesmo todos os impulsos na direção de uma simples modéstia intelectual, ainda se pode reclamar que eles raramente fazem uma pausa para considerar de onde vêm muitos dos princípios morais que eles invocam como deles próprios de forma incansavelmente confiante; nem mesmo demonstram qualquer sinal daquela curiosidade solene ou dos maus pressentimentos que caracterizavam o pensamento dos grandes descrentes de gerações anteriores quando se obrigavam a considerar que possibilidades o futuro traria após o declínio do cristianismo.

Mesmo em termos puramente práticos, desprezar a religião em abstrato é um conceito inócuo. Enquanto força histórica, a religião não foi nem simplesmente boa nem simplesmente má, tendo apenas refletido a natureza humana em todas as suas dimensões. Para os nossos ancestrais remotos, foi a força que moldou a sociedade, o direito e a cultura, por apontar para uma ou outra "verdade elevada" que poderia fundir vontades individuais em aspirações e empenhos comuns. Nas suas formas mais desenvolvidas, funcionou como uma fonte de proibição e impedimento, gravando mandamentos morais nas mentes obstinadas com visões de inferno e céu, reencarnações infinitas ou descanso final em Deus, ou o que quer que

272   REAÇÃO E RETIRADA

fosse, talhando a consciência ao quebrar e subjugar vontades inflexíveis, ora aplicando o cautério do medo, ora o bálsamo da esperança (talvez não gostemos muito disso, mas — parafraseando Freud — a contenção é o preço da civilização). Em suas formas ainda mais desenvolvidas, ela encorajou o amor, a compaixão ou a mansidão em inúmeras almas, mesmo que tenha também inspirado ou induzido santimônia e intolerância em outros. E quanto maior era a agitação imaginativa que os anseios espirituais despertavam em várias pessoas, mais extraordinárias eram as conquistas culturais suscitadas nelas. Tanto os impulsos mais primordialmente artísticos de um povo quanto as mais refinadas expressões desses impulsos sempre foram indissoluvelmente unidas às visões da ordem eterna. No fim, lastimar a "religião" propriamente dita é lastimar que a humanidade enquanto espécie tenha se tornado mais do que uma coleção de bestas astuciosas. Mas, como eu disse, não me preocupo muito com a questão da religião.

Pela mesma razão, e também em termos puramente práticos, beira a imbecilidade intencional lastimar a ascensão da cristandade, ou pôr em dúvida as realizações singulares da cultura produzida pela síntese cristã do judaísmo com o helenismo, ou recusar-se a reconhecer que, seja lá o que Hitchens queira dizer por "religião", isso deu vida à alma e ao corpo daquela cultura. Isso nem sequer precisaria ser dito. As glórias especiais da civilização cristã — nas suas artes e ciências, nas suas instituições e tradições, nas suas filosofias e nos seus ideais — falam por si, e seria indigno mimar a perversidade intelectual alegando o que é óbvio. Que a cristandade também pode ser justamente acusada por um bom número de pecados e fracassos, por acaso, também seria desnecessário dizer. Tampouco me sinto preocupado com a questão da cristandade. Na realidade, eu me contento com deixar os "termos puramente práticos" completamente de fora do meu argumento, na medida em que é a simples "impraticabilidade" do cristianismo propriamente dito que me interessa: suas afirmações extraordinárias, sua compreensão peculiar do que é amor e assistência, as quais por séculos não apenas dominaram a civilização ocidental como a assombraram, muitas vezes como um sonho particularmente cativante, e, em outras, como um espectro especialmente vão. E assim, a questão que

O SECULARISMO E SUAS VÍTIMAS

me resta na parte final da minha narrativa é o que acontecerá com nossa cultura tão logo esse espírito benevolente ou terrível finalmente se vá.

Será que alguém realmente crê — como os Novos Ateus parecem crer — que, assim que estiver livre da mão repressora da fé arcaica, a razão secular naturalmente deixará a sociedade mais justa, mais humana e mais racional do que ela foi no passado? Que evidências dão suporte a essa expectativa? Uma vez que se coloque tudo em perspectiva, é muito difícil investir uma grande quantidade de esperança na modernidade, por mais que suas promessas sejam radiantemente encantadoras, quando recordamos quantas vidas inocentes já foram engolidas nas chamas do "progresso" moderno. Ao fim do século XX — aquele em que a secularização se tornou um explícito projeto político e cultural em todo o mundo —, as forças da ideologia do progresso puderam ostentar uma coleção de cadáveres ineditamente vasta, mas não impressionam tanto em novos conceitos morais. Pelo menos nenhum do qual possamos nos orgulhar em especial. Os melhores ideais aos quais nós, modernos, continuamos a nos agarrar precedem a modernidade em muito; de modo geral, tudo que podemos reivindicar como indissociável e verdadeiramente nosso são as nossas atrocidades. Pode-se discutir, suponho, que o projeto secularista de alguma forma se desviou de seu curso adequado na aurora do século XX, assim que as novas ideologias assumiram suas formas políticas concretas ou se deixaram estagnar ou subverter por forças intransigentes da irracionalidade. Porém, essa seria uma reivindicação mais crível se os horrores do século XX fossem aberrações demonstráveis dentro de uma história mais ampla do mundo moderno. Mas, na verdade, o processo de secularização foi desde o princípio marcado pela magnífica infinitude de sua violência. Não é preciso guardar qualquer saudade da velha ordem política da cristandade, ou da associação degradante da Igreja com o Estado, para ter noção do custo da secularização. Como salientei em minhas observações a respeito das "guerras da religião" no começo da era moderna, quando se analisam as sequelas históricas do pacto da Vestfália, é difícil não concluir que o principal dinamismo no interior da secularização sempre foi a grande batalha do Estado moderno em busca de se libertar daquelas lealdades institucionais, morais e sacramentais que ainda o mantinham parcialmente sob controle, de modo que pudesse enfim se lançar a todas aquelas tarefas poderosas — guerras nacionalistas, impérios coloniais, alistamento militar universal, extermínio em massa de civis e assim por diante — que constituiriam sua especial contribuição à experiência humana. Em termos puramente aritméticos, os resultados não podem ser refutados. Em geral, a velha ordem poderia contabilizar suas vítimas apenas aos milhares. Mas, na nova era, o Estado laico, com todas as suas capacidades até então inimagináveis, só poderia buscar seus ideais e ambições puramente terrenas se gozasse da liberdade de matar aos milhões. De que outra forma ele poderia abrir suas asas?

Devo destacar que ouvimos dizer, vez por outra, que os grandes projetos utópicos do século XX não foram, na realidade, movimentos genuinamente seculares, mas, em vez disso, messianismos deslocados, devendo assim ser encarados apenas como efeitos retardados do velho arranjo. Por essa interpretação, o cristianismo — com sua promessa de um futuro reino de Deus — plantou uma espécie de esperança persistente na cultura ocidental, a qual, uma vez despojada de seus enfeites sobrenaturais, naturalmente se transformou numa fúria demoníaca na intenção de estabelecer o Céu na Terra por meio de um grande processo de eleição e abandono, culminando no fogo histórico do julgamento. Deduzo que se possa dizer algo sobre essa opinião. Se o cristianismo não tivesse introduzido sua variante peculiar de anseio apocalíptico na cultura ocidental, talvez jamais tivéssemos nos tornado suscetíveis a visões escatológicas de um futuro impossível ou às armadilhas de falsos messias. Mas, realmente, ninguém deveria levar esse tipo de especulação muito a sério. Muito antes do surgimento do cristianismo, todos os grandes impérios da Antiguidade — o Egito, a Pérsia, a China, Roma e assim por diante — invocaram uma missão sagrada e um mandado divino para suas conquistas, seus saques, escravizações e assassinatos. O poder temporal matará quando achar que deve, segundo seus interesses e desejos, e empregará qualquer ferramenta mítica ou ideológica que lhe esteja à mão para alcançar suas metas. A possibilidade de divisar vagamente as temáticas apocalípticas judaicas ou cristãs nas grotescas tapeçarias

O SECULARISMO E SUAS VÍTIMAS

ideológicas do século XX dificilmente implicaria alguma causalidade. Afinal de contas, a única linguagem de eleição, abandono e julgamento explicitamente invocada por precursores ideológicos do Terceiro Reich foi aquela da seleção natural e da sobrevivência do mais apto; mas seria bastante tosco afirmar que o darwinismo "causou" os campos de concentração. Uma vez que a única regra explícita e inviolável que sempre governou a escatologia cristã era a de que o Reino de Deus não é deste mundo e virá apenas quando Deus o quiser (ignorando-se a eventual hipérbole blasfema desse ou daquele orador hipócrita), e já que, por essa mesma razão, a cultura cristã nunca produziu nenhum movimento de salvação por meio de ação política, é somente na medida em que essa retórica escatológica foi completamente alienada de qualquer contexto cristão tradicional que ela pôde ser explorada por um projeto político de redenção humana. Mas isso apenas reitera que, ao fim e ao cabo, é o próprio processo de secularização a causa principal do curioso talento do Estado moderno para o assassinato em massa — e não aqueles elementos das gramáticas religiosas do passado que a ordem secular possa ter expropriado para seus propósitos.

Contudo, o conto da luta pela liberdade do moderno Estado nação deve realmente ser situado dentro de uma narrativa ainda mais ampla do (por falta de outro nome) "triunfo da vontade". Como disse antes, o pensamento moderno difere mais fortemente do pré-moderno no tema da liberdade. E, como eu também disse antes — novamente sem qualquer intenção de demérito —, a noção moderna da liberdade é essencialmente niilista: ou seja, a tendência do pensamento moderno é de ver o *locus* da liberdade como primariamente situado no poder espontâneo da escolha de um sujeito individual, em vez de residir nas finalidades que esse sujeito de fato escolhe. A liberdade, assim entendida, consiste apenas no poder de escolha propriamente dito. Assim, nem Deus, nem a natureza, nem a razão provê a medida de um ato de verdadeira liberdade, pois um ato só é *livre* se desconsiderar todos esses três. Não estou dessa forma protestando contra a depravação "ímpia" dessa ideia. Na verdade, trata-se de uma ideia com um pouco de genealogia teológica. Tradicionalmente, ao longo da maior parte da história cristã, teólogos seguiram o precedente clássico de conceber a liberdade das criaturas principalmente como a liberdade da *natureza* de qualquer ser em relação a qualquer restrição estranha, limitação externa ou mau uso que pudesse impedir aquela natureza de alcançar o pleno usufruto para os fins adequados a ela. E o mesmo também era verdadeiro, embora em magnitude infinita, com relação à liberdade divina; concebia-se que Deus é livre por sua natureza e, por ser infinito, não pode ser limitado, contrariado ou corrompido por nenhuma outra força. Em consequência disso, Deus não pode causar o mal precisamente por ser infinitamente livre, portanto, nada pode impedi-lo de ser plenamente aquilo que ele é: a própria bondade infinita. A "capacidade" de escolher o mal era tida como um defeito em Deus, um limitador da divina substância, uma distorção da natureza divina, todos eles bastante impossíveis. Porém, no pensamento do fim do período escolástico, principalmente nos séculos XIV e XV, surgiu uma nova tendência teológica, tradicionalmente referida como "voluntarismo", que conferia uma ênfase metafísica totalmente inédita — entre todos os atributos divinos — à pura soberania da vontade divina e à liberdade inescrutável dessa soberania. Certos teólogos começaram a se preocupar com que o fato de dar prioridade a qualquer outro dos atributos de Deus — sua bondade, misericórdia, racionalidade e assim por diante — em detrimento de sua vontade acabaria por diluir um sentido adequado da majestade da liberdade divina. Algumas formulações particularmente extremas da corrente voluntarista parecem até ter descrito um Deus cuja vontade é de certa forma suprema em relação a sua própria natureza, sugerindo que os atos desse Deus para com a realidade criada devem ser compreendidos apenas como demonstrações de seu poder e nada mais. Por essa lógica, não se poderia mais dizer que as leis da natureza e da moral refletem quem ou o que Deus é, ou que comunicam algum conhecimento sobre sua natureza ou seu caráter; em vez disso, deveriam ser vistas simplesmente como decisões inexplicáveis que emanam do insondável abismo da vontade dele. Aqui, explicitamente, pela primeira vez no pensamento ocidental, a liberdade não foi definida como a realização desimpedida de uma natureza, mas como o absoluto poder da vontade para determinar

O SECULARISMO E SUAS VÍTIMAS

até mesmo o que aquela natureza pode ser. Pode-se ainda dizer que, dentro dessa visão, a essência de Deus é simplesmente vontade. E, se isso for liberdade para Deus, logo também deverá ser liberdade para nós.

Independentemente do destino do voluntarismo como corrente teológica (que foi controversa), suas rotas de migração — saindo dos domínios da Teologia e entrando nos da Filosofia moderna, do Direito, da Psicologia, da política e da teoria social — são fáceis de rastrear. René Descartes falava a um só tempo como herdeiro da finada tradição escolástica e como pai da moderna Filosofia ocidental quando declarou em suas *Meditações* que a verdadeira imagem de Deus dentro dos seres humanos consiste na liberdade divina e na incompreensibilidade da vontade. No entanto, pode-se atribuir muita importância a ideias abstratas. O voluntarismo teológico propriamente dito não foi a *causa* da ascensão desse modelo "libertário" para a liberdade na cultura moderna recente. Foi, em vez disso, uma teologia bastante compatível com um bom número de mudanças materiais e sociais concretas de sua época: a contínua ascensão da classe média, a gênese do capitalismo primitivo, a riqueza crescente e a influência de cidadãos eruditos, a aliança solidificada entre as classes governantes e comerciais, a expansão do trabalho livremente contratado, a lenta desintegração de velhas formas de subsidiariedade, o crescimento das economias urbanas, a consequente evolução de novas formas de "individualismo", e assim por diante. Para não soar mais marxista do que devo em absoluto, o *hábito* social, político e econômico do voluntarismo, embora rudimentar, certamente precedeu o *conceito* teológico, como um resultado de vários desenvolvimentos sociais e econômicos, dos quais muitos podem ter tido consequências bastante felizes para a cultura no geral e dos quais todos eram, em todo caso, bastante inevitáveis.

Uma história cultural exaustiva, porém, não é necessária nem possível aqui. Para a finalidade do meu argumento, basta simplesmente perguntar para onde a primazia de nossa noção moderna da liberdade como espontaneidade pura da vontade está conduzindo a própria cultura que permeia. Num nível bem ordinário do discurso público, ela obviamente conduz a uma degradação da própria noção de liberdade, sua redução no imaginário cultural a um tipo relativamente banal de independência, não mais — porém não menos — significativo que a liberdade de escolha do consumidor diante de diferentes sortes de pães, sapatos, televisores, partidos políticos ou religiões. No nível dos comportamentos sociais convencionais, talvez conduza a uma deterioração do senso compartilhado de obrigação ou de causa comum, ou a uma cultura privada cada vez mais insípida e egocêntrica, ou a uma acentuada tendência, na sociedade em geral, de julgar menos o mérito das escolhas particulares, tomando-se por base o valor do que foi escolhido, e mais o valor dos objetos, pelo simples fato de terem sido escolhidos. Conforme o prognóstico avança, porém, nada dele soa muito engenhoso; tudo isso é tão obviamente verdadeiro quanto obviamente vago. Contudo, nosso conceito moderno de liberdade pode conduzir também a outras coisas mais terríveis: pois aquilo que a vontade pode querer, quando não se submete a nada além de sua própria exuberância inata, é praticamente ilimitado. Por uma questão puramente lógica, espontaneidade absoluta é uma ilusão; todos os atos da vontade são atos na direção de um fim real ou imaginado, que estimulam o querer a se mover. Mas algo perigosamente insólito entrou em nossa cultura quando começamos a acreditar que a devida finalidade da vontade poderia simplesmente ser a vontade propriamente dita. Nem aquele que realmente se libertou terá de dedicar energia à aventura da descoberta e da invenção de si mesmo; a vontade coletiva nos empolga de forma muito mais potente do que a vontade individual, pelo menos se puder ser disciplinada e agrupada para algum propósito "maior", e o material sobre o qual ela exerce seus força plástica é de uma imensidão incomparável com a tela insignificante de uma psicologia privada. Além disso, se de fato não houver uma fonte transcendente do bem para a qual a vontade naturalmente é atraída, restando apenas o poder da vontade decidindo quais fins deseja — pelos quais ela se cria e se determina por si mesma —, logo não se pode dizer que nenhum projeto humano é inerentemente irracional nem (de maneira efetiva) inerentemente abominável. Se a liberdade da vontade é, no fim das contas, o nosso valor supremo, logo ela é, para todos os efeitos, nosso

O SECULARISMO E SUAS VÍTIMAS

deus. E algumas espécies de deuses (como nossos antepassados pagãos bem sabiam) esperam ser alimentados.

Não creio que eu possa de fato ser acusado de alarmismo quando falo desse jeito, na medida em que minhas observações não emergem de premonições, mas de simples retrospecção. Todo o histórico do empenho moderno em erigir uma realidade humana mais nova e racional sobre as ruínas da "era da fé" está repleto, do início ao fim, de listas de vítimas sacrificiais — ou, devo dizer, não listas, mas registros estatísticos, já que muitas dessas vítimas permanecerão anônimas para sempre. Dos dias do Clube Jacobino e os massacres na Vendée aos grandes socialismos revolucionários, nacionalistas e internacionalistas, com seus cerca de 100 milhões de assassinatos, a vontade de conduzir a humanidade moderna rumo a uma terra prometida (e pós-religiosa) de liberdade, justiça e igualdade sempre foi acompanhada por uma disposição desmedida de matar em nome daquela aurora distante. E parte desse *ethos* especial — gerado pela ideia moderna de supremacia da vontade sobre a natureza — se autoafirmou, com particular vivacidade, entre o fim do século XIX e o início do XX, quando a ascensão das teorias raciais "científicas" e as novas políticas "progressistas" de eugenia encorajaram uma enorme quantidade de homens e mulheres cultos e idealistas a começar a conceber a humanidade meramente como outro tipo de tecnologia, um objeto a ser manipulado, revisado e aperfeiçoado pela mão escultora do pragmatismo científico. Raríssimas almas inovadoras daquela época não mergulharam nessas ideias de uma forma ou de outra. Marx e Engels esperaram avidamente pelo dia em que as raças inferiores ou reacionárias, como os eslavos, seriam exterminadas a fim de abrir caminho para um rebanho melhor e mais vocacionado ao avanço. O mais "progressista" dos homens, Francis Galton — primo em segundo grau de Charles Darwin — foi o primeiro a popularizar a ideia de que sentimentalidades sociais tradicionais, inspiradas ou mantidas por mitos religiosos, conspiraram para retardar o processo natural de evolução ao proteger idiotas, criminosos, fracos e imprestáveis dos justos veredictos — ainda que impiedosos — da natureza, sustentando que se tornava

280 REAÇÃO E RETIRADA

necessário um projeto de procriação seletiva para corrigir o problema. O próprio Darwin desgraçadamente concordou; pelo menos, em *A descendência do homem*, ele discorreu de forma bastante atroz a respeito do dano causado à raça humana nas regiões desenvolvidas devido à preservação antinatural e à concessão de licença procriativa para pessoas defeituosas; e previu — com o atenuante de não mostrar qualquer sinal de prazer — a aniquilação definitiva das raças "selvagens" pelos civilizados. H. G. Wells profetizou a mesma coisa, se bem que de forma mais vibrante, e declarou que o extermínio das raças inferiores era um imperativo racional. E uma boa quantidade de almas honestas compartilhou dessas ideias, defendendo a necessidade de uma abordagem ética sobre sociedade e raça que não estivesse mais submetida à obsoleta superstição cristã de que todas as vidas possuem valor igual — ou seja, igualmente infinito.

É claro que seria reconfortante acreditar que tais pensamentos pertenceram a um momento cultural particular e malfadado e foram banidos para sempre ao passado pelas lições "sensatas" do século passado. A realidade é que não é bem esse o caso. Podemos certamente esperar, é claro, que tais ideias sejam um dia relegadas exclusivamente às margens infectas da cultura global. Devo salientar, porém, que — dadas as premissas especiais sobre as quais a metafísica moral da modernidade se apoia — não há qualquer razão evidente para que isso ocorra.

17. Feiticeiros e santos

Não se pode dizer que Nietzsche derramou muitas lágrimas sobre a perspectiva do desaparecimento do cristianismo europeu. Mas nem mesmo ele sentia um completo otimismo em relação ao que viria depois do colapso gradual da fé no continente. Em parte, porque acreditava que os patógenos da piedade e do ressentimento cristão haviam enfraquecido as vontades dos homens ocidentais a tal ponto que uma recuperação significativa fosse talvez impossível. Agora que o dossel sagrado fora recolhido, expondo o vazio dos céus, um momento de crise potencialmente destrutiva tinha chegado; e não era claro para ele que a humanidade pós-cristã teria a energia para responder a isso com algo além de uma descida cada vez mais profunda à trivialidade e ao narcisismo. A "morte de Deus" tinha de fato chegado, acreditava ele — ou seja, a crença no transcendente havia cessado de ser uma hipótese, menos para os iludidos —, mas quem pode saber em que espécie de coisa esse animal nunca antes visto, o "homem sem deus", vai se tornar?

Pode ser que, depois que o cristianismo deixa uma cultura, o niilismo seja a consequência inevitável justamente pelo que o próprio cristianismo é. Certa vez, há muitas eras, a revolução trazida pelo evangelho ao mundo antigo desacreditou toda a ordem sagrada da velha religião. O cristianismo expulsou os deuses, subjugando-os tão completamente que, por mais que tentemos, não somos mais capazes de crer neles de novo. Em certo sentido, o mundo se desmistificou, ainda que se tenha imbuído de outro tipo de resplendor sacramental. E a nova religião era tão poderosa em seu apego à realidade, com efeitos tão abrangentes e penetrantes, que até mesmo as maiores conquistas da antiga sabedoria pagã foram facilmente assimiladas por essa nova síntese intelectual, estética e ética. Portanto, quando o cristianismo se for, o que restará? Pode ser que o cristianismo seja essa parteira do niilismo exatamente porque, ao rejeitá-lo, um povo necessariamente rejeita tudo, exceto o horizonte nu da vontade indeterminada. Nenhum outro deus pode ser achado agora. A história do Deus crucificado tomou tudo para si e, assim, ao partir, leva tudo consigo: hábitos de reverência e comedimento, temor, a imposição do Bem dentro de nós. Somente a vontade permanece, posta diante do abismo da possibilidade ilimitada, procurando seu rumo — ou forjando seu rumo — na escuridão. Porém, o que nasce dessas condições?

Uma resposta é que isso que nasce pode bem ser mera banalidade. Seguramente há algo a ser dito sobre as profecias de Nietzsche a respeito do "último homem". Pelo menos, por um lado, quando se considera a devoção de nossa cultura por aquisição, fama, distração e terapia, é difícil não pensar que talvez nossa visão enquanto povo se estreitou, em nome das menores preocupações e dos menores desejos das personalidades individuais, e que toda a nossa existência política, social e econômica se orienta na direção da realidade. Por outro lado, talvez seja simplesmente aquilo que acontece quando os seres humanos se libertam da necessidade e da preocupação, e devemos, portanto, ser gratos e abraçar a trivialidade de um mundo que gira em torno de televisão, compras e internet como a sorte de bem-aventuranças que nossos ancestrais, oprimidos por agruras que hoje mal podemos imaginar, jamais sonharam desfrutar. Mesmo assim, é difícil não lamentar a perda da criatividade cultural que parece ser uma concomitante inevitável dessa beatitude secular. Quando vemos, por exemplo, ao baldio crepuscular da Europa moderna — com seus milhões de idosos circulando entre os gloriosos vestígios de um legado artístico e cultural com que nenhum povo moderno poderia esperar rivalizar, encenando um drama satírico horrivelmente prolongado ao fim do trágico ciclo da história europeia —, é difícil conter um sentimento de desespero mórbido. Este era o maior dos medos de Nietzsche: a perda de todas as aspirações transcendentes que poderiam gerar obras poderosas a partir do

FEITICEIROS E SANTOS

imaginário cultural de um povo. Quando o macaco ambicioso deixar de se considerar um anjo caído, talvez seja inevitável que ele se conforme com ser macaco, satisfazendo-se assim com seu quinhão e até se regozijando com o fato de que o universo exige dele pouco mais do que o contentamento de um macaco. De todo modo, parece certo que a civilização pós-cristã sempre sentirá falta dos recursos espirituais, ou do mito organizador, necessário para produzir qualquer coisa parecida com as maravilhas culturais que floresceram sob o dossel aconchegante da religião do Deus-homem.

Todavia, que bom seria se essa banalidade fosse a única coisa a se temer. A outra direção à qual nossa nova liberdade das restrições obsoletas, naturais ou morais pode claramente nos conduzir (como também observei antes) nos leva à monstruosidade. Jamais deveríamos deixar de ter certa apreensão por nossa própria capacidade, enquanto povo, de destruir e corromper as coisas que, enquanto indivíduos, gostaríamos de tratar com reverência ou respeito. Para mim, o filósofo do século XX que ponderou as origens e a natureza do niilismo com a mais profunda perspicácia foi Martin Heidegger. Para ele (simplificando seus argumentos de um modo totalmente criminoso), o impulso essencial do niilismo surge primeiro de uma longa história humana de abandono e indiferença pelo mistério do ser, facilitada por um desejo "metafísico" de dominar a realidade através do exercício do poder humano. Por muitas épocas culturais e filosóficas, acreditava Heidegger, esse esforço para reduzir o mistério do ser a um objeto passivo do intelecto e da vontade nos trouxe, por fim, à "era da tecnologia", na qual passamos a ver toda a realidade apenas como alguns tantos *quanta* de força, enxergando o mundo ao nosso redor como nada além de uma reserva neutra de recursos materiais esperando nosso usufruto. O controle tecnológico, acreditava ele, havia se tornado para nós não só nosso ideal condutor mas nosso único modelo convincente da verdade, que já havia moldado nossas compreensões da natureza, da sociedade e do ser humano.

Uma das características mais perturbadoramente marcantes do pensamento moderno parece muitas vezes ser sua tendência quase invencível rumo ao fundamentalismo. Até o fundamentalismo religioso do Ocidente é primariamente um fenômeno moderno (como bem sabe qualquer um que conheça a história da exegese bíblica), uma imitação absurda e reativa do positivismo científico moderno. E não há no presente nenhum lugar onde a tendência fundamentalista prevaleça e se enrijeça mais do que em certas quadras da comunidade científica, ou entre aqueles que olham exclusivamente para as ciências como orientação neste mundo. É realmente espantosa (e prova que uma boa educação científica ainda pode deixar as aptidões especulativas de uma pessoa sem nenhum desenvolvimento) a quantidade de cientistas muito inteligentes que se agarram a uma certeza ilógica, inflexível e fideísta de que a ciência empírica deve ser vista não apenas como fonte de conhecimento factual e hipóteses teóricas, mas como um árbitro dos valores e das verdades morais e metafísicas. Por vezes, esse delírio pode tomar uma forma não menos ameaçadora do que a incapacidade filosoficamente analfabeta de Richard Dawkins de discernir entre, digamos, alegações teóricas sobre a causalidade material e alegações lógicas sobre o mistério da existência, ou simplesmente entre a sorte de questões que as ciências têm competência para abordar e as que não têm. Em outras situações, porém, pode se apresentar como uma arrepiante convicção de que o avanço das ciências é, sob quaisquer circunstâncias, sua própria justificativa e que, portanto, todos os valores morais são de certo modo remediáveis e opcionais. Conforme já argumentei, nenhum bom historiador das ciências acredita que o surgimento da ciência moderna é uma realização especial da racionalidade secular; mas a eventual crueldade que resulta da criação de uma ideologia a partir da ciência definitivamente o é. Pelo menos antigas reverências cristãs concernentes à natureza humana e ao absoluto valor de cada pessoa tiveram de ser postas de lado antes que o movimento eugenista pudesse nascer, prosperar e frutificar. Uma cultura poderia permanecer cristã de forma muito satisfatória em todas as suas convicções e ainda assim realizar viagens espaciais. A fabricação em massa de toxinas nervosas e armamento nuclear, esterilizações exigidas por tribunais, lobotomias, a miscigenação de material genético humano e suíno, experimentos em populações carcerárias, estudos clínicos em pacientes pobres e negros com sífilis não medicada — tudo isso exigiu que a mente

FEITICEIROS E SANTOS

científica se movesse para fora ou além das superstições cristãs referentes à alma e à imagem de Deus dentro dela.

Durante os primeiros séculos do surgimento do cristianismo, o mundo da Antiguidade tardia conheceu muitas seitas que prometiam salvação através da posse de conhecimento e poder, e algumas até prometiam o auxílio de vários tipos de magia superior. Em alguns círculos, a figura do salvador era quase idêntica à imagem sombriamente glamurosa do feiticeiro hermético, entendido como um mestre de poderes inexplicáveis e possuidor de uma sabedoria secreta. E a crença vulgar na bruxaria e nas potências ocultas que residiam nos elementos cósmicos era, claro, onipresente. Em sua maior parte, a cultura antiga não encarava a magia como um poder sobrenatural das alturas invocado de baixo (embora houvesse certas formas de teurgia ou de "magia" superior concebidas dessa forma), mas como uma espécie de tecnologia terrestre que se relacionava com forças cósmicas impessoais, uma tecnologia neutra por si só, mas suscetível tanto ao uso "branco" (nesse caso sendo chamada apenas de "magia") quanto ao "negro" (nesse caso sendo chamada de *goetia*). No período cristão, porém, a crença na magia foi desencorajada e tratada como superstição; o mundo, de acordo com os ensinamentos cristãos, é uma criação com racionalidade interior, governada pela providência de Deus e, portanto, não contém qualquer mecanismo extrafísico oculto que possa ser manipulado por palavras ou gestos. Nem o pânico do fim da Idade Média e do início da Idade Moderna a respeito de bruxas envolvia propriamente uma crença em magia; o medo, em vez disso, era do satanismo, do assassinato ou de ilusões demoníacas. Porém, parece-me perfeitamente óbvio que, na era pós-cristã, algo mais semelhante ao verdadeiro pensamento mágico voltou à moda, embora com uma inflexão moderna. Não estou falando do interesse popular em astrologia, Wicca, runas, cristais místicos ou qualquer outra bobagem *new age* desse tipo; essas coisas sempre estiveram conosco, de uma forma ou de outra. Na verdade, estou falando da maneira pela qual a sociedade moderna frequentemente trata a tecnologia e a ciência (tanto a prática quanto a teórica) como práticas de conhecimento e poder especiais que devem ser isoladas de uma associação muito limitadora a qualquer uma das velhas reverências em relação à natureza humana ou verdade moral (sendo essas no fim da contas, apenas questões de preferência pessoal). Ou seja, sempre abordamos a ciência moderna como se ela fosse mágica, com uma espécie de credulidade moral que parte do princípio de que o poder é evidência do que é permitido. É óbvio que nossa magia — diferentemente da de nossos ancestrais — de fato funciona. Mas não nos torna menos supersticiosos do que eles pensar que poder fazer algo é equivalente a saber o que é que está sendo feito, se deveria mesmo ser feito ou se há outras verdades mais abrangentes, às quais esse poder deveria estar disposto a conceder primazia. Às vezes, parece que alguns de nós, pelo menos, se apegaram (muitas vezes com dogmatismo chocante) à superstição estéril de que o domínio das causas ocultas das coisas é a verdade total, enquanto buscamos ao mesmo tempo o mesmo domínio por meios puramente materiais. O conhecimento enquanto poder — desvinculado da regra do amor, ou simplesmente de uma disciplina de prudente hesitação moral — pode ser a última verdade rumo à qual a cultura pós-cristã necessariamente gravita. Depois disso, se a história moderna da liberdade for o que eu já disse que ela é, logo, de certo modo, cada um de nós já é um feiticeiro, tentando invocar sua personalidade a partir do vácuo infinito de possibilidades indefinidas. E os mágicos de hoje realmente possuem os poderes que reivindicam: as energias ocultas da matéria foram realmente destrancadas, os segredos do cosmos, realmente decifrados e os campos da Física, Biologia, Química e assim por diante — as principais glórias da era moderna — também são agora lugares onde os monstros reais podem ser criados, e os terrores reais, convocados das profundezas da natureza.

Mais uma vez, acredito que eu possa me isentar de alarmismo, embora, a esta altura, minhas observações não emerjam de retrospecção nem de premonição, mas apenas da atenção ao presente. Não temo, devo dizer, que a raça honorável e engenhosa dos cientistas pesquisadores vá algum dia se libertar repentinamente dos grilhões da razão e da moralidade e se dedicar a projetos para exterminar a raça ou criar super-homens ou inventar novos tipos de armas biológicas e radioativas e então usá-las, apenas por curiosidade ou pela diversão que o exercício possa oferecer.

FEITICEIROS E SANTOS

Meu incômodo, em vez disso, tem a ver com o tipo de imaginário moral que se torna possível com o sumiço do cristianismo e numa era de tantas maravilhas, e como isso, com o passar dos anos, pode continuar a alterar lenta e persistentemente a forma como a cultura vê a natureza humana, ou até a experiência de ser humano. Pode-se pensar que ela seria ainda mais escandalosa do que já soa ouvir hoje, por exemplo, os respeitáveis filósofos, cientistas, palestrantes médicos e outros "bioéticos" no mundo acadêmico continuarem a defender a hipótese eugenista, mas fazendo-o em termos tão robustamente impiedosos. Por exemplo, o falecido Joseph Fletcher (1905-1991), que dificilmente seria tido como um filósofo público obscuro ou insignificante, se queixava abertamente de que a medicina moderna continuava a infectar nosso patrimônio genético pelo fato de preservar tipos genéticos inferiores, além de advogar o uso de coerção legal — incluindo abortos forçados — para melhorar a qualidade da raça. Era necessário fazer, segundo ele, tudo que fosse possível para poupar a sociedade do fardo dos espécimes "idiotas" e "doentes" e para desencorajar ou evitar que os padrões genéticos inferiores se reproduzissem. Afinal, afirmava ele, a reprodução não é um direito, e a lei deveria estabelecer um padrão mínimo de saúde que qualquer criança deveria cumprir antes que lhe fosse concedido adentrar este mundo. Ele também apoiou a proposta de Linus Pauling (1901-1994) de uma política segregadora dos geneticamente inferiores, tornando-os um grupo imediatamente reconhecível por meio da criação de marcas irremovíveis em suas testas, e sugeriu que a sociedade poderia se beneficiar de uma casta sub-humana de escravos humanos geneticamente produzidos para desempenhar funções perigosas ou degradantes. Fletcher não foi voz solitária e excêntrica no deserto. O filósofo Peter Singer defende o direito ao infanticídio para pais de bebês deficientes e tem sido um incansável defensor, ao lado de James Rachels, de políticas mais expansivas e flexíveis de eutanásia, aplicáveis em qualquer estágio da vida, livre das arcaicas mistificações cristãs a respeito da santidade de cada vida. "Transumanistas", como o biólogo Lee Silver, anseiam pelo dia em que a humanidade se responsabilizará por sua própria evolução, derrubando antigas restrições morais e se permitindo usar a engenharia genética a fim de transformar as gerações futuras de nossa descendência em deuses (possuidores até da imortalidade). Alguns dos transumanistas mais inebriados vislumbram até a possibilidade de um tipo de poligênese pós-humana, um processo pelo qual as separações entre espécies possam ser violadas, criando cepas híbridas — talvez homens com audição canina e presas de elefante, mulheres com asas e tentáculos de polvo, andróginos capazes de enxergar no escuro, respirar debaixo da água, mudar de cor e limpar as escamas de suas próprias costas com a língua. As possibilidades são infinitas.[1]

Os transumanistas devem obviamente ser ignorados, principalmente em nome do bom gosto, mas também porque a ciência genômica ainda não consegue nem remotamente prever o tipo de tecnologias orgânicas sobre as quais eles gostam de fantasiar. Porém, aqueles que defendem projetos mais modestos de engenharia genética e políticas mais vigorosamente ativas de eutanásia prudencial devem de fato ser levados a sério, em parte porque a ciência existe, e em parte porque um crescente número de pessoas dos mundos médico e acadêmico é simpático às suas posições. Em geral, devo dizer (e isso é provavelmente uma evidência das antigas preconcepções morais que continuam a escravizar meu pensamento), não estou certo do que é a necessidade premente de "melhorar" a raça. Não me parece que a ciência da evolução especial implique quaisquer imperativos éticos — afinal, essa é uma das formas de reconhecê-la como uma ciência —, e não estou seguro do que precisa ser corrigido nem por quê. Em sua forma mais severa, a síndrome de Down pode ser uma deficiência muito grave. Mas a maior parte dos que conhecem pessoas com síndrome de Down também sabe que a grande maioria delas parece ser mais capaz de se alegrar do que a média dos mortais, além de terem um dom espontâneo para a mansidão, a paciência e a esperança, o que é positivamente invejável. A vida delas não parece ser mais claramente empobrecida ou insignificante do que a daqueles acadêmicos especialistas em bioética, nem representa um fardo maior do que o enriquecimento é para outros tantos. Não consigo ver direito que crise é essa que tanto ameaça nossa raça a ponto de ditar que, em nome do bem maior, essas pessoas realmente devem ser descartadas no útero ou no

FEITICEIROS E SANTOS

berço. Ainda assim, para certo número de *bien pensants* com alguma voz nos debates sobre política social em muitos países do mundo desenvolvido, essa espécie de incompreensão soaria como estupidez agravada pela mais profunda irresponsabilidade.

É preciso admitir que ainda estou falando somente de um pequeno número de indivíduos em particular aqui e alguns manifestos idiotas morais. Além disso, vivendo no mundo acadêmico, sou familiarizado com essa espécie num nível potencialmente insalubre. Alguns deles, porém, são influentes, e não é inteiramente trivial que as ideias deles — que tempos atrás seriam certamente encaradas por qualquer pessoa como desvarios degenerados de sociopatas — soem estranhamente palatáveis e até moralmente convincentes para muitos de seus colegas. Logo, suas vozes podem ser manifestações agudas de uma condição mais crônica. De certo modo, essas ideias demonstram como até as pessoas cultas de hoje acreditam com facilidade — sem qualquer razão, a não ser por um preconceito intelectual irrefletido — que saber como os genes funcionam é a mesma coisa que ser autorizado a dizer o que uma pessoa é ou deveria ser. Essa é uma das muitas razões pelas quais suspeito que nossa "Idade da Razão" contemporânea é, de muitas maneiras, uma era de irracionalidade quase perfeita, precariamente postada à beira — e vez por outra escorregando para dentro — da mais pura barbárie. Suspeito que, num grau muito superior ao que tipicamente podemos imaginar, renegamos a razão em nome da magia: ou a magia da fantasia ocultista, ou a magia de uma idolatria amoral de nosso próprio poder sobre a realidade material. A razão, no sentido clássico e no cristão, é todo um estilo de vida, não o simples domínio estreito de certas técnicas de manipulação material, e certamente não é a certeza infantilizada de que tal domínio prova que apenas as realidades materiais existem. Uma vida racional é aquela que integra o conhecimento dentro de uma coreografia mais ampla de virtude, imaginação, paciência, prudência, humildade e comedimento. A razão não é apenas conhecimento, mas o conhecimento aperfeiçoado pela sabedoria. Na tradição cristã, a razão era louvada como uma coisa superior e preciosa, principalmente porque pertencia intrinsecamente à dignidade dos seres criados à imagem divina; e, sendo esse o caso, admitia-se que a razão também é sempre moralidade, e que se exige caridade de toda mente para que ela seja completamente racional. Mesmo que não se acredite em nada disso, porém, uma vida racional envolve a capacidade de captar o que não se sabe e de reconhecer que aquilo que se sabe pode não ser o único tipo de conhecimento genuíno que existe.

Pode muito bem ser que o "humanismo total" que já descrevi — essa fabulosa, impraticável e inverificável insistência cristã na infinita dignidade de cada alma e no infinito valor de toda vida — se revele apenas um período moral na história da cultura, impermanente, impondo-se por um tempo, mas fadado a desaparecer. Como ideal social, de fato, seus sucessos têm sido sempre perceptivelmente limitados. Não há razão para que uma visão mais "realista" (o que quase sempre quer dizer mais niilista) da bondade não volte a prevalecer entre nós ou entre nossos descendentes distantes. A ideia de que a humanidade avança incansavelmente na direção de formas de viver cada vez mais "racionais" e "éticas" é um mito moderno, o qual usamos para nos bajular por sermos o que somos e para justificar qualquer alteração que façamos em nossas preferências morais. No curso de muitos séculos, o cristianismo removeu os valores reinantes de uma civilização usando seus próprios valores e, por um tempo, seu conceito bastante extraordinário de humanidade, iluminado pelo sublime resplendor da caridade, tornou-se o sol radiante em torno do qual todos os outros valores foram feitos para girar, e é sob sua luz que se julgam o bem e o mal de cada ação. No entanto, tudo isso pode ter sido um sonho do qual começamos a acordar. Não há razão para supor que esse humanismo cristão, por seu turno, não será substituído por outro valor central, talvez um semelhante a certas ideias mais velhas a respeito do bem, talvez um inteiramente novo. Seja lá qual for o caso, contudo, parece bem provável que o futuro que nos acena será um que abrirá espaço considerável, em suas deliberações sobre o valor da vida humana, para um cálculo de utilidade francamente insensível.

Portanto, eu aconselharia todos aqueles aos quais Daniel Dennett gosta de se referir como os *brights* — ou seja, todos aqueles homens e mulheres decentes, conscienciosos e fulgurantemente inteligentes, do tipo que jamais

FEITICEIROS E SANTOS

levaria ideias religiosas a sério — a não ficarem terrivelmente consternados se seu *ethos* polidamente humanitário se provar no fim menos duradouro do que podiam imaginar. Para usar a metáfora merecidamente famosa de Richard Dawkins (a qual infelizmente ele mal compreende que é uma metáfora), "memes" como "direitos humanos e "dignidade humana" podem não continuar a se replicar indefinidamente caso o meme cristão do "infinito valor de cada vida" feneça. É verdade que um bom exemplo da chamada falácia genética é supor que o valor ou significado de uma ideia está sempre limitado ao contexto no qual ela surgiu; só porque algumas premissas morais se fundaram no passado cristão não significa que cessarão de ter peso para aqueles que não creem mais. Mas também é verdade que ideias se relacionam entre si não apenas geneticamente, mas estruturalmente. Se as crenças, histórias ou princípios lógicos que deram vida a uma ideia não estão mais presentes, logo a ideia perde seu ambiente orgânico e, a menos que outro organismo ideológico possa absorvê-la com êxito, perecerá. Se há um Deus de amor e bondade infinitos, do qual cada pessoa é uma imagem, então certas conclusões morais devem ser tiradas; se não há, nenhuma delas faz sentido. Ao fim, muitas culturas se desenvolveram muito bem sem jamais terem adotado nossas preconcepções humanistas; não há razão para que não nos pareçamos mais com eles do que eles se parecem conosco. Como já sugeri, Nietzsche foi uma figura profética exatamente porque, quase isolado dos outros inimigos do cristianismo, ele entendeu as implicações da derrocada do cristianismo na cultura que ele assombrou por tantos séculos. Compreendeu que o esforço de descartar a fé cristã mantendo os melhores e mais amáveis elementos de sua moral estava fadado à derrota e, ainda, que mesmo nossas queridas virtudes "iluministas" podem se revelar, no fim, meros parasitas das predileções culturais de uma herança agonizante — e, portanto, é provável que também se destinem a um esquecimento.

Ou talvez não. Há pouco sentido em prognósticos extremos, carregados de desgraça. A forma do futuro pode ser legível em certos contornos do presente, mas o movimento de evolução da cultura invariavelmente foge do alcance de nossa prospectiva quando tentamos segui-la até muito longe de onde estamos. Conforme concluo meu argumento, basta-me declarar meu ceticismo, não somente com respeito aos nossos modernos hábitos de pensamento mágico, mas também com relação a muitas das maiores reivindicações da modernidade em defesa de seu caráter moral, político e racional. Os ideais superiores que movem esse projeto secular são emprestados, mesmo que vez por outra tenham sido profundamente modificados por seus novos usos; tomada por si só, a moderna ordem pós-cristã provou ser uma bizarra fusão do banal e do homicida por tempo demais para ganhar esse crédito. E estou apreensivo, confesso, em relação a certo movimento reativo, e até contrarrevolucionário, do recente pensamento moderno de volta às mais severas economias espirituais da sociedade pagã, afastando-se do elevado (e é preciso admitir, irrealista) personalismo ou humanismo com o qual a antiga revolução cristã tingiu nossa consciência cultural, ainda que sem o êxito de formatá-la totalmente. A defesa açucaradamente "racional" do infanticídio prudencial, por exemplo, naturalmente me relembra uma das práticas da Antiguidade de expor as crianças rejeitadas (embora falte aí a antiga devoção que deixava o destino da criança abandonada para os deuses). Parece-me bem razoável imaginar que, cada vez mais, a religião do Deus-homem, que convoca os seres humanos a se tornarem deuses criados por meio da caridade, será substituída novamente pela religião mais antiga do homem-deus, que extrai sua divindade do material indomável de sua humanidade e apenas por meio dos esforços de sua vontade. Uma religião assim de modo algum se expressará através de um novo César, um novo imperador ou um *Führer*; suas operações serão mais "democraticamente" difusas pela sociedade como um todo. Mas uma religião assim sempre matará e depois chamará isso de justiça, compaixão ou triste necessidade.

Devo salientar aqui — não para me despedir num tom pesaroso, mas somente para iluminar minhas intenções — que não escrevi este livro como algum tipo de exortação desesperada a uma improvável renovação religiosa geral. Tal renovação pode de fato se dar, imagino, conforme o Espírito se move, e como resultado de forças políticas e sociais que não tenho como prever. Mas procedi sempre partindo do pressuposto de que,

FEITICEIROS E SANTOS

no Ocidente moderno, a situação do cristianismo na cultura em geral é, no mínimo, análoga à condição do paganismo nos dias de Juliano, embora não esteja necessariamente tão moribundo. De qualquer forma, não prevejo uma recuperação nas atuais circunstâncias, nem posso, no momento, imaginar como essas circunstâncias podem mudar. Mesmo nos Estados Unidos, suponho, independentemente da especial hospitalidade a êxtases transcendentais e devoções persistentes, os hábitos intelectuais e morais do materialismo vão, por fim, prevalecer num grau ainda maior do que há na Europa. E nem uma pessoa nem um povo pode manter sua crença apenas por temer as consequências de sua ausência. Por um lado, o cristianismo permeia tudo que somos, mas, por outro, está desaparecendo, e o resultado é que estamos mudando; e algo novo está por vir à luz num processo que toma séculos. Creio que alguma espécie de invocação do poema "The Second Coming" (O segundo advento, em tradução livre), de Yeats, seria adequada aqui, mas a força estranha e perturbadora de seus versos há tempos foi irreparavelmente enfraquecida pelo uso abusivo. Portanto, pode ser melhor simplesmente notar que aquilo que é ser humano para nós — ou seja, aquilo de que nossos imaginários estéticos e morais são capazes — se determina pela narrativa que abrange a realidade que habitamos. Para qualquer povo, o que vem em primeiro lugar é sua narrativa, e então tudo que é possível para um povo se torna concebível dentro daquela história. Por séculos, o relato cristão moldou e inundou nossa civilização; porém, lenta, mas inexoravelmente, outro relato agora o substitui, e qualquer tentativa de reverter esse processo é provavelmente fútil. Não somos pagãos; não somos motivados pelos desejos deles; nem nos perturbamos hoje com as inquietudes deles. Vivemos depois da era da cristandade, e culturas não voltam facilmente às crenças que esgotaram ou com as quais se desencantaram.

Porém, aqui talvez a história da Antiguidade cristã ofereça uma lição da qual os cristãos podem obter algum conforto. Foi justamente quando o cristianismo estava à beira de assumir o poder social e político, durante os dias das últimas e ineficazes perseguições à Igreja, que o movimento monástico começou a florescer no deserto do Egito; e, depois da conversão de Constantino, esse movimento cresceu em escala notável. De fato, tornou-se uma moda tal que logo suas fileiras se incharam com "monges" de caráter moral visivelmente questionável (já que, em primeiro lugar, não havia mosteiros e abadias para controlar a onda). Daí vieram aquelas gangues notórias da ralé vestida de preto, que gostavam de invadir templos pagãos no fim do quarto século e depois, no quinto, agiram como tropas de choque para várias facções teológicas. Porém, esses contos são tão grotescos que tendem a nos distrair do significado e da natureza da maioria (bastante pacífica) do movimento monástico e das carreiras um pouco menos agitadas, se bem que mais luminosas, daqueles primeiros pais do deserto (e logo das mães do deserto) que se afastaram para o ermo a fim de se dedicar à oração, ao jejum e ao cultivo da "caridade perfeita". Foi a partir deles que outra corrente se abriu dentro da cultura cristã: a da renúncia ao poder, mesmo quando esse poder foi, por fim, concedido à Igreja, e de um apego à pobreza como rebelião contra a abundância, uma recusa obstinada a esquecer que o Reino de Deus não é deste mundo. Os ditados dos pais do deserto foram copiosamente preservados, e são fascinantes testemunhos do nascimento de uma nova regulação espiritual bem no centro do império cristianizado, uma comunidade cuja única preocupação era descobrir o que realmente significava amar a Deus e ao próximo, eliminar da alma a inveja, o ódio e o ressentimento, e buscar a beleza de Cristo nos outros. Esses ditados refletem, entre outras coisas, o que bem pode ser chamado de heroísmo do perdão, uma simplicidade que muitas vezes se mostra sábia de maneira pungente, uma psicologia que, com mesma frequência, é penetrantemente sutil. E a lógica que orientava as vidas que eles viviam era aquela da guerra espiritual — ou seja, agora que o império se rendeu a Cristo e não poderia mais ser encarado como parte pertencente ao reino de Satã, os pais do deserto levaram consigo para a terra selvagem a revolução cristã contra os antigos poderes, a fim de renovar a luta no campo de batalha do coração. E isso, penso eu, pode ser tomado como o último momento revolucionário dentro do cristianismo antigo; a revolta contra o seu próprio sucesso, a preservação de suas mais preciosas e inalteradas aspirações espirituais contra seu poder próprio se-

FEITICEIROS E SANTOS

cular (talvez se preparando para o dia em que tal poder não mais existisse) e seu repúdio a todo valor que, nascido do mundo decaído, pudesse tirar o amor do centro da fé cristã.

Pode ser que, no fim, isso se torne de novo o modelo adequado de cristianismo para o recente Ocidente moderno. Obviamente, não estou falando de um novo grande movimento monástico. Só quero dizer que, nas terras em que a velha cristandade já largamente desapareceu, a vida daqueles homens e mulheres antigos que se dedicaram à ciência da caridade, exilando-se voluntariamente de um mundo de prestígio social e poder, talvez se torne, de novo, o modelo que os cristãos se verão impelidos a imitar. A consciência cristã uma vez buscou o deserto como um abrigo contra o império, um lugar onde aqueles que acreditavam podiam lutar para cultivar um olhar puro (que pudesse ver todas as coisas como dádivas de Deus) e o coração puro (que pudesse receber todas as pessoas com amor generoso); agora, uma grande parte da cultura ocidental ameaça se tornar algo como um deserto para os que creem. Em outras partes do mundo, uma nova cristandade pode estar no processo de vir à luz — na África e na Ásia, e de outra forma na América Latina —, mas o que surgirá disso é impossível dizer. Vivemos numa era de tamanha fluidez cultural, demográfica, ideológica e econômica que o que parece ser um grande movimento agora pode nos surpreender em pouquíssimos anos por sua transitoriedade. Inúmeras forças estão competindo pelo futuro, e o cristianismo pode ser consideravelmente mais fraco que seus rivais. Contudo, isso não deve ser razão para desespero dos cristãos, já que precisam acreditar que sua fé não é somente uma lógica cultural, mas uma verdade cósmica, que jamais poderá ser definitivamente derrotada. Mesmo assim, pode ser que os cristãos que vivem entre as ruínas da velha cristandade — morando talvez nas mais distantes fronteiras de uma civilização cristã que pode tomar corpo em outros lugares — tenham que aprender a continuar a missão de sua antiga revolução no deserto, para onde, em várias épocas, a fé muitas vezes julgou necessário se recolher.

Posfácio: A ralé de Cristo

Por dois anos e meio, trabalhei numa tradução do Velho Testamento para a Yale University Press, recentemente concluída.* Não deveria ter demorado tanto, mas um longo período de saúde debilitada atrapalhou minha vida logo quando o processo estava se encaminhando. O único resultado bom disso foi que o atraso me obrigou a fazer uma abordagem da tarefa ainda mais reflexiva e deliberada do que aquela que antes eu pretendia; e, por sua vez, isso me fez absorver certas conclusões sobre o mundo da Igreja primitiva em um nível mais profundo do que o que eu poderia prever. Preciso admitir que eu já conhecia a maioria delas, ainda que fossem, muitas vezes, pouco mais do que sombras vistas através de um véu de hábitos convencionais do pensamento teológico — por exemplo, quão realmente forte é o dualismo, nas cartas de Paulo e em qualquer outro lugar do Novo Testamento, entre "carne" e "espírito"; ou como as formulações que parecem implicar uma salvação universal superam em número aquelas que soam como ameaça de destruição final dos iníquos. Mais uma vez, nada disso me surpreende; apenas me despertou da complacente presunção de que, simplesmente por ler o texto grego há muitos anos, eu teria um ouvido natural para o seu tom.

Contudo, o que de fato me surpreendeu foi o grau profundamente melancólico e quase kierkegaardiano da sensação que a experiência toda me

---

* *The New Testament: a Translation* (Yale University Press, 2017). Este artigo foi publicado primeiramente em setembro de 2016, no site commonwealmagazine.org, e posteriormente como prefácio à obra referida. [*N. do T.*]

trouxe: a de que a maioria de nós, que atendemos pelo nome de "cristãos", deveria desistir da pretensão de querer ser cristão — ao menos se essa palavra significar não apenas alguém que foi batizado, ou que adotou um conjunto particular de observâncias religiosas e crenças, mas algo mais ou menos próximo daquilo que Nietzsche quis dizer quando afirmou que só houve um cristão na história humana, e que ele morreu na cruz. Dessa maneira, creio ser razoável indagar não se somos cristãos (já que, por esse padrão, tudo fica aquém), mas se poderíamos mesmo desejar ser, nos nossos mais delirantes devaneios, a espécie de pessoas que o Novo Testamento descreve como compatíveis com o padrão da vida em Cristo. E penso que a resposta mais óbvia é que não poderíamos. Não quero dizer somente que a maioria de nós acha custosos os requisitos morais estabelecidos nas escrituras cristãs, embora esse também seja o caso. Nisso reside o profundo conforto provido pela magistral fantasia protestante de que o apóstolo Paulo atacou algo chamado "justiça das obras" em favor de uma "justificação" pela graça, puramente extrínseca — o que, infelizmente, ele não fez. Paulo rejeitou apenas a noção de que alguém pudesse ser "provado justo" pelas obras da Lei — observâncias rituais, como a circuncisão ou a obediência às restrições *kosher* —, mas também insistiu claramente, assim como Cristo, em que todos serão julgados no fim conforme seus atos (Romanos 2:1-16 e 4:10-12, 1 Coríntios 3:12-15, 2 Coríntios 5:10, Filipenses 2:16, e assim por diante). Em vez disso, quero dizer que a maioria de nós se incomodaria bastante com os cristãos realmente moldados no espírito do Novo Testamento: civicamente condenáveis, ideologicamente insensatos, economicamente destrutivos, politicamente irresponsáveis, socialmente reprováveis e, de fato, um pouco indecentes.

Talvez minha melancolia tenha se aprofundado por um acaso do tempo. A fase final do meu trabalho de tradução coincidiu com meu envolvimento numa série de debates públicos que iniciei quando escrevi uma pequena coluna para o site *First Things*, elogiando o papa Francisco por sua encíclica de então, *Laudato sì*, e que prolonguei por contribuir com outro artigo para o mesmo veículo, em que defendi a essencial incompatibilidade do cristianismo com a cultura do capitalismo. Meu argumento básico era que

POSFÁCIO

a cultura do capitalismo é necessariamente secularista, independentemente de quanto tempo durem as intuições e os costumes pitorescos da devoção popular em alguns de seus cidadãos; que o laicismo é simplesmente o capitalismo em sua plena manifestação cultural; que o recente "consumismo" capitalista — com seu respectivo *ethos* de voluntarismo, ganância exuberante e infinita, egocentrismo, "luxúria dos olhos" e relativismo moral — não é um acréscimo casual a um sistema econômico essencialmente benigno, mas o resultado inevitável dos valores capitalistas mais fundamentais. Nem todo mundo concordou. As declarações mais representativas da posição contrária foram dois artigos sinceros de Samuel Gregg no site *Public Interest*, nenhum deles tratando dos meus verdadeiros argumentos, mas ambos identificaram corretamente minha hostilidade à apologética dos libertários. E, em pelo menos um ponto, Gregg de fato me pegou em flagrante: eu de fato disse que o Novo Testamento, de forma bastante alarmante, condena a grande fortuna pessoal não como mero perigo moral, mas como um mal intrínseco. Não, replicou ele com tranquila segurança, não é a fortuna em si que o Novo Testamento condena, mas apenas uma preocupação nociva com ela (idolatria das riquezas, esbanjamento, riqueza ganha de forma imoral); a riqueza por si só, insistiu ele, não é nem boa nem má. Parece ser um argumento eminentemente racional, presumo. Todos nós decerto já o ouvimos antes, sendo quase um truísmo.

Aqui, porém, meus mais de dois anos labutando nas vinhas do grego *koiné* me tornaram imune à visão racional das coisas. Pois, embora Gregg tenha o senso comum do seu lado, tenho do meu os textos bíblicos reais, e eles são tão inequívocos que é quase cômico que alguém duvide de seus significados. É preciso admitir que muitas traduções ao longo dos séculos tiveram um efeito emoliente sobre alguns dos mais severos pronunciamentos do Novo Testamento. Mas isso é uma velha história. Clemente de Alexandria pode ter sido o primeiro — no tempo em que a fé tinha acabado de se espalhar amplamente entre as classes mais confortavelmente situadas no império — a aplicar um lustro reconfortante à crua retórica das escrituras sobre riqueza e pobreza. Ele distinguiu a pobreza que importa (humildade, abnegação, pureza espiritual, generosidade) da pobreza que não importa (indigência material real) e assegurou aos cristãos com posses que, enquanto cultivassem a primeira, não precisariam se submeter a essa última. E, ao longo da história cristã, mesmo entre os poucos que se incomodaram de consultar as Escrituras nessa questão, essa em geral tem sido a interpretação das sentenças de Cristo (e de Paulo e de Tiago) para ricos e gastadores. No começo da era moderna veio a Reforma, e isso foi — entre outras coisas — um movimento rumo a uma forma de cristianismo adequada às necessidades da classe média emergente e à complacência espiritual que uma cultura de crescente segurança material requereu encarecidamente de sua religião. Assim toda a ansiedade moral se tornou uma espécie de patologia espiritual, a heresia de "fazer o que é justo", mero pelagianismo.* A Graça nos libertara não apenas das obras da Lei, mas da agonia espiritual de buscar a santidade por meio de nossos atos. De certo modo, as boas-novas anunciadas pelas Escrituras eram as de que Cristo tinha nos salvado do fardo do cristianismo.

Talvez isso seja um pouco injusto. É impossível, de uma forma ou de outra, não se comover com a santificação protestante do ordinário. Há certo deleite em ver revelada, tal como se revelou a Kierkegaard, a figura do "cavaleiro da fé" como a de um burguês rechonchudo e satisfeito, caminhando feliz para casa, com sua mente voltada para nada além do rosbife que o aguarda. O heroísmo espiritual do cotidiano é uma ideia tão sedutora que pode ter se constituído na única e maior contribuição imaginativa do protestantismo à cultura cristã como um todo. Até para um católico moderno como G. K. Chesterton, uma das maiores vantagens espirituais da "fé" sobre os credos dos outros povos era seu robusto apetite por "cerveja e bife" — um sentimento que, em sua superfície, trazia certo medievalismo alegre em si, embora poucos cristãos medievais pudessem ter compreendido. Eu certamente o julgo bastante tentador. Mas, se isso for de fato um genuíno desdobramento de alguma lógica implícita no

---

* Doutrina herética que negava o pecado original e seus efeitos na humanidade, depositando enorme crença no livre-arbítrio e na força moral individual. Formulada pelo monge Pelágio da Bretanha, falecido por volta de 425 d.C. [N. do T.]

POSFÁCIO   301

Evangelho, conforme seus proponentes insistem, trata-se de uma lógica que ficou completamente invisível para quem redigiu as escrituras cristãs. Porque se há algum estoque notavelmente baixo no Novo Testamento, é o de senso comum. Os Evangelhos, as epístolas, Atos, Revelação — todos eles são torrentes inesgotáveis de exorbitância e extremismo: mandamentos como o de se tornar tão perfeito quanto Deus nos seus céus e o de viver tão despreocupadamente quanto os lírios do campo; punições ao olhar cobiçoso equivalente à de adultério e aos pensamentos perversos contra alguém equivalentes às de assassinato; ordens de venda de todas as posses e dar o faturado aos pobres; e as exigências de odiar pai e mãe em nome do Reino e de deixar que os mortos enterrem seus mortos. O extremismo não é mera presença casual nos textos; é toda a atmosfera cultural e espiritual deles. O Novo Testamento emerge de um cosmos regido por principados celestiais malignos (vencidos por Cristo, mas poderosos até o fim) e com uma ruptura entre espírito e carne (um, segundo Paulo, ansiando por Deus; o outro se opondo totalmente a ele). Não há medianas confortáveis nessas latitudes, nem zonas cinzentas. Tudo é apresentado sob a luz agressiva do julgamento final, e esse julgamento é absoluto. Com respeito a todos esses textos, a interpretação ponderada, moderada e guiada pelo senso comum é sempre falsa.

É inegável que há textos que condenam uma obsessão idólatra por riqueza, os quais podemos considerar que não dizem nada além disso. Pelo menos, 1 Timóteo 6:17-19 é frequentemente citado como um exemplo disso — embora (veja adiante) não devesse sê-lo. Talvez seja apenas necessário, a fim de evitar a tentativa de servir a Deus e Mamon, ter a atitude correta em relação à riqueza. Mas, se isso for tudo que o Novo Testamento tem a dizer sobre o assunto, logo seria de se esperar que esses textos fossem equilibrados por outros que afirmassem a benignidade essencial da riqueza honestamente adquirida e bem usada. No entanto, isso é justamente o que não encontramos. Em vez disso, são balanceados por sanções ainda mais intransigentes contra a riqueza em si. Certamente, Cristo condenou não apenas a preocupação nociva com as posses, mas o ganho e o acúmulo

302 POSFACIO

delas como tais. A citação mais óbvia dos três Evangelhos sinópticos seria a história do jovem e rico governante que não conseguia se desapegar de sua fortuna em nome do Reino, e o espantoso alerta de Cristo sobre camelos passando através de um buraco de agulha mais facilmente do que os homens abastados pelo portão do Reino. Em relação às perguntas feitas a Cristo pelos discípulos, elas deveriam ser traduzidas não como "Quem então pode ser salvo?" ou "Alguém pode ser salvo?", mas como "Então alguém [entre os ricos] pode ser salvo?". A sóbria resposta é que é humanamente impossível, mas que, pelo poder divino, qualquer um pode ser poupado.

No entanto, é possível procurar a confirmação da mensagem em todos os evangelhos. Cristo fala exatamente o que quer dizer quando cita o profeta: "Ele foi ungido pelo Espírito de Deus para pregar boas-novas aos pobres" (Lucas 4:18). Aos prósperos, as novas que ele traz são decididamente sombrias: "Ai de vós que sois ricos, pois recebem vosso conforto plenamente; ai de vós que estais saciados, pois tereis fome; ai de vós que hoje ríeis, pois lamentareis e chorareis" (Lucas 6:24-25). Outra vez, talvez muitas das práticas que Cristo condena nos regentes daquele tempo fossem meros usos indevidos de poder e propriedades; mas isso não chega a exaurir a força retórica de seus ensinamentos como um todo. Ele não apenas exige que demos generosamente aos que nos pedem (Mateus 5:42) e que façamos isso com uma prodigalidade tal que uma mão ignore a magnanimidade da outra (Mateus 6:3); ele explicitamente *proíbe* o acúmulo de riquezas terrenas — não apenas o ajuntamento obsessivo delas — e em vez disso permite apenas o empilhamento de tesouros nos céus (Mateus 6:19-20). É realmente assombroso como os cristãos raramente se dão conta de que esses conselhos são declarados, muito decididamente, como mandamentos. Afinal, como disse Maria, parte da promessa de salvação do evangelho é que o Senhor "encheu os famintos de boas coisas e mandou os ricos embora com fome" (Lucas 1:53).

A compilação de passagens, porém, não tem fim. O que é mais importante reconhecer é que todos esses pronunciamentos sobre riqueza e pobreza pertencem a uma sensibilidade moral que satura as páginas do Novo Testamento. Ela está, por exemplo, nas censuras de Paulo à *pleonektia*

POSFÁCIO 303

(muitas vezes traduzida como "ganância", mas que, na verdade, significa qualquer desejo de aquisição), ou nas condenações da *aischrokerdes* nas Epístolas Pastorais (muitas vezes vertidas como "torpe ganância", mas que de fato se refere à sordidez de buscar lucro financeiro para si). Tiago (5:1-6) talvez seja quem o afirma de maneira mais clara:

> Vinde agora, vós que sois ricos, chorai e pranteai as desgraças que virão sobre vós; vossas riquezas se deterioraram, e as traças comeram vossas vestes; vosso ouro e vossa prata se corroeram; e a ferrugem deles será testemunha contra vós e consumirá vossas carnes como fogo. Estocastes tesouros nos últimos dias! Vede, gritam os salários que tardastes a dar aos trabalhadores que ceifaram os vossos campos, e os gritos daqueles que ceifaram os vossos campos chegaram ao ouvido do Senhor dos exércitos. Vivestes em luxúria e vivestes deleitosamente sobre a terra; engordastes os vossos corações como num dia de abate. Condenastes e matastes o justo; ele não resistiu a vós.

Bem, podemos ler isso, se quisermos, como um grave aviso emitido apenas contra as pessoas ricas que agiram de forma injusta contra seus empregados e que vivem entre excessivas mordomias. Mas, se assim o fizermos, estaremos na verdade invertendo o texto. Pouco antes na epístola, Tiago (1:9-11) já havia afirmado que, enquanto o "irmão pobre" deveria exultar sobre como Deus o exaltou, o "homem rico" (o qual, ao que parece, mal merece o nome de "irmão") deveria se rejubilar por ter sido "rebaixado" ou "empobrecido", caso contrário murchará e desaparecerá como uma flor silvestre chamuscada pelo sol. Ele também lembrou seus leitores de que "Deus escolheu os pobres para serem ricos em fé e herdarem o Reino", e que os ricos, por sua vez, precisam ser reconhecidos como opressores, perseguidores e blasfemos contra o santo nome de Cristo (Tiago 2:5-7). Tiago chega a alertar seus leitores contra a presunção de planejar lucros em iniciativas de negócios na cidade (Tiago 4:13, 14). E todo esse *leitmotiv* só atinge seu clímax naqueles versos citados anteriormente, que sentenciam obviamente não apenas aqueles cujas riquezas foram obtidas de forma injusta, mas todos os que são ricos como opressores de trabalhadores e amantes do luxo. Propriedade é roubo, ao que parece. Justo ou não, o texto não faz distinção entre boas e más riquezas — não mais do que o próprio Cristo fez.

Imagino que os primeiros cristãos eram comunistas por isso, conforme o livro de Atos declara de forma bastante explícita. Se estes são de fato os Últimos Dias, conforme Tiago diz — se tudo agora deve ser visto à luz do juízo final —, logo acumular posses para nós mesmos é o máximo da imprudência. E imagino que é também por isso que as gerações subsequentes de cristãos não foi, via de regra, comunista: os Últimos Dias parecem estar demorando demais para passar, e temos famílias para criar nesse meio-tempo. Mas, na aurora da fé, pouco importava obter uma vida decente neste mundo a longo prazo. Assim, os primeiros que se converteram em Jerusalém depois da ressurreição, como preço de se tornar cristãos, venderam todas as suas propriedades e bens, distribuíram a fatura àqueles necessitados e então se alimentaram, compartilhando seus recursos em refeições comunitárias (Atos 2:43-46). Ser um seguidor do Caminho era renunciar a cada reivindicação de propriedade privada e consentir na posse comunitária de tudo (Atos 4:32). Barnabé, ao se tornar cristão, vendeu seu terreno e repassou todo o dinheiro aos apóstolos (Atos 4:35) — enquanto Ananias e Safira não o seguiram, com consequências um tanto infelizes.

Mesmo aqueles versículos de 1 Timóteo 6 que mencionei antes não são sequer suaves e moderados como costumamos pensar que são. Pouco antes, no mesmo capítulo, o texto nos recorda de que nada trouxemos a este mundo, que não podemos levar nada conosco quando o deixarmos e que devemos nos contentar com comida e roupas suficientes. Ele também nos fala que todos os que buscam riquezas — não somente todos aqueles que as procuram de forma injusta — se deixaram enlaçar por desejos que vão levá-los à ruína: porque um "apreço pelo dinheiro é a raiz de todos os males", e aqueles que buscam riquezas se perderam (*apeplanēthēsan*) da fé e se entregaram a dores perfurantes (6:7-10). É verdade que o versículo 17 apenas aconselha os ricos a não ser "arrogantes" ou ter "espírito altivo" (a depender de como se interpreta isso), e a não depositar sua confiança

POSFÁCIO

na "incerteza" (ou melhor, na "dissimulação" de suas riquezas) em vez de na prodigalidade da providência de Deus. Mas o versículo 18 vai além e lhes diz para não apenas se tornarem ricos em boas obras, mas também se tornarem...— bem, aqui as traduções habituais seguem a linha de "generosos" (*eumetadotous*) e "pessoas que compartilham" (*koinōnikous*), mas as melhores versões seriam algo como "pessoas prontas para distribuir" seus bens, no primeiro caso, e algo como "comunalistas" ou "comunistas" ou "pessoas que têm todas as suas posses em comum" na segunda. (Uma propriedade que é *koinōnikon* é algo mantido em comum ou por um corpo de pessoas; portanto, uma pessoa *koinōnikos* é certamente não apenas alguém que vez por outra faz doações a seu próprio critério.) Só então, diz o verso 19, podem os ricos agora "estocar" uma boa fundação para a era que virá, e buscar se apossar da "vida que é real". E essa parece ter sido a filosofia social da Igreja primitiva em geral. Quando o cristianismo chegou a Edessa, por exemplo, seus adeptos prontamente se tornaram uma espécie de ordem mendicante, possuindo aparentemente quase nada. Nas palavras daquele manual dos primórdios da vida cristã, a *Didache*, um cristão nunca deve alegar que alguma coisa é propriedade sua, mas deve possuir todas as coisas em comunhão com seus irmãos (4:9-12).

O que me leva de volta ao ponto inicial. Confesso que não sei realmente o que fazer dessas observações, ou como lidar com as prescrições mais custosas e os julgamentos mais severos do Novo Testamento. A maioria de nós no Ocidente moderno, em comparação com outros povos e épocas, pode muito bem se julgar rica. Nem posso fingir que tenha algum dia me lançado à pobreza — exceto no sentido em que um queixo desprotegido se lança ao punho que o soca. Porém, o que sei é que não tenho fundamentação boa o suficiente para tratar esses receituários e julgamentos como meras hipérboles de exortação.

Ao longo da história da Igreja, cristãos têm desejado ardentemente acreditar que o Novo Testamento afirma o tipo de pessoas que somos, em vez de — como de fato é o caso — o tipo de pessoas que não somos e que realmente não queremos ser. A primeira coisa a ser entendida a respeito das primeiras gerações de cristãos — e talvez a mais crucial — é que eles eram uma guarnição de extremistas, radicais em sua rejeição aos valores e prioridades da sociedade, não apenas naquilo que ela tinha de mais degenerado, mas muitas vezes naquilo que havia de mais racional e decente nela. Eles eram a ralé. Ligeiramente dispensaram todas as prioridades e conexões anteriores: religião, império, nação, tribo e até família. De fato, longe de ensinar "valores familiares", Cristo notavelmente desdenhou da família. E a decência da ordem civil, como respeitabilidade social, aparentemente não tinha importância para ele. Não apenas não prometeu sucesso mundano aos seus seguidores (nem mesmo o sucesso de tornar as coisas melhores para os outros) como lhes disse que esperassem por um Reino que não era deste mundo, e lhes prometeu que neste mundo eles colheriam apenas repúdio, perseguição, tribulação e fracasso. Apesar disso, também os instruiu a não se preocupar com o amanhã.

Esse era o padrão de vida que os primeiros cristãos acreditavam ter sido dado a eles por Cristo. Como eu disse, duvido que os estimássemos muito, caso os encontrássemos hoje. Felizmente, para nós, aqueles que tentaram ser como eles sempre foram poucos. Clemente de Alexandria pode ter feito uma sincera tentativa de acomodar o evangelho às realidades do império cristão, mas foram aqueles outros egípcios, os Pais do Deserto, que levaram o Evangelho ao pé da letra. Mas quantos de nós podemos viver dessa forma? Quem pode imitar aquela obstinação e perversidade? Para viver conforme o Evangelho exige, precisaríamos nos tornar forasteiros e peregrinos na Terra, sem ter uma cidade permanente, a fim de pertencer a um Reino que realmente não é deste mundo.

E certamente não podemos fazer isso, podemos?

Notas

1. O evangelho da descrença

1. Daniel C. Dennett, *Breaking the Spell: Religion as a Natural Phenomenon* (Nova York: Viking, 2006) [*Quebrando o encanto*: a religião como fenômeno natural. Tradução de Helena Londres. Rio de Janeiro: Editora Globo, 2012]; Richard Dawkins, *The God Delusion* (Nova York: Houghton Mifflin, 2006) [*Deus, um delírio*. Tradução de Fernanda Ravagnani. São Paulo: Companhia das Letras, 2007]; Christopher Hitchens, *God is Not Great: How Religion Poisons Everything* [*Deus não é grande*: como a religião envenena tudo. Tradução de George Schlesinger. Rio de Janeiro: Globo Livros, 2016]; Sam Harris, *The End of Faith: Religion, Terror, and the Future of Reason* [*A morte da fé*: religião, terror e o futuro da razão. Tradução de Isa Mara Lando e Cláudio Carina. São Paulo: Companhia das Letras, 2009].
2. *New York Times*, 11 dez. 2005.
3. Libânio, *Oração* XXX.32.
4. David Bentley Hart, "Daniel Dennett hunts the Snark", *First Things*, jan. 2007.

3. Fé e razão

1. Tradução a partir da edição inglesa: Jacques Le Goff, *Medieval Civilization, 400-1500*, trad. em inglês de Julia Barrow (Oxford: Basil Blackwell, 1988), p. 316. [Edição brasileira: *A civilização do ocidente medieval*. Tradução de Monica Stahel. Petrópolis: Vozes, 2018.]

2. Ver Guenter B. Risse, *Mending Bodies, Saving Souls: A History of Hospitals* (Oxford: Oxford University Press, 1999).

3. Ver, por exemplo, John Bossy, *Christianity in the West: 1400-1700* (Oxford: Oxford University Press, 1985).

4. Não é preciso procurar minuciosamente para descobrir esse sentimento em Gibbon, claro, mas a frase pode ser encontrada literalmente no prefácio de 1776 para o primeiro volume de *Declínio e queda do império romano*, omitido em muitas edições modernas.

5. William Manchester, *A World Lit Only by Fire: The Medieval Mind and the Renaissance: Portrait of an Age* (Boston: Little, Brown, 1992). [*Fogo sobre a terra*: a mentalidade medieval e o Renascimento. Tradução de Fernanda Abreu. Rio de Janeiro: Ediouro, 2004.]

4. A noite da razão

1. Jonathan Kirsch, *God against the Gods: The History of the War between Monotheism and Polytheism* (Nova York: Viking Compass, 2004), p. 278.

2. Sabemos da presença da Septuaginta na biblioteca pela *Carta de Aristeias*, cujo autor parece ter sido um erudito judeu que escrevia no segundo século antes de Cristo. A carta também fala de um arquivo de 200 mil pergaminhos até então, um número quase inimaginável de tão grande para os padrões da época e considerando-se o espaço requerido para tamanha coleção. No primeiro século d.C., Sêneca, em seu *De tranquilitati animi* IX, 5, fala da perda de 40 mil livros quando a biblioteca foi destruída, assim como Paulo Orósio no começo do século V, embora alguns códices (menos fidedignos) de ambas as obras mencionem 400 mil. No segundo século d.C., Aulo Gélio, em suas *Noites áticas* VII, 17, fala tanto em 70 mil quanto em 700 mil, embora o último número tenha sido fixado no imaginário no fim do século IV, quando Amiano Marcelino escreveu sua história. Ainda no século IV, Epifânio, em seu *De mensuris et ponderibus*, fala de 54,8 mil; e Isidoro de Sevilha, por volta do início do século VII, registra o número de 40 mil em suas *Etimologias*, enquanto João Tzetzes, no século XII, o expande novamente para 400 mil. É impossível afirmar

NOTAS

que o "incêndio de César" realmente ocorreu, ou mesmo que a biblioteca tenha sido consumida nele. O relato parece ter sido recontado por Lívio, a julgar pela *Epítome* compilada por Floro, no século II (os livros relevantes da história de Lívio foram perdidos), e, ao longo do século I, Plutarco tratava a destruição da biblioteca atribuída a César como fato consumado, assim como Amiano Marcelino três séculos depois. Dião Cássio, no começo do século III, recontou a história do incêndio no celeiro. Estrabão (c. 64 a.C.-23. d.C.) já fala da biblioteca como algo num passado distante em sua *Geografia* II, 1, 5.

3. Aftônio, no fim do século IV, em seu *Progymnasmata* 12, fala de espaços entre as colunatas do grande templo alexandrino, alguns dos quais mantinham arquivos dos livros para uso dos estudiosos de filosofia; como toda essa passagem é apresentada como um exemplo de boa prosa descritiva, há dúvidas sobre se Aftônio descreve um tempo que ele mesmo tenha visto.

4. Sobre Orósio, ver Gibbon, *A história do declínio e queda do Império Romano*, cap. 28; sobre Amiano e o Serapeu, ver cap. 51 e, em especial, n. 124; Ver também Amiano, *Res gestae* XXII, 16: "In quo Bybliothecae *fuerunt* inaestimabiles."

5. Grande retórico pagão, amigo e encomiasta de Juliano, Libânio (c. 314-c. 394) foi professor de muitos dos grandes teólogos cristãos e defensor dos camponeses pagãos. Ele descreve as profanações e pilhagens de forma bastante comovente no seu décimo terceiro discurso, "A Teodósio em nome dos templos". Ver especialmente as seções 8-13.

6. Sozomeno, *Historia Ecclesiastica*, V, 10.

7. Sócrates, *Historia Ecclesiastica*, VII, 15.

8. Juliano, Epístola 22.

9. A reconstrução moderna mais convincente dos episódios que levaram à morte de Hipátia e o melhor perfil da própria filósofa podem ser encontrados em Maria Dzielska, *Hypatia of Alexandria*, trad. F. Lyra (Cambridge, Mass.: Harvard University Press, 1995) [*Hipátia de Alexandria*. Tradução de Miguel Serras Pereira. Lisboa: Relógio d'Água, 2009]. Para consultar uma breve lista de estudiosas da época, ver p. 117-119 (edição inglesa).

310 NOTAS

10. Ramsay MacMullen, *Christianity and Paganism in the Fourth to Eighth Centuries* (New Haven: Yale University Press, 1997), p. 6.

11. Gibbon, *Decline and Fall* [*Declínio e queda*], cap. 28.

12. Teodoreto, *Historia Ecclesiastica*, V, 22.

5. A destruição do passado

1. Jonathan Kirsch, *God against the Gods: The History of the War between Monotheism and Polytheism* (Nova York: Viking Compass, 2004), p. 280.

2. Ver David C. Lindberg, "The Transmission of Greek and Arabic Learning to the West", em David C. Lindberg, *Science in the Middle Ages* (Chicago: University of Chicago Press, 1978), p. 52-90.

3. Ver John Henry Newman, *Essays and Sketches*, ed. C. F. Harrold, v. 3 (Nova York: Longman, Green, 1948), p. 315-21.

4. Kirsch, *God against the Gods*, p. 278.

5. Ramsay MacMullen, *Christianity and Paganism in the Fourth to Eighth Centuries* (New Haven: Yale University Press, 1997), p. 4. A nota de rodapé fornecida por MacMullen para corroborar sua observação é um verdadeiro emaranhado de referências elípticas a um outro livro dele próprio, ao qual poucos leitores irão recorrer, e que, de fato, não oferece qualquer evidência relevante.

6. Ramsay MacMullen, *Christianizing the Roman Empire A.D. 100-400* (New Haven: Yale University Press, 1984), p. 124, n. 15; p. 164, n. 49.

7. Ver Werner Jaeger, *Early Christianity and Greek Paideia* (Cambridge, Mass: Harvard University Press, 1961), p. 68-85.

6. A morte e o renascimento da ciência

1. Charles Freeman, *The Closing of the Western Mind: The Rise and Fall of Reason* (Nova York: Knopf, 2003), p. xix, 322. São abundantes os exemplos da compreensão superficial de Freeman sobre ensinamentos e debates

NOTAS

doutrinários do início do cristianismo, para não falar de filosofia clássica: considere, por exemplo, suas observações na p. 150 sobre platonismo, aristotelismo e a doutrina cristã da imagem divina no homem, que denunciam uma ignorância quase perfeita em todos os três tópicos.

2. David C. Lindberg, *The Beginnings of Western Science: The European Scientific Tradition in Philosophical, Religion, and Institutional Context, 600 B.C. to A.D. 1450* (Chicago: University of Chicago Press, 1992), p. 98-105, 294-301.

3. Até hoje, ainda se acham pessoas instruídas que acreditam que Galileu foi torturado pela Inquisição Romana ou preso em seus calabouços. Testemunhe-se, por exemplo, A. N. Wilson, *God's Funeral* (Nova York, W. W. Norton, 1999), p. x. É verdade que, ao fim do interrogatório forense de Galileu, o tribunal — de acordo com o processo judicial da época — mencionou a pena de tortura por falso testemunho, mas essa era a fórmula legal (chamada de *territio verbalis*) e não caracterizava uma ameaça real. Obviamente, isso não torna os procedimentos e jurisprudências daquele tempo menos inescrupulosos.

4. Arthur Koestler, *The Sleepwalkers* (Nova York: Macmillan, 1959), p. 426. Sobre os argumentos referentes aos cometas, ver p. 466-71.

5. Ver ensaios compilados em *The Church and Galileo*, ed. Ernan McMullin (Notre Dame: University of Notre Dame Press, 2003).

6. Ver Koestler, *The Sleepwalkers*, p. 432-39, 464-95, 522-23: "O caso Galileu foi um episódio isolado e realmente bastante atípico na história das relações entre ciência e teologia, quase tão atípico quanto o julgamento do macaco em Dayton [em 1925, quando a cidade do Tennessee, nos Estados Unidos, criminalizava o ensino do evolucionismo]. Mas suas dramáticas circunstâncias, ao terem suas proporções totalmente exageradas, geraram uma crença popular de que a ciência defende a liberdade de pensamento, e a Igreja, a opressão dele."

7. David C. Lindberg, "Science and the Early Church", em *God and Nature: Historical Essays on the Encounter between Christianity and Science*, ed. David. C. Lindberg e Ronald L. Numbers (Berkeley: University of California Press, 1986), p. 30, 33.

312   NOTAS

8. Jacques Le Goff, *Medieval Civilization, 400-1500*, trad. Julia Barrow (Oxford: Basil Blackwell, 1988), p. 3. [Edição brasileira: *A civilização do ocidente medieval*. Tradução de Mônica Stahel. Petrópolis: Vozes, 2018.]

9. A melhor abordagem sobre hospitais bizantinos disponível em inglês está em Timothy S. Miller, *The Birth of the Hospital in the Byzantine Empire*, 2. ed. (Baltimore: Johns Hopkins, 1997). Ver também Demetrios Constantelos, *Byzantine Philanthropy and Social Welfare*, 2. ed. (New Rochelle, NY: Caratzas, 1991).

10. Ver Lynn White Jr., *Medieval Technology and Social Change* (Oxford: Oxford University Press, 1962); Jean Gimpel, *The Medieval Machine: The Industrial Revolution of the Middle Ages* (Nova York: Holt, Rineheart and Winston, 1976).

7. Intolerância e perseguição

1. Para bons relatos das grandes caças às bruxas, ver Brian P. Levack, *The Witch-Hunt in Early Modern Europe*, 2. ed. (Londres: Longman, 1995); Gustav Henningsen, *The Witches' Advocate: Basque Witchcraft and the Spanish Inquisition* (1609-1614) (Reno: University of Nevada Press, 1980); H.C. Erik Midelfort, *Witch-Hunting in Southwestern Germany* (Stanford: Stanford University Press, 1972); Rodney Stark, *For the Glory of God: How Monotheism led to Reformations, Science, Witch-Hunts and the End of Slavery* (Princeton: Princeton University Press, 2003), p. 201-88.

2. Stark, *For the Glory of God*, p. 221.

3. Ver Dan Burton e David Grandy, *Magic, Mystery, and Science: The Occult in Western Civilization* (Bloomington: Indiana University Press, 2004), p. 180-81.

4. Podem-se mencionar as obras de Samuel de Casini, Bernard di Como, Johannes Trithemius, Martin d'Arles, Silvestro Mazolini, Bartolommeo di Spina, Jean Bodin, René Benoist, Alfonso de Castro, Peter Binsfeld, Franz Agricola e Nicholas Remi, entre outros. Para uma lista mais completa, ver Emile Brouette, "The Sixteenth Century and Satanism", em *Satan* (Londres: Sheed and Ward, 1951), p. 315-17.

NOTAS

5. Ver Henry Kamen, *The Spanish Inquisition: A Historical Revision* (New Haven: Yale University Press, 1998), p. 28-54, 73.

8. Intolerância e guerra

1. Este ponto é poderosamente defendido por Willian T. Cavanaugh em *Theopolitical Imagination: Discovering the Liturgy as a Political Act in an Age of Global Consumerism* (Edimburgo: T. and T. Clark, 2002), p. 20-31.
2. Ver Stephen Toulmin, *Cosmopolis: The Hidden Agenda of Modernity* (Chicago: University of Chicago Press, 1990), p. 49.
3. John Bossy, *Christianity in the West: 1400-1700* (Oxford: Oxford University Press, 1985), p. 154-55.
4. Henri Daniel-Rops, *The Church in the Seventeenth Century*, trad. J.J. Buckingham (Garden City, NY: Doubleday, 1965), v. 1, p. 200-201. Citado em Louis Dupré, *Passage to Modernity: An Essay in the Hermeneutics of Nature and Culture* (New Haven: Yale University Press, 1993), p. 12.

9. Uma era de trevas

1. Richard Dawkins, *The Blind Watchmaker* (Nova York: Norton, 1986), p. 318. Essa sentença aparece no último parágrafo do livro de Dawkins e repete a afirmação feita na primeira frase do livro. [Edição brasileira: *O relojoeiro cego*. Tradução de Laura Teixeira Motta. São Paulo: Companhia das Letras, 2001.]

10. A grande rebelião

1. Para uma abordagem rica e detalhada do rito bizantino, ver Alexander Schmemann, *Of Water and the Spirit: A Liturgical Study of Baptism* (Crestwood, NY: St. Vladimir's Seminary Press, 1974).
2. Ver Peter Brown, *The Rise of Western Christendom*, 2. ed. (Oxford: Blackwell, 2003), p. 118.

NOTAS

3. Ver Robert L. Wilken, *The Christians as the Romans Saw Them* (New Haven: Yale University Press, 1984), p. 94-125.

4. Gibbon, *A história do declínio e queda do Império Romano*, cap. 2.

5. Tácito, *Anais*, XIV, 42-45.

6. Símaco, Epístolas 2 e 6.

7. Teodoreto, *História eclesiástica*, V, 20.

11. Uma gloriosa tristeza

1. Ver especialmente Plotino, *Enéadas* II, 9. Ver também II, 6.

2. O mesmo enunciado se encontra no Evangelho Gnóstico de Filipe, versículo 57.

3. A melhor introdução geral ao gnosticismo [em inglês] é Giovanni Filoramo, *A Hystory of Gnosticism*, trad. Anthony Alcock (Oxford: Blackwell, 1990). Ver também Kurt Rudolph, *Gnosis: The Nature and History of Gnosticism*, trad. P. W. Coxon e K. H. Kuhn (San Francisco: Harper San Francisco, 1987).

4. Para uma esplêndida pesquisa sobre as seitas de mistério e a ascensão do hermetismo no império, ver Robert Turcan, *The Cults of the Roman Empire*, trad. em inglês de Antonia Nevill (Oxford: Blackwell, 1996).

5. Robin Lane Fox, *Pagans and Christians* (San Francisco: Harper and Row, 1986), p. 331.

12. Uma mensagem libertadora

1. Ramsay MacMullen, *Christianism and Paganism in the Fourth to Eighth Centuries* (New Haven: Yale University Press, 1997), p. 27.

2. O verbo é uma construção tardia do grego, a partir do latim *furca*, significando nessa acepção um patíbulo em forma de garfo. A palavra não tem nada a ver com crucificação.

3. João Malalas, *Cronografia*, 18, 119.

NOTAS

4. Ibid., 18, 42.

5. MacMullen, *Christianity and Paganism*, p. 8.

6. Ibid., p. 165, n. 19.

7. Ramsay MacMullen, *Christianizing the Roman Empire A.D. 100-400* (New Haven: Yale University Press, 1984), p. 106-10.

8. Juliano, Epístola 22, escrita para Arsácio, sumo sacerdote pagão da Galácia.

9. Lane Fox, *Pagans and Christians*, p. 329-30.

10. MacMullen, *Christianity and Paganism*, p. 77-78, 99-100.

11. Ibid., p. 7-8.

12. MacMullen, *Christianizing the Roman Empire*, p. 54-55. As breves observações de Libânio sobre a beneficência dos templos pagãos são encontradas em Oração II. 30-32.

13. Lane Fox é particularmente esclarecedor nesses assuntos; ver, em especial, *Pagans and Christians*, p. 325.

14. Ver *Vida de Macrina*, de Gregório de Nissa, e seu tratado *A alma e a ressurreição*; ver também a Carta 204, de Basílio de Cesareia.

15. Tertuliano, *Apologeticus*, XXXIX.

16. Ver Peter Brown, *The Rise of Western Christendom*, 2. ed. (Oxford: Blackwell, 2003), p. 69-70.

17. Amiano, *Res gestae*, XXII.11; ver também XXII.5.

13. O rosto dos invisíveis

1. Erich Auerbach, *Mimesis: The Representation of Reality in Western Literature*, trad. em inglês de Willard R. Trask (Princeton: Princeton University Press, 1953), p. 41. [Edição brasileira: *Mimese: a representação da realidade na literatura ocidental*, 7. ed. Tradução de Manuel da Costa Pinto. São Paulo: Perspectiva, 2021.]

2. *Didascalia apostolorum* XII.ii.58.

3. Ver John T. Noonan Jr., *A Church that Can and Cannot Change* (South Bend, Ind.: University of Notre Dame Press, 2005), p. 50-52.

NOTAS

14. A morte e o nascimento dos mundos

1. Rodney Stark, *The Rise of Christianity* (San Francisco, HarperCollins, 1996), p. 3-27.
2. A melhor abordagem sobre a religião de Juliano é de Rowland Smith, *Julian's Gods: Religion and Philosophy in the Thought and Action of Julian the Apostate* (Londres: Routledge, 1995).
3. Gibbon, *The History of the Decline and Fall of the Roman Empire* [*A história do declínio e queda do Império Romano*], cap. 22.

17. Feiticeiros e santos

1. Ver Wesley J. Smith, *Consumer's Guide to a Brave New World* (San Francisco: Encounter Books, 2004).

Índice onomástico

A

Agobardo de Lyon, 104

Agostinho, Santo, 44, 78-79, 89, 221, 262

Alberto da Saxônia, 85-86

Alberto, o Grande, Santo, 99

Alexandre VI, papa, 113

Alexandria, 57-60; a Grande Biblioteca de, 58-61; o Serapeu, 58-59, 61, 63, 65-66, 70, 73, 132

Alhazen, Ibn al-Haytham, 84

Al-Jagmini, 84

Al-Qaswini, 84

Amiano Marcelino, 61, 64, 207, 233-234

Amônio Saca, 62

Amr ibn al-As, 60

Antíoco IV Epifânio, 155

Ário, 253, 254

Aristarco, 87, 95

Atanásio, Santo, 233, 255

Aureliano, imperador, 59

Avempace, ibn Bajja, 97

Averróis, Ibn Rashid, 84

B

Bacon, Sir Francis, 110

Basílio de Cesareia, São (Basílio, o Grande), 50, 89, 202, 206, 221-222, 224, 255

Beetz, Jan van, 108

Bento de Núrsia, São, 50

Bessarion, 76

Bodin, Jean, 109

Boécio, 74

Boyle, Robert, 110

Bradwardine, Thomas, 85, 97

Brahe, Tycho, 87-88, 90-91, 96

Burchard de Worms, 105

Burckhardt, Jacob, 168

Buridan, Jean, 85, 97

Burleigh, Walter, 85

C

Carlos IX, rei (da França), 120-122

Carlos Magno, 104

Carlos V, sacro imperador romano, 110, 121

Casa da Sabedoria, 75

Cassiodoro, 77

Catarina de Médicis, 120, 122

Cátaros, 106-107, 115

ÍNDICE ONOMÁSTICO

Celso, 21, 149, 150, 200, 213
Chartres, Escola da Catedral de, 99
Cipriano de Cartago, São, 207
Cirilo de Alexandria, São, 67
Clarke, Arthur C., 94
Clemente dé Alexandria, 61, 205, 299, 306
Clemente VI, papa, 106
Coligny, almirante Gaspard de, 120
Constâncio II, imperador, 64, 232-233, 236-237, 240, 242
Constantino, imperador, 50, 64, 68, 78, 82, 94, 132, 159, 162-164, 186-187, 202-203, 206-207, 214, 219, 222, 230-232, 239-240, 244, 246, 294
Copérnico, Nicolau, 82-83, 85-88, 90-92
Corpus hermeticum, 110

D

Darwin, Charles, 32, 136, 279, 280
Décio, imperador, 63, 155
Descartes, René, 277
Didascalia apostolorum ("Lições dos Apóstolos"), 206, 214
Diderot, Denis, 22
Diocleciano, imperador, 63, 78, 155, 230
Dionísio de Alexandria, São, 111, 153, 172, 207, 236, 248
Draper, John William, 81
Dennett, Daniel, 19, 23-31, 33-34, 270-271
Dawkins, Richard, 19, 23, 26-27, 135, 270, 284, 291

E

Efrém, o Sírio, Santo, 50
Engels, Friedrich, 279
Estilicão, Flávio, 78, 161
Eunápio de Sardes, 59, 61, 213, 233
Eusébio de Nicomédia, 233
Evágrio Pôntico, 191, 262
Evangelho de Tomé, 175

F

Fabíola, Santa, 50
Ferdinando, sacro imperador romano (Ferdinando da Boêmia), 124
Filipe II, rei (da Espanha), 123-124
Fletcher, Joseph, 287
Francisco de Vitoria, 129
Freeman, Charles, 81-82

G

Galério, imperador, 63-65, 231
Galilei, Galileu, 54, 87-93, 95, 97, 102
Galo, imperador, 63
Galton, Francis, 279
Gelásio, São (papa Gelásio I), 231
Gerardo de Bruxelas, 85
Gibbon, Edward, 22, 52, 60-61, 70, 82, 152, 239, 252
Glanvill, Joseph, 110
Gnosticismo, 171-174, 179
Graciano, imperador, 152
Gregório de Nazianzo (Gregório Nazianzeno), São, 79, 195, 206, 255, 259
Gregório de Nissa, São, 43, 74, 78, 89, 195, 202, 205, 222-228, 255, 262

ÍNDICE ONOMÁSTICO

Gregório VII, papa, 105
Grosseteste, Robert, 99
Grotius, Hugo, 129
Gustavo II Adolfo (Gustavus Adolphus), rei (da Suécia), 125

H
Harris, Sam, 20, 25-28, 30, 270
Heidegger, Martin, 283
Henrique III, rei (da França), 115, 123
Henrique IV (Henrique de Bourbon), rei (da França), 120, 123-124
Heytesbury, William, 85
Hipátia, 57, 68-70
Hitchens, Christopher, 19, 269, 271
Hobbes, Thomas, 109
Honório, imperador, 158
Hospitais Cristãos, 50-52
Hospitalários, 51, 100
Hugo de Flavigny, 105
Hume, David, 22
Hunayn ibn Ishaq, 75

I
Inácio de Loyola, Santo, 114
Inocêncio III, papa, 106-107
Inocêncio IV, papa, 107
Inocêncio VII, papa, 113
Irineu de Lyon, Santo, 172-173, 183

J
Jâmblico, 179
Jerônimo, São, 79, 189-191
João Crisóstomo, São, 79, 205-206, 221

João Damasceno, 43
João Escoto Erígena, 74, 87
João Filopono, 69, 83, 96
João Malalas, 78, 187
John de Dumbleton, 85
Juliano, o Apóstata, imperador, 62, 64-68, 70, 161, 167, 194, 198, 200, 207, 213, 232-240, 244, 246, 293
Justiniano, imperador, 77-78, 112, 187-189, 203, 231
Justino Mártir, São, 78, 151, 183

K
Kepler, Johannes, 88, 90-92, 95, 97
Kirsch, Jonathan, 57, 58, 73, 77
Koestler, Arthur, 91
Kramer, Heinrich, 108

L
Lane Fox, Robin, 183, 194
Le Goff, Jacques, 49, 50-52, 94
Leão, o Grande, São (papa Leão I), 197, 199, 231
Libânio, 21, 70, 132, 198, 235
Licínio, 64
Lindberg, David C., 94

M
MacMullen, Ramsay, 69, 77-78, 186-187, 189-194, 196-198
Macrina, 202, 224
Malleus maleficarum, 108
Manchester, William, 56
Marciano Capela, 87

ÍNDICE ONOMÁSTICO

Martinho de Tours, São, 114
Marx, Karl, 279
Massacre da noite de São Bartolomeu, 120, 122
Maximino, imperador (Daia), 63
Maximino, imperador (Daza), 230
Máximo de Éfeso, 234-235
Máximo, o Confessor, São, 43, 74, 77-78, 260, 262
Miguel Psclo, 76
Mitraísmo, 179-180

N
Newton, Sir Isaac, 88, 95, 97, 102, 110
Nicolau de Cusa, 86
Nietzsche, Friedrich, 15, 22, 34, 139-140, 165-166, 185, 213, 215, 217-218, 281-282, 291, 298

O
Ockham, Guilherme de, 85
Omar, Califa, 60
Oresme, Nicole, 85-86, 97
Orígenes, 61, 78, 89, 149, 151, 195
Orósio, Paulo, 60-61

P
Panteno, 61, 78
Paracelso, 102
Pauling, Linus, 287
Plínio, 77, 196, 230
Plotino, 174, 181, 196, 253
Plutarco, 196
Prisciliano, 114

Proclo, 76, 82-83, 179
Pseudo-Dionísio, o Areopagita, 74, 78
Ptolomeu, 58-59, 76, 83-84, 87-88, 92, 94-95
Pullman, Philip, 20

R
Rachels, James, 287
Regino de Prüm, 105
Richelieu, cardeal-duque de, 125
Rufino, 66

S
Sagan, Carl, 94
Serena, 161
Silver, Lee, 287
Símaco, 152, 158-159
Sinésio de Cirene, 69, 78
Singer, Peter, 287
Sixto IV, papa, 113
Sócrates (historiador cristão), 62, 66, 69
Swineshead, Richard, 85, 97

T
Taciano, 71
Teodora, 203
Teodoreto de Cirro, 158
Teodósio I, imperador, 57, 65-66, 161, 241-244, 246
Teodósio II, imperador, 202
Teófilo, bispo (de Alexandria), 65
Tertuliano, 71, 172, 205, 230, 241
Tomás de Aquino, São, 43, 89, 136
Torquemada, Tomás de, 113

ÍNDICE ONOMÁSTICO

U
Urbano II, papa, 117
Urbano VIII, papa (cardeal Maffeo Barberini), 90-93, 125

V
Valentiniano, imperador, 240
Valeriano, imperador, 63
Vicente de Beauvais, 105
Vicente de Lérins, 213
Vitorino, Mário, 78
Voltaire (François-Marie Arouet), 22

W
Wells, H. G., 280
White, Andrew Dickson, 81
William de Moerbeke, 76

Este livro foi composto na tipografia Minion Pro,
em corpo 11/15, e impresso em
papel off-white no Sistema Cameron da
Divisão Gráfica da Distribuidora Record.